生態系減災
Eco-DRR

自然を賢く活かした防災・減災

Ecosystem-based Disaster Risk Reduction; Eco-DRR

一ノ瀬友博 編著

慶應義塾大学出版会

本書は公益財団法人日本生命財団の助成を得て刊行された。

口　絵

図の説明は、本文を参照。

口絵 1

昭和の南海地震後（地盤沈下が 1.15m）

2011 年 9 月現在

1946 年昭和南海地震の前後での高知市の地盤の様子（p.16、図 2-3）

地震直後（上）には地盤沈降がみられる。

出典：高知市地域防災推進課（2008-2019）より。

口絵 2

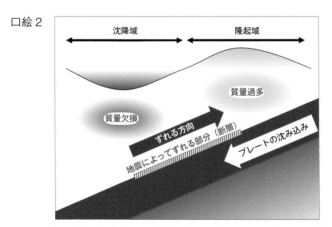

断層運動と隆起・沈降のメカニズムの関係を記した模式図（p.17、図 2-4）

口絵 3

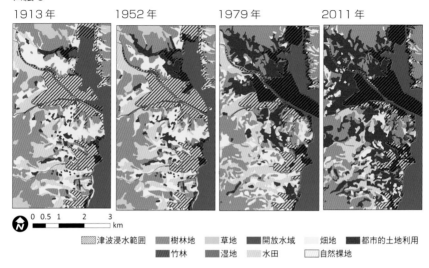

1913 年 1952 年 1979 年 2011 年

0 0.5 1 2 3 km

▨ 津波浸水範囲　■ 樹林地　□ 草地　■ 開放水域　□ 畑地　■ 都市的土地利用
■ 竹林　■ 湿地　▨ 水田　□ 自然裸地

気仙沼市中心部の土地利用変遷と東日本大震災による津波で浸水した範囲
（p.42、図 3-2）

出典：国土地理院の 5 万分 1 旧版地形図と環境省生物多様性センターの植生図データを元に筆者作成。

口絵 4

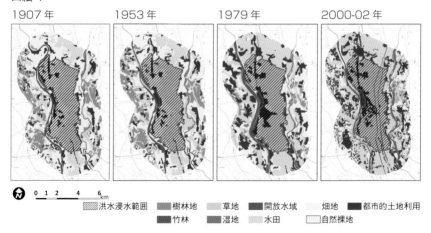

1907 年 1953 年 1979 年 2000-02 年

0 1 2 4 6 km

▨ 洪水浸水範囲　■ 樹林地　□ 草地　■ 開放水域　□ 畑地　■ 都市的土地利用
■ 竹林　■ 湿地　▨ 水田　□ 自然裸地

常総地域の土地利用変遷と 2015 年 9 月の関東・東北豪雨により浸水した範囲
（p.45、図 3-4）

出典：国土地理院の 5 万分 1 旧版地形図、地理院タイル・標準地図、および環境省生物多様性センターの植生図
　　データを元に筆者作成。

口絵 5

1898 年　　　　　　1949 年　　　　　　1979 年

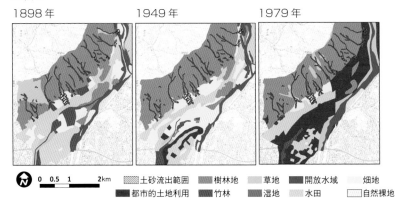

0　0.5　1　　　2km　▨土砂流出範囲　　樹林地　　草地　　開放水域　　畑地

都市的土地利用　　竹林　　湿地　　水田　　自然裸地

広島市安佐南区八木地区（2014 年 8 月の豪雨による土砂災害で
被災した範囲）の土地利用変遷（p.49、図 3-8）

出典：口絵 4 と同じ。

口絵 6

1897 年　　　　　　　　　　　　1949 年

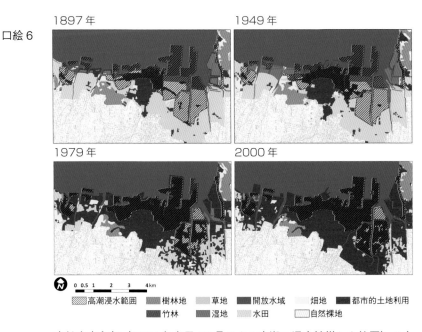

0　0.5　1　　2　　3　　4km

▨高潮浸水範囲　　樹林地　　草地　　開放水域　　畑地　　都市的土地利用

竹林　　湿地　　水田　　自然裸地

高松市中心部（2004 年台風 16 号による高潮で浸水被災した範囲）の土
地利用変遷（p.51、図 3-10）

出典：口絵 4 と同じ。

4

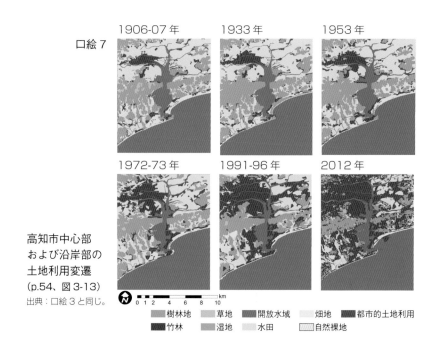

1906-07 年 1933 年 1953 年

口絵 7

1972-73 年 1991-96 年 2012 年

高知市中心部
および沿岸部の
土地利用変遷
（p.54、図3-13）
出典：口絵３と同じ。

km
0 1 2 4 6 8 10

樹林地　草地　開放水域　畑地　都市的土地利用
竹林　湿地　水田　自然裸地

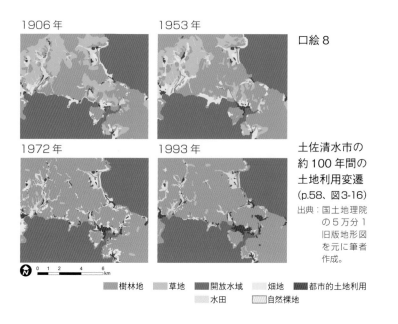

1906 年 1953 年

口絵 8

1972 年 1993 年

土佐清水市の
約 100 年間の
土地利用変遷
（p.58、図3-16）
出典：国土地理院
の５万分１
旧版地形図
を元に筆者
作成。

km
0 1 2 4 6

樹林地　草地　開放水域　畑地　都市的土地利用
水田　自然裸地

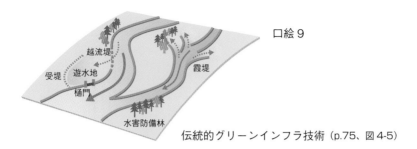

口絵9

伝統的グリーンインフラ技術（p.75、図4-5）

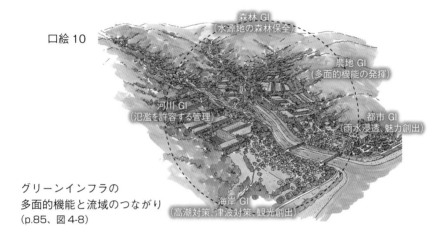

口絵10

森林 GI
（水源地の森林保全）

農地 GI
（多面的機能の発揮）

河川 GI
（氾濫を許容する管理）

都市 GI
（雨水浸透、魅力創出）

海岸 GI
（高潮対策、津波対策、観光創出）

グリーンインフラの
多面的機能と流域のつながり
（p.85、図4-8）

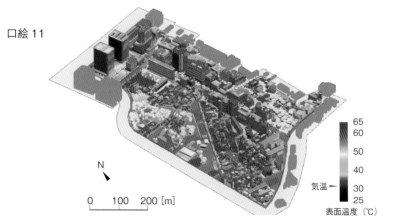

口絵11

N

0　100　200 [m]

65
60
50
40
気温→
30
25
表面温度（℃）

シミュレーションを用いた全表面温度分布算出結果（例）（p.109、図5-1の部分）
出典：梅干野ほか（2007）を元に筆者作成。

口絵 12

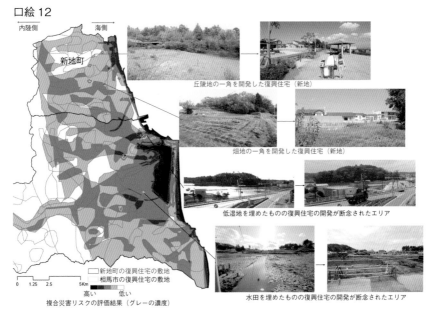

丘陵地の一角を開発した復興住宅（新地）

畑地の一角を開発した復興住宅（新地）

低湿地を埋めたものの復興住宅の開発が断念されたエリア

水田を埋めたものの復興住宅の開発が断念されたエリア

内陸側　海側

新地町

☐ 新地町の復興住宅の敷地
相馬市の復興住宅の敷地

0　1.25　2.5　　　5Km

高い　低い
複合災害リスクの評価結果（グレーの濃度）

第三次全国総合開発計画のために作成された1980年のエコロジカル・プランニングの基礎調査データを用いた新地街の住宅移転候補地の災害リスク評価（p.130、図6-7）
出典：Uehara（2018）を元に改変。

口絵 13

白色の点線の範囲が
中浜地区

土佐清水市中浜地区および周囲の概要（p.143、図7-1）
出典：国土地理院ウェブサイト（http://mapps.gsi.go.jp/maplibSearch.do#1）を元に筆者作成。

口絵 14

2013

徳島県海陽町大里の海岸マツ林 (p.155、図 8-5)

出典：左は 2017 年 12 月、一ノ瀬友博撮影。右は「大里海岸林の植生と土地利用の分布」佐々木剛氏作成。

口絵 15

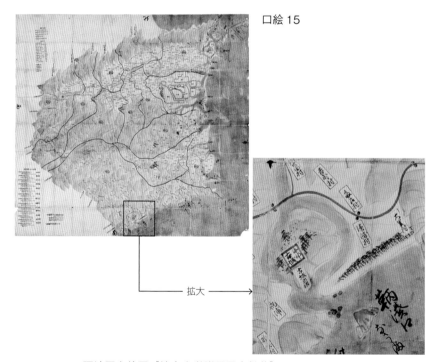

拡大

阿波国大絵図 ［徳島大学附属図書館蔵］ (p.156、図 8-6)

8

口絵16

クロマツ海岸林がほぼ
完全に広葉樹林化した
「大岐の浜」海岸林
(p.188、図9-3)
撮影：大谷達也。

口絵17

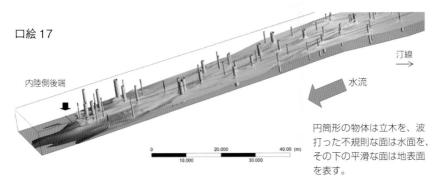

汀線 →

内陸側後端

水流

円筒形の物体は立木を、波
打った不規則な面は水面を、
その下の平滑な面は地表面
を表す。

0　　　20.000　　　40.00 (m)
　10.000　　30.000

海岸林に流入する津波のシミュレーション例（p.193、図9-7）

口絵18

「比良山麓の伝統知・地域知」（p.91、図1）
出典：総合地球環境学研究所（2019）より。

はじめに

　本書は、近年注目を集めている生態系減災（Ecosystem-based Disaster Risk Reduction; Eco-DRR）についてまとめた本邦初の書である。地球温暖化に伴い世界各地で災害の規模が大きくなることが懸念されているが、それらを人工的なインフラ（グレーインフラ）だけで防ぐことには限界がある。生態系減災は、2004年12月末のスマトラ沖地震が引き起こした津波災害をきっかけにその重要性が広く知られるようになった。沿岸部の都市が津波により大きな被害を受けた一方で、マングローブが残されていた地域では津波の威力が軽減されたのである。その後、生態系減災に関わる研究は世界各地で取り組まれ、2015年の国連防災世界会議で採択された「仙台防災枠組2015-2030」でも言及されている。

　日本は災害大国であると同時に、急速な人口減少・超高齢化に直面している。2011年の東日本大震災以前から、近い将来、既存のインフラの更新および維持管理の費用不足の可能性が指摘されていた。生態系減災は、生態系の機能を巧みに活かし防災・減災をしようとするもので、既存のインフラとあいまって、災害のリスクを下げることができる。生態系と生物多様性保全にも貢献するので、国連の「持続可能な開発目標」（Sustainable Development Goals; SDGs）に資するものである。

　生態系減災は、実は古くから世界各地で様々な手法で試みられてきた。日本の霞堤や輪中、命山も伝統的な生態系減災手法のひとつといえる。しかし、近代的な土木技術が発展するなかで、忘れ去られてしまったものも多い。現在の制度や仕組みのなかで、生態系減災を実装するためには数多くの課題が存在する。加えて、生態系がもつ減災機能を評価する方法、既存のインフラと組み合わせる方法をも確立していく必要がある。

　本書の目的は、生態系減災を紹介し、さらに具体的な事例を示しながら、その可能性と課題を明らかにすることである。本書は合計11名の著者によって執筆されている。執筆者のうち8名は、2017年10月から2019年9月までの2年間に

公益財団法人日本生命財団の研究助成によって行われた「南海トラフ巨大地震による津波を想定した生態系減災（Eco-DRR）手法の開発」（研究代表：一ノ瀬友博）に共同研究者として参画した。本書の内容はその研究成果に留まらず、様々な視点から生態系減災を論じているが、自然災害として津波を扱っている部分が多く、また対象地としても高知県や徳島県を取り上げることが多いのは、このような経緯のためである。

　本書は、9つの章と2つのコラムで構成されている。

　第1章では，生態系減災の定義を示すとともに、暴露と脆弱性の低減、キャパシティ・ディベロップメントについて生態系からアプローチする本書の姿勢を解説する。このアプローチは、その他の防災・減災の手法と相反したり、二者択一となるものではない。第2章では、南海トラフ巨大地震を例に、災害が起こる仕組みを説明し、災害リスクにいかに向き合うべきかを議論する。第3章では、災害が起こった地域を取り上げ、過去の都市開発がどのように災害リスクを高めてきたかを明らかにする。第4章では、歴史的な生態系減災の知恵と、グレーとグリーンのインフラを組み合わせるハイブリッドインフラという考え方について説明する。第5章では、生態系減災を土地利用計画に組み込むための課題について明らかにし、その方策を議論する。第6章では、東日本大震災からの復興を例に、生態系減災がなぜ広く実現しなかったのか、また今後の実装のためのヒントはどこにあるのかを解説する。第7章では、地域の人々の環境認知が、キャパシティ・ディベロップメントにつながる可能性について、高知県土佐清水市における調査研究から探る。第8章では、ガバナンスの視点から地域資源の管理がどのように生態系減災につながるのかを検討する。第9章では、かつての海岸マツ林が常緑広葉樹の海岸林へと変化しつつある土佐清水市大岐海岸を取り上げ、人口減少時代の生態系減災のあり方を探る。

　21世紀に入り、地球規模の気候変動と生物多様性減少はより一層深刻な局面を迎えている。本書の執筆・編集のさなかに、新型コロナウイルス感染症拡大という未曾有の危機を世界が経験することになった。感染症もまた自然災害のひとつといえよう。加えて、2020年7月豪雨では1カ月にも及ぶ断続的な集中豪雨で、九州を中心に大きな被害が出た。国土交通省は、グレーインフラを中心とした水害対策から、流域全体で水を受け止める流域治水に大きく舵を切ることになった。

まさに生態系減災の主流化が、持続可能な未来のための最も重要な鍵のひとつといえるだろう。本書が、生態系減災について理解の一助になるとともに、一緒に取り組む仲間が一人でも増えてくれることを期待している。

2020 年 11 月

一ノ瀬友博

目　次

■■■■
■■■
■■
第 1 章
なぜ生態系減災（Eco-DRR）なのか

一ノ瀬友博

はじめに

　災害とは、広く人間、資産、経済、環境に深刻な影響を及ぼす事象で、コミュニティや社会の対応能力を超えるようなものを指す（UNDRR 2017）。人間に影響を及ぼさないものは災害とは呼ばない。災害は自然現象による自然災害と人為的な影響による人災（例えば戦争や公害など）の大きく2つに分けることができる。一般的には、自然災害のみを指して使われることも多い。災害対策基本法では、災害を「暴風、竜巻、豪雨、豪雪、洪水、崖崩れ、土石流、高潮、地震、津波、噴火、地滑りその他の異常な自然現象又は大規模な火事若しくは爆発その他その及ぼす被害の程度においてこれらに類する政令で定める原因により生ずる被害をいう。」と定義している（災害対策基本法第2条第1項）。本書でも単に「災害」という用語を使う場合、自然災害を意味する。

1　災害大国日本

　日本の大きな自然災害というと 2011 年 3 月 11 日に発災した東日本大震災が記憶に新しいだろう。福島第一原子力発電所の事故を引き起こす複合災害となり、1 万 8 千人以上の死者・行方不明者を出し（警察庁緊急災害警備本部 2019）、震災関連死は 3,600 人以上に上っている（復興庁 2016）。日本にとって第二次世界大戦以降で最大規模の自然災害となった。日本は自然災害の多い国で、東日本大震災以降だけでも先の災害対策基本法に挙げられている災害がすべて起こっている。

2019年の台風15号や19号を挙げるまでもなく、暴風、竜巻、豪雨、洪水、崖崩れ、土石流、地滑りはほぼ毎年日本各地で起こっている。2018年の台風21号では、それらの被害に加え大阪湾沿岸で大規模な高潮が発生し、関西国際空港も水没してしまった。2014年2月には関東甲信越地方で記録的な豪雪となり、首都圏も大きな影響を受けた。2014年9月には御嶽山で噴火が発生し、規模としては小さかったものの山頂付近に多数の登山者がいたために戦後最悪の火山災害となった。地震としては2016年の熊本地震、2018年の北海道胆振東部地震が大きな被害を引き起こした。災害対策基本法には種別としては明示されていないが、雪崩は近年数が少ないものの2017年3月に栃木県那須町で高校生と引率教員8名が犠牲になる被害があり大きく報道された。

　東日本大震災以前から次なる巨大災害として予測されていたのが南海トラフ巨大地震である。文部科学省地震調査研究推進本部によれば2019年1月1日現在で、10年以内の発生確率が30％、30年以内の発生確率が70〜80％と予想されている（地震調査研究推進本部 2019）。東日本大震災を経て、その想定最大規模がマグニチュード9.1と引き上げられた。最悪の被害想定では死者・行方不明者は約32万3千人にも上るという（中央防災会議 2013）。その被害想定は2019年に引き下げられ、死者・行方不明者は27％減少の24万2千人とされているが（内閣府政策統括官（防災担当）2019）、これは津波避難の意識向上や耐震改修など対策が進行したことによる減少である。

2　生態系と災害リスク

　災害のきっかけとなる地震、噴火、津波、高潮、洪水、土砂崩れといった自然現象は地球上で常にどこかで発生している。このような自然現象は英語ではハザード（hazard）と呼ばれる。ハザードが発生してもそこに人間も財産も存在しておらず、誰も被害を受けなければ災害とはいわない。しかし、人間がいなくてもハザードは生態系に様々な影響をもたらす。生物に大きな影響を及ぼすハザードを、生態学では撹乱（disturbance）という。撹乱は重要な自然のプロセスであり、湿地や海岸のように撹乱によって維持される生態系は多数存在する。例えば、東日本大震災の津波による被災地で素早く生態系が復元してきたことは、多くの研究者により報告されており、健全な生態系にはそのような復元力（resilience）

が存在する（鷲谷ほか 2016）。ハザードは自然生態に欠かすことができないし、ハザード自体を制御することは現在の科学技術をもってしても極めて困難である。よって、災害リスクを下げる（Disaster Risk Reduction；DRRと略される）ことが、近年の防災・減災の世界的な目標となっている。

災害リスク（disaster risk）は、ハザード（hazard）、暴露（exposure）、脆弱性（vulnerability）、キャパシティ（capacity）の4つによって決定されるとされる（UNDRR 2017）。以下のような式で示されることも多い。

$$disaster\ risk\ =\ \frac{hazard \times exposure \times vulnerability}{capacity}$$

今後気候変動によってハザードの強度が高まることが予測されているが、ハザードを直接コントロールすることは難しいので、災害リスクを低減させるためには暴露と脆弱性を下げる必要がある（Asian Disaster Reduction Center 2005）。

暴露とは災害の危険にさらされていることであり、危険性の高い場所に居住したり、貴重な財産が存在していることをいう。洪水が頻繁に起こってきた低地に都市開発が拡大しているような状態は、暴露を高めているといえる。脆弱性とは、ハザードが起こった場合に、その影響を回避したり減少させる機能が低下していることである。脆弱性には様々な要素が入りうる。例えば、地震が頻繁に起こる立地にもかかわらず耐震性のない石積みの住居で生活しているような状態や、津波に度々襲われている地域にもかかわらずその事実が伝えられていなかったり、避難訓練もされていないというような状況も該当する。キャパシティという言葉は、ここでは災害に対する組織やコミュニティ、社会の対処能力すべてを指す。つまり、人や組織の知識や技術に加え、社会的な関係性やリーダーシップなど幅広いものを含む。災害リスクの低減のためにはこのキャパシティを高める必要があり、そのような取り組みはキャパシティ・ディベロップメントと呼ばれる（JICA国際協力総合研究所 2006）。

3　開発と災害リスク

人間は有史以前から自然環境を改変し、地球上のあらゆる場所での生存を可能にし、大きな繁栄を遂げてきた。様々な環境に適応するなかで、自然のプロセス

も巧みに利用してきた。例えば河川の氾濫は人間の生活に大きな影響を及ぼすが、一方で栄養分に富んだ堆積物を運ぶ役割も果たした。とはいえ、災害リスクを下げ、人間や農業への影響をできるだけ避けることは近代以前から為政者にとっては重要な課題であった。日本の例を挙げると、洪水が頻発する水郷地帯では、少し高台に集落を造りその周りを堤で囲う輪中や、高潮による影響を受けやすい低地ではいざというときに避難する命山という人工的な山などが整備されてきた。中世から近世にかけて、低地や沿岸部の干拓が進み大規模な水田地帯が整備されてきたが、その結果として災害リスクが高まったことが指摘されている（榎原2013）。また、江戸時代は土砂災害を防止するために森林の伐採や根の掘り取りを厳しく規制したり、計画的に植林を行ったりしてきたことが知られているが（徳川林政史研究所 2012）、それは一方で江戸時代には日本全国の木材が切り出され、森林資源の枯渇が深刻になっていたことの帰結であるといわれている（タットマン 1998）。

　自然災害の歴史を紐解くことは、攪乱の頻度が高い生態系における開発の経緯を明らかにすることにつながる。人間がそのような生態系を壊して居住し、生産活動をすることにより災害を被るようになってきた。第3章で具体的に説明するが、そのような例は沿岸や湿地、河川の生態系に数多く見られる。それらの開発は世界的に自然生態系を消失させ、そこに生息する生物を絶滅の危機にさらしてきた。人間にとっての災害リスクを避ける、つまり危険な場所を利用しない（暴露を下げる）ことは、人間にとっても、それ以外の生物にとっても好ましいことで、いわば win-win の関係である。もっとも、人口増加に伴い、人間の居住域が拡大し、結果として危険性の高い場所も利用しなければならなくなってきたのは明らかで、現在も人口増加が続く発展途上国では災害リスクを下げる取り組みには様々な工夫が必要である。一方で、日本は人口減少局面に入っており、土地開発の拡大は一部の地域を除き減少しつつある。これまで高まってきた災害リスクを低減することは、人口減少時代であればこそできることである。

4　生態系減災

　生態系に立脚し、災害リスクを下げることが、生態系減災（Ecosystem-based Disaster Risk Reduction）である。一般的には Eco-DRR と略されて呼ばれることが

多い。英語を正確に訳せば「生態系を基盤とした災害リスクの低減」であるが、筆者は「生態系減災」の語を訳として当てている。健全な生態系は災害からの影響の緩衝帯として機能し、人々や財産が危険にさらされるリスクを軽減するとされ（Renaud *et al.* 2013）、そのような機能を総称して生態系減災と呼んでいる。生態系は人類に様々な恩恵をもたらしており、それらを生態系サービスと呼ぶ（表1-1）。生態系減災は生態系サービスの4つのカテゴリーの調整サービスに含まれる。近年グリーンインフラ（Green Infrastructure）という言葉も耳にするようになったが、グリーンインフラは生態系サービスの基盤で、生態系減災はグリーンインフラが発揮する機能のひとつでもある（一ノ瀬 2015b）。

　生態系減災が世界的に注目されるようになったのは、2004年12月末に発生したスマトラ沖地震がきっかけであった。マグニチュード9.1という世界最大規模の地震によりインド洋沿岸を大規模な津波が襲い、22万8千人近い死者・行方不明者を出す、観測史上最悪の自然災害となった。クリスマスから新年の休暇の時

表 1-1　生態系サービスの分類と内容

サービスの分類	具体的な内容
供給サービス	食料 原材料 水 薬用資源
調整サービス	気候調整と大気浄化 炭素の吸収と蓄積 極端な事象（自然災害）の緩和 水質浄化 土壌浸食防止と地力の維持 花粉媒介 生物学的制御（病虫害の緩和など）
生息地・基盤サービス	生物の生息地 遺伝的多様性の維持
文化的サービス	レクリエーションと精神的・肉体的健康 観光 美的鑑賞と文化・芸術・デザインへのインスピレーション 神秘的体験と場の感覚

出典：TEEB（http://www.teebweb.org/resources/ecosystem-services/ 2020年6月2日確認）のデータを元に筆者作成。

期ということもあり、多くの欧米からの観光客が沿岸リゾートに滞在しており、犠牲者は 2,000 人にも上ったため、欧米でも衝撃をもって受け止められた。沿岸に位置する都市は大きな被害を受けたが、各地でマングローブ林が津波の威力を軽減したことが確認された（Kathiresan & Rajendran 2005）。森林植生がもつ土砂災害防止機能など、同様の機能は専門家には周知のことであったが、史上最悪の自然災害によって自然生態系がもたらす恩恵が広く人々に認識されるという皮肉な結果になった。

　翌年神戸市において第 2 回国連防災世界会議が開催された。そこで採択された行動指針である「兵庫行動枠組 2005-2015」には、生態系の持続可能な利用・管理を通じて災害リスクと脆弱性を軽減することが書き込まれた。東日本大震災を経て、2015 年には第 3 回国連防災世界会議が仙台で開催され、「仙台防災枠組 2015-2030」が採択された。そこではさらに踏み込み、「生態系に基づくアプローチによる政策の立案・計画や、災害リスク低減に役立つ生態系機能を保全し、危険にさらされる地域の農村開発計画や管理をすること、生態系の持続可能な利用及び管理を強化し、災害リスク削減を組み込んだ統合的な環境・天然資源管理アプローチを実施すること」が明示され、生態系減災が大きく位置づけられた。

5　日本における生態系減災の展開

　2015 年 8 月に新たな国土形成計画（全国計画）と国土利用計画（全国計画）が閣議決定された。新たな国土形成計画（全国計画）には様々な注目すべき点があるが（一ノ瀬 2015a）、グリーンインフラが初めて国土計画に書き込まれたこともそのひとつである。そこでは、グリーンインフラは、社会資本整備、土地利用等のハード・ソフト両面において、自然環境が有する多様な機能（生物の生息・生育の場の提供、良好な景観形成、気温上昇の抑制等）を活用し、持続可能で魅力ある国土づくりや地域づくりを進めるものと定義されている。さらに、社会資本整備や土地利用におけるグリーンインフラの考え方や手法に関する検討を行うとともに、多自然川づくり、緑の防潮堤及び延焼防止等の機能を有する公園緑地の整備等、様々な分野において、グリーンインフラの取り組みを推進するという記述が見られ、生態系の言葉は見られないものの、実質的にはその考え方も示された。

　2015 年 9 月に社会資本整備重点計画が閣議決定された。そこでは自然環境が有

する多様な機能（生物の生息・生育の場の提供、良好な景観形成、気温上昇の抑制等）を積極的に活用するグリーンインフラの取り組みの必要性が記載された。そこでは、「地域の魅力・居住環境の向上や防災・減災等の多様な効果を得ようとするグリーンインフラ」というように生態系減災について言及された。計画のなかでは、「生態系」と明記されていないが、国の社会資本整備の根幹をなす計画において、生態系がその基盤（インフラ）であることが認められたことは特筆すべきことである。

　2015年の締めくくりとして、11月下旬に気候変動の影響への適応計画が閣議決定された。筆者は2014年度に気候変動影響評価等小委員会と気候変動に関する生物多様性分野適応計画検討会に委員として加わり、この適応計画のとりまとめにも関わった。このなかでは、度々生態系減災について言及されている。例えば、海岸における適応策のひとつとして、「沿岸域における生態系による防災機能の定量評価手法開発など、沿岸分野の適応に関する調査研究を推進する」と具体的に書き込んでおり、これまでのグレーインフラにおける防災に加え、生態系減災への取り組みが必要であることが記載された。

　これらの一連の動きを経て、環境省は2016年2月に「生態系を活用した防災・減災に関する考え方」（環境省自然環境局 2016a）をまとめ、ハンドブック「自然と人がよりそって災害に対応するという考え方」（環境省自然環境局 2016b）とともに環境省のホームページで公開している。なお、ハンドブックについては英語版も作成され、公表されている（Nature Conservation Bureau 2016）。筆者は、この考え方、ハンドブックをまとめる検討会にも委員として加わった。この考え方のなかでは、生態系サービスのひとつとして防災・減災機能が位置づけられることが説明され（環境省自然環境局 2016a）、ハンドブックでは歴史的な生態系減災や基本的な考え方が政策決定者や住民に分かりやすく紹介されている（環境省自然環境局 2016b）。

　「はじめに」で述べたように近年は自然災害が多発しており、本書が執筆、編集されていた2020年7月には、約1カ月にも及ぶ豪雨が日本各地で記録され、特に九州を中心に大きな洪水、土砂災害を引き起こした。前年に大きな台風被害があったばかりということもあり、気候変動下における防災に対する関心が極めて高まっている。折しも7月に国土交通省境資本整備審議会は「気候変動を踏まえた水害対策のあり方について」と題した答申を発表し（国土交通省 2020）、「流域

治水」への大転換の必要性を示した。流域治水、総合治水事業については第4章で詳しく解説するが、水害対策においては生態系減災が本格的に実装されることになった。

おわりに

　生態系減災は、これまでの防災・減災の手法に取って代わるというものではない。津波防災の視点から、防潮堤とマングローブ林を例に説明しよう。マングローブ林は、津波の威力を減衰させるが、防潮堤がもつ機能を代替できるわけではない。単に津波の威力から内陸の人と財産を守るという観点からいえば、防潮堤が勝るであろう。しかし、マングローブ林には防潮堤がもち得ない生物多様性を保全する機能をはじめとした様々な生態系サービスを提供する。そして波打ち際から内陸まで十分なスペースを確保できれば、マングローブ林でも十分な津波対策機能を果たせるだろう。ただし、そのために必要なスペースは海岸線から数kmに及ぶかもしれない。また、第4章で具体的に議論するが、防潮堤のようなグレーインフラと自然の仕組みを活用したグリーンインフラを組み合わせた「ハイブリッドインフラ」という考え方もある。これも生態系減災の重要なアプローチである。

　災害リスクの低減においては、なによりも暴露の低減が重要である。つまり災害リスクを織り込んだ適切な土地利用計画である。21世紀に入り、日本は急激な人口減少に直面している。都市もその例外ではなく、人口が減少しても生活の利便性を確保し、環境にも負荷をかけないコンパクトシティを実現するために、立地適正化計画が各自治体で作成されている。この立地適正化計画では災害リスクが高い立地には居住の誘導を進めないことが求められているが、現実の計画は必ずしもそうなってはいない（花房ほか 2018）。よって本書においても、計画的な視点から暴露の低減にアプローチする。

　脆弱性とキャパシティの視点からは、様々な生態系減災のアプローチをとることができる。本書でそれらを網羅することは不可能であるため、南海トラフ巨大地震による津波対策がとられている地域を取り上げ、海岸林の維持管理のガバナンス、そして地域の人々の空間認知と防災意識について紹介する。生態系減災に関わる調査研究は近年急速に拡大しつつあるが、その多くが防災機能評価と暴露

を低減させる計画手法に集中している。脆弱性低減とキャパシティ拡大の視点からの生態系減災研究の発展が期待されるところである。

引用文献

Asian Disaster Reduction Center （2005）*Total Disaster Risk Management- Good Practices 2005*. Kobe.

中央防災会議防災対策推進検討会議南海トラフ巨大地震対策検討ワーキンググループ （2013）【別添資料 2】南海トラフ巨大地震対策について（最終報告）——南海トラフ巨大地震で想定される被害.

榎原雅治（2013）中世東海地方の海岸平野の形成と人々. 環境の日本史 3——中世の環境と開発・生業. 井原今朝男. 東京, 吉川弘文館：62-87.

復興庁（2016）全国の避難者等の数. http://www.reconstruction.go.jp/topics/main-cat2/sub-cat2-1/20160329_hinansha.pdf （2020 年 10 月 13 日確認）

花房昌哉・瀧健太郎・秋山祐樹・吉田丈人・一ノ瀬友博（2018）滋賀県における立地適正化計画と水害リスクに関する研究——彦根市・東近江市・湖南市を対象に. 都市計画報告集. **17**：378-381.

一ノ瀬友博（2015a）新たな国土形成計画をめぐる論点——農村計画学会の取り組み. 農村計画学会誌. **34**（1）：33-36.

一ノ瀬友博（2015b）人口減少時代の農村グリーンインフラストラクチャーによる防災・減災. 農村計画学会誌. **34**（3）：353-356.

地震調査研究推進本部（2019）活断層及び海溝型地震の長期評価結果一覧. https://www.jishin.go.jp/main/choukihyoka/ichiran.pdf,（2020 年 3 月 29 日確認）.

環境省自然環境局（2016a）生態系を活用した防災・減災に関する考え方. 環境省自然環境局自然環境計画課生物多様性地球戦略企画室, 東京.

環境省自然環境局（2016b）自然と人がよりそって災害に対応するという考え方. 東京.

Kathiresan, K. & N. Rajendran （2005）Coastal mangrove forests mitigated tsunami. *Estuarine, Coastal and Shelf Science*. **65**（3）：601-606.

警察庁緊急災害警備本部（2019）平成 23 年（2011 年）東北地方太平洋沖地震の警察措置と被害状況. https://www.npa.go.jp/news/other/earthquake2011/pdf/higaijokyo.pdf （2020 年 3 月 29 日確認）.

国土交通省社会資本整備審議会（2020）気候変動を踏まえた水害対策のあり方について～あらゆる関係者が隆起全体で行う持続可能な「流域治水」への転換～. https://www.mlit.go.jp/river/shinngikai_blog/shaseishin/kasenbunkakai/shouiinkai/kikouhendou_suigai/pdf/03_honbun.pdf （2020 年 10 月 13 日確認）

国際協力機構［JICA］国際協力総合研修所（2006）キャパシティ・ディベロップメント（CD）途上国の主体性に基づく総合的課題対処能力の向上を目指して～ CD とは何か, JICA で CD をどう捉え, JICA 事業の改善にどう活かすか～. JICA, 東京.

内閣府政策統括官（防災担当）（2019）南海トラフ地震防災対策推進基本計画フォロー

アップ結果.

Nature Conservation Bureau（2016）*Ecosystem-based Disaster Risk Reduction in Japan : A Handbook for Practitioners.* Ministry of the Environment, Tokyo.

Renaud, F. G., K. Sudmeier-Rieux, and Mariosol Estrella, eds.（2013）*The Role of Ecosystems in Disaster Risk Reduction.* UNU Press, Tokyo.

コンラッド・タットマン（1998）日本人はどのように森をつくってきたのか．築地書店，東京．

徳川林政史研究所編（2012）森林の江戸学．東京堂出版，東京．

UN Office for Disaster Risk Reduction ［UNDRR］（2017）. *Terminology on disaster risk reduction.* https://www.undrr.org/terminology（2020年3月29日確認）

鷲谷いづみ・一ノ瀬友博・海部健三・津田智・西原昇吾・山下雅幸・吉田丈人（2016）生態学——基礎から保全へ．倍風館，東京．

第2章
南海トラフ巨大地震と
その災害リスクの軽減

大木聖子

はじめに

　本章では、南海トラフ巨大地震とその災害リスク軽減に向けた取り組みを、科学・歴史・教育の観点から記す。地震や津波などのハザードについてはこの100年ほどで近代科学的な知見が得られており、地震発生予測は困難なものの、地震や津波、それらに付随して発生する事象のメカニズムが明らかになってきた。また、これらのハザードによってもたらされる災害については、科学がそのメカニズムを明らかにするずっと以前から、古文書に詳細に記されている。これらを踏まえ、科学と歴史が伝える今後の災害リスクにいかに向き合うかについて、防災教育の視点から詳述する。

1　災害多発の時代を迎えて

　2011年3月11日、テレビに映し出されたあの日の光景が忘れられない。東京でも立っていられないほどの揺れだった。すぐにテレビをつける。ほどなくして映し出されたのは、海から注ぎ続ける黒い水の塊だった。巨大な流れは一向に引く気配もなく、どんどん町に入っていく。

図2-1　東日本大震災での津波によって被害を受けた宮古市田老町（2011年4月、筆者撮影）

テレビからは人々の哀願が虚しく響いている。まったく何の容赦もなく、家も車も人も、簡単に押し流していく津波を、私はなすすべなく見ているしかなかった。

思えばその8年ほど前にあたる2004年12月にも、似たような光景を見ていた。インドネシアのスマトラ島で発生したマグニチュード9.1の超巨大地震と直後の巨大津波。子どもも大人も何かを叫びながら、押し寄せてくる濁流に、車ごと、家ごと流されていく。津波はインド洋を伝わり、諸外国も含めて20万人以上もの犠牲者を出した。

東日本大震災の発生後に海外の友人たちから、私の無事を案ずるメールが届いた。東京は大丈夫だ、と答えると、おそらくは私を励ますために言ってくれたのだろう、「Satoko, Good jobだ。日本ではスマトラ島の10分の1の犠牲じゃないか」と続く。複雑な心境だった。確かに、東北地方太平洋沖地震はスマトラ島沖地震と、マグニチュードも、メカニズムも、最大津波高もほとんど同じである。それで犠牲者数は10分の1以下だったのだから、日本の地震津波防災は"Good job"だったと言えないこともないだろう。しかし、インド洋を囲む国々に比べて、日本には防潮堤があり、津波警報システムがあり、地震科学をはじめとした学術による防災対策への提言も、防災教育もあった。もちろん、どれも完璧ではなかったが、少なくともこれらのほぼすべてがなかった2004年の被災地と比べたら、防災対策に一定の効果があったことはある意味で自明であり、むしろ私は、それでもなお2万人近い犠牲が出てしまうことに絶望感すら抱いていた。

防潮堤などのハードウェア対策、津波警報システムの構築と運用、それを可能にする科学の発展、そして防災教育などのソフトウェア対策といった防災方策は、犠牲者の数を20万人から2万人にすることはできたのかもしれない。しかし、2万人近い犠牲と今なおそれを哀しむ多くの人々を眼前にして、いったいどうすれば次の災害で犠牲者をゼロにできるだろうか。これ以上何ができるというのだろうか。

本書ではその新たな切り口のひとつとして、生態系減災を掲げている。この章では、そういった防災方策の可能性を示すべく、これまで日本で繰り返されてきた地震の歴史をたどり、その被害の特徴を史実から整理していく。また、なぜそのような現象が起きるのかを、地震科学の観点で解説したい。最後に、東日本大震災後の新たな取り組みのひとつとして、筆者が高知県土佐清水市で行っている防災教育の事例を挙げ、第1章に定義されている災害リスクの軽減に資する要素

をあらためて示す。

2　地震・津波とは

　本節では、近代科学が明らかにしてきた地震の正体を解説する。地震とは地面が揺れることではなく、断層面で岩盤がずれ動くことである。「地震」と「地面が揺れること」とは別であり、後者は前者の結果起こる事象のひとつであると科学的に解明されたのはこの 100 年ほどのことである。同様に、津波や地殻変動も地震現象に付随して起こるものであり、そのメカニズムの概略は明らかになっている。本節ではハザードを科学的に理解し、ハザードがそのまま災害となるわけではないこと、ハザードと災害との区別を確認したい。

（1）地震の正体
　「地震現象」とは「地面が揺れること」ではない、と聞いたら驚かれるだろうか。地面が揺れるのは「地震」という現象が起きた結果の出来事であって、地震そのものはそれとは別に正体がある。まさかナマズ……、ではなく、地震とは断層でのずれ運動のことであり、地震学では「断層運動」という。もう少し平易に言い換えると、地震とは地下で岩盤が割れ広がっていくことである。

　たとえば、まな板の上にモノを乗せている状態でそのまな板を割ったら、上に置かれているモノは衝撃で倒れたり動いたりするだろう。同じように、自分が立っている地面の地下の浅いところで、岩盤が急激に割れていくところを想像したら、地表には何やらたいへんな衝撃が走りそうである。それこそが私たちが感じている「揺れ」である。地震という現象の結果、地表で揺れが生じているわけだ。

　地震学では、断層でのずれ運動のことを「地震 earthquake」、地震による地面の揺れのことを「地震動 ground motion」と表記して区別している。英語のほうがわかりやすいと感じられたのではないだろうか。それもそのはずで、古来、日本に暮らす人々は地震のことを「なゐふる」と表現してきた。「なゐ」とは地面、「ふる」とは揺れを意味しており、まさに地面が揺れることを「地震」と呼んできたのである。近代科学が発達して地震学が地震の正体を断層運動だと突き止めてから、地震学者は「あなた方の言っている『地震』とは、正式には『地震動』

図 2-2　地震に伴って出現した地表地震断層

左：1995 年兵庫県南部地震に伴って出現した地表地震断層。右：2008 年中国四川地震に伴って出現した地表地震断層（2008 年 9 月撮影）。
出典：左は国土地理院（1995）より、右は東京大学地震研究所 纐纈一起教授撮影・提供。

のことである」という具合に「地震」という言葉を市民から取り上げてしまったのだ。

　さて、地下はどこもかしこも割れるのか、というと必ずしもそうではない。どうやら過去に割れたところが弱点となって、繰り返し割れているようだ。地層が割れたようにずれている部分を「断層」という。それらのうち、過去数十万年の間に繰り返し地震を起こした履歴をもち、将来も地震を起こしうるところを「活断層」と呼ぶ。断層は英語で fault、欠点/障害といった意味をもつ単語だが、まさに地表付近にある「本来あってはならないひび割れ」のことを示している。活断層はそれがまだ「活きている」もののことで、active fault と表記する。津波を伴う海の地震ではプレート境界という言葉がよく聞かれるが、プレート境界もまた、地震を発生しうる場所として活断層のひとつと捉えることができる。

　図 2-2 は阪神・淡路大震災を引き起こした 1995 年兵庫県南部地震に伴って地表に現れた断層（左）、同じく 2008 年中国四川地震で現れた断層（右）である。震源が浅い場合はこのように断層でのずれが地表にも及ぶ。地表に亀裂が現れた断層は特に「地表地震断層」と呼ぶ。

　地震の正体が何なのかは、1900 年前後に日本の小藤文次郎博士やアメリカのリード博士によって同時期に明らかにされた（Koto 1983；Reid 1911）。古代ギリシャ時代から地震の正体について議論されてきて、実に数千年をかけてようやく解明された。なお、地震が日本の古文書に初めて登場するのは『日本書紀』で、416 年 8 月 23 日とあるが、被害の詳細は記されていない（大森 1919）。また、地

震をナマズに喩えた最も古い資料は豊臣秀吉によるものであり、1593年1月に家臣の前田玄以に宛てた書簡に「伏見の普請 鯰大事にて候」（伏見城の建築については地震対策をしっかりしなさい）とある（寒川 2010）。

（2）なぜ地震が起こるのか

　地震の正体は断層面でのずれ運動と書いたが、そもそもなぜ断層面はずれるのか。誰かがかなりの力を加えない限り割れることはない。この「かなりの力」をゆっくりと日々蓄積しているのが、他ならぬプレート運動である。

　地球の表面は十数枚の固い岩盤でくまなく覆われている。球体のジグソーパズルを想像していただくといいだろう。パズルのピースは20枚弱、大きさは、太平洋ほどの広さをもつ広大なものから、日本列島サイズの小さなものまで様々である。このパズルのピースを「プレート」という。厚さは場所にもよるが、日本列島周辺では厚くて100 kmほどもある。とはいっても地球の半径6,400 kmから考えれば100 kmはせいぜい卵の殻程度である。地球はまさに、ゆで卵の殻にひびが入ったような状態である。ゆで卵と違うのは、これらのプレートがそれぞれ好き勝手な方向に動いていることで、だからプレートどうしの境界では2つのプレートが別々の方向へ押しあったりすれ違ったりする力が働いている。この力が、地震を起こす原動力となっている。

　このプレート運動を理論としてまとめたのが「プレートテクトニクス」であり、1960年代に入って急速に支持を得た。地震の正体がわかったのが1900年前後とかなり遅かったことを記したが、その原動力についてはそれからさらに半世紀以上遅れてようやく明らかになったのである。

（3）地震によって引き起こされるもの：地震動・地殻変動・津波

　この節では、地震現象の結果として引き起こされるものに注目し、①地震動、②地殻変動、③津波の3つについて概説する。

　① 地震動

　地震動とは先述のとおり、地震で我々が感じている地面の揺れのことであり、地震によって発生した波動がもたらすものである。最終的に自分のいる地面がどのような揺れ方をするかは、大きく3つの要因に影響される。1：震源でどのような波動が発生したか、2：その波動はどのような伝播経路を伝わってきたか、3：

地表付近の地盤がどのような揺れの特徴をもっているか。さらに、自分が建物などの構造物内にいる場合は、4つめの要素として、その構造物の揺れ方の特性も影響する。

たとえば2つめの要素である伝播経路が非常に長かった場合、つまり震源が遠かった場合は、波動は減衰して地表での揺れは小さくなる。あるいは、3つめの要素である地盤が悪い場所では波動は増幅して揺れは大きくなる。したがって、ひとつの地震でも場所によって揺れ方が変わってくる。このような個別の地点での揺れ方の違いを表す指数として、日本では「震度」が使われている。次節で詳説するマグニチュードは地震そのものがもつエネルギーであり、それによって生じた地震波が上記の3つの要素を経て地表のある地点をどのくらい揺らしたかという地震動の指標が震度となる。

②　地殻変動

地殻変動とは地球の表面に現れた地形の変化のことである。図2-3（口絵1）は、1946年の昭和南海地震の直後に高知市が沈降している様子（上）と、その後に隆起して現在は街が形成されている様子（下）を示したものである。

高知市をはじめとした沿岸部は、大地震のたびに沈降や隆起を繰り返している。このメカニズムも、地震が断層運動であることから理解することができる。図

昭和の南海地震後（地盤沈下が1.15m）

2011年9月現在

図2-3　1946年昭和南海地震の前後での高知市の地盤の様子（口絵1）
上：1946年の昭和南海地震の3日後に撮影された高知市。下：2011年9月に撮影された同地。昭和南海地震の直後（上）に地盤が沈降していることがわかる。
出典：高知市地域防災推進課（2008-2019）より。

2-4（口絵 2）は地震発生時のプレート境界の断面を模式図で示したものである。プレートが図の右上から左下に沈み込んでいる。プレート部分が下盤側の海洋プレート、それより上は上盤側の大陸プレートを示す。地震発生時はこの境界面の一部（図の斜線部分）が一気にずれ動く。すると、これまで海洋プレートに引きずり込まれるようにして押されていた大陸プレートは、地震の発生に伴って短時間に図の右上方向に一気にずれ動く。

　これを地表での質量分布という観点で見てみると、地震発生後は図の右側で質量過多、左側で質量欠損の状況となっていることがわかるだろう。質量過多のほうは隆起し、質量欠損するほうでは沈降する。どこが隆起と沈降の境目になるかは、地震の規模やプレート境界からの距離に依存する。高知県では南海地震のたびに、室戸岬や足摺岬で隆起、高知市で沈降という現象を繰り返している。

　なお、地殻変動とは必ずしも地震だけに伴うものではなく、長い時間をかけて山脈を形成したり、平野が沈降していったりする現象も含む。

　③　津波

　津波もまた地震による結果として起きる現象だが、より厳密には、地震による海底での地殻変動が引き起こす事象である。図 2-4 の隆起域が海底だった場合、海水は急激に持ち上げられる。これにともなって海水面の一部が一時的に盛り上

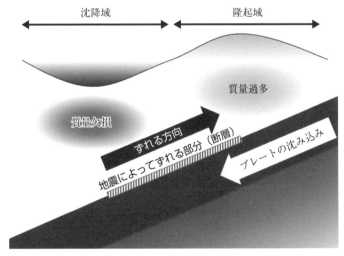

図2-4　断層運動と隆起・沈降のメカニズムの関係を記した模式図（口絵2）

がるが、当然ながら、海水のような流体は常に水平であろうとする（等重力ポテンシャル面となるジオイド面の位置に戻ろうとする）ため、盛り上がった一部はすぐさま水平になろうと移動していく。

　津波は、海水面のみで起きる波浪とは違って、海底地殻変動のあった領域の海水全体の運動であり、これが水平になろうと移動していく速度（津波伝搬速度）は水深の深さに依存する。この津波伝搬速度は水深が深いほど速いため、津波は沖合から陸に近づくほど、つまり津波の最前線部分ほど、その速度は遅くなる。したがって、水深が深い後方部分は、速度が遅い前部を捉えることとなる。これを繰り返しながら陸に迫るため、津波の高さは、水深の深い沖合よりも港（「津」）でのほうが高い（これが「津波」の語源ともいわれている）。

　他にも、地震によって引き起こされるものは多くある。地震による地震動で耐震性のない家屋が倒壊したり、固定していない家具が転倒したりして、多くの犠牲者を出す。また、液状化現象も、地震動が地下水で飽和した砂粒の配列を変えてしまうことで起きる。温泉の湧き出しが止まったり、逆に始まったりすることや、井戸水が枯れたり濁ったりすることは、地震による地殻変動が原因であろう。地震災害の多くは、地震そのものではなく、地震によって引き起こされた事象によるものであり、地震そのものが人を殺すことはまずない。災害の軽減について考えることは、私たちの社会が、地震現象が引き起こす地震動や地殻変動、それに伴う津波などの様々な現象をどれだけやり過ごせるか、その方策を考えることといえる。

（4）マグニチュードとは

　前項で、地震による地面の揺れ、すなわち地震動の大小を表す指標として「震度」が導入されていると記した。一方で、地震そのもののエネルギーは「マグニチュード」で表す。マグニチュードにも様々な規格があり、算出される値は少しずつ変わってくる。日本では、地震発生から1分以内に「気象庁マグニチュード」が発表される。日本周辺の地震の規模を早く正確に算出するのに適したマグニチュードだが弱点があり、マグニチュードが8を超えるあたりから飽和しはじめ、マグニチュード9に近づくような大きなマグニチュードは過小評価してしまう。2011年の東北地方太平洋沖地震のマグニチュードが当初7.9だったものから8.8、やがて9.0へと二転三転したのはこれが原因のひとつである。

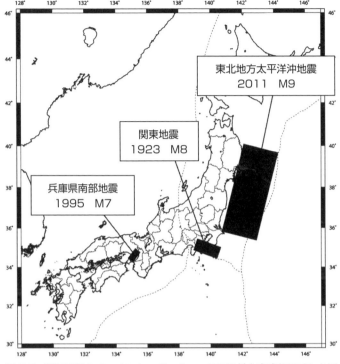

図2-5　断層面積とモーメントマグニチュードの関係を直感的に示した図

　この飽和現象は気象庁マグニチュードだけではなく、その他のマグニチュードでも起きる。飽和を回避したマグニチュードが編み出されたのは1970年代の後半、カリフォルニア工科大学の金森博雄博士による偉業であり（Kanamori 1977）、「モーメントマグニチュード」と呼ばれている。本章の冒頭に、地震は断層でのずれ運動と書いたが、どのくらいの大きさの断層面がずれたかを指標として算出するのがモーメントマグニチュードである。震源域の大きさとすべり量と岩盤の硬さを表す数値（剛性率）とをかけあわせたものを「断層運動のモーメント」といい、これを使って算出する。剛性率は場所によって大きく変化しないことから、マグニチュードの大きさはおよそ震源域の面積に置き換えて直感的に表現することができる。1995年の兵庫県南部地震（マグニチュード7）、1923年の関東地震（マグニチュード8）、2011年の東北地方太平洋沖地震（マグニチュード9）を図示すると図2-5となる。マグニチュードは「2」大きくなると、そのエネルギーは1,000

倍になるように定義されている。東北地方太平洋沖地震のエネルギーは、兵庫県南部地震が 1,000 回同時に起きたものに匹敵している。

3　南海トラフ地震の歴史

　日本の周辺には 4 つのプレートがあり、津波を伴うようなプレート境界の大地震と都市機能を壊すような直下型の内陸地殻内地震との双方が起こる。前節で述べたとおり、地震は同じ震源断層で繰り返し起こる。同じ場所で似たような特徴の地震が起きるまでの期間を「再来周期」という。内陸地殻内地震の再来周期は非常に長く、数千年から数万年であるのに比べて、プレート境界での地震は数十年から数百年と比較的短いため歴史記録が残っている。本節では世界でもまれに見るほど古い時代まで人の手で記録が残されている南海トラフ巨大地震の履歴について概観しよう。

(1) 繰り返す南海トラフ巨大地震

　「トラフ」とは本質的には海溝と同じもので、プレートの下に別のプレートが沈み込んでいる場所のうち、沈み込み口の深度が海溝にくらべて浅いもののことである。南海トラフとはしたがって、西日本のプレート境界（西日本の位置するユーラシアプレートにフィリピン海プレートが沈み込んでいるところ）を指す。そこを震源域として発生するのが南海トラフ地震である。

　2 節で述べたとおり、近代地震学が科学として成立するようになったのはたかだかこの 100 年余りのことである。一方で地震の発生周期は短くて数十年、長いと数万年にもなるため、過去の地震の履歴を知るには、近代地震学だけでは圧倒的に力不足であり、古文書の記録と地質調査が有力な手がかりとなる。さいわい、わが国は中国と並んで世界有数の地震や津波の記録をもっている国であるため、『日本書紀』に記された 5 世紀の地震を最古として、現代まで 1500 年にわたる地震記録が残されている。特に識字率が上がり、戦火に文書が消失するリスクの少なくなった江戸時代以降はほぼ欠落のない記録となっている。

　図 2-6 は、南海トラフで発生した地震をリストアップしたものである（地震調査研究推進本部ウェブサイト）。いずれもマグニチュード 8 前後の巨大地震で、大きな津波を伴っている。また、東海域（静岡県付近）や東南海域（和歌山県沖）を

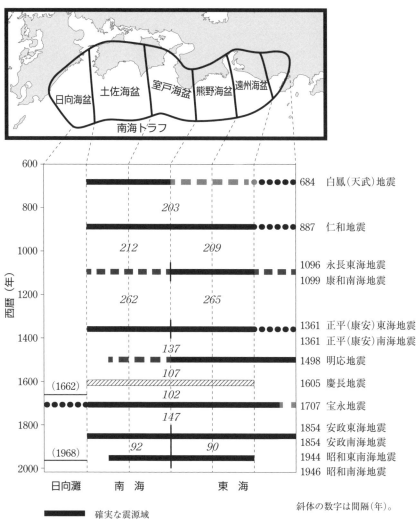

図2-6　南海トラフで発生した歴史地震のリスト
出典：地震調査研究推進本部ウェブサイトの図を元に作成。

震源域とする地震と、南海域（高知県沖）とでは短い時間を隔てて、あるいはほとんど同時に発生していることがわかる。さらに地震の再来周期は、欠落のない江戸時代初めの1604年以降では、1605年慶長南海地震、1707年宝永地震、1854年安政南海地震、1946年昭和南海地震と、およそ100年前後の間隔となっている。

　直近の南海地震である1946年に100年を加えると2046年となるが、1946年の昭和南海地震は歴代の南海地震の中では比較的小規模だったため、もしかしたらこの間隔は狭まるかもしれない。かといって、直前になれば兆候が現れて地震の発生が予知できるというわけでもない。そろそろだが、いつなのか——、そのような状態に、2020年のいま突入しつつあるといえるだろう。

（2）南海トラフ沿いの歴史地震

　古文書に残る記録を災害記録の観点から分析する専門家らによって、日本の歴史地震については多くの研究がある。特に一連の南海地震に関しては学術論文も一般向けの書籍も多く出版されている（北原ほか 2012；保立 2012；寒川 2011；都司 2012）。以下では、特にことわりがない限りは『日本被害地震総覧』（宇佐美ほか 2013）を参照している。

① 684年 白鳳南海地震

　『日本書紀』に記されている最古の南海地震は684（天武天皇12）年10月14日（今の暦では11月29日：以降は現行の暦で記す）と記録されている。都司（2012）による、原文になるべく即した漢文読み下し文とその現代語訳を記す。

　「十月十四日の夜人定におよびて大地震あり。国挙りて男女叫唱びまどひき。即（すなはち）山崩れ河湧き、諸国群官舎、百姓（人民）の倉屋、寺院、神社破壊するものあげて数ふべからず。これに由りて、人民と六畜と多く死傷す。時に伊予の温泉没して出でず、土佐国の田苑五十余万頃、没して海となる。古老いはく、かくのごとき地動はいまだかってあらず」（『日本書紀』）

　午後10時ごろに大地震が起きた。国中の男も女も叫んで逃げまどった。山は崩れて、河は溢れ、諸国の官舎や人民の倉庫や家屋、神社など、壊れたものは数しれない。これによって人と家畜は多く死傷した。道後温泉はお湯が出なくなり、高知市の水田は約10万km²にわたって沈降して海となった。年配の者は、このような地震はかつてなかったと言った。

　高知市の沈降した田んぼ「五十余万頃」（約 10 万 km²）については 1707 年の宝永地震、1854 年の安政南海地震、そして 1946 年の昭和南海地震でも観測され（図2-3）、その面積は 10 万 km² 余りだったことがわかっており、これとほぼ一致する。

　この地震から 18 日後に土佐国司が朝廷に寄せた報告には、津波によって租税の布を運搬する船が多数沈没したことが記されている（郡司 2012）。大地震が発生し、強い揺れが生じて家屋が倒壊したり斜面が崩壊したりしたこと、それにより多くの犠牲者が出たこと、地殻変動によって土地が大規模に沈降したこと、温泉が湧き出さなくなったこと。船を沈没されるほどの大津波があったこと。7 世紀に記された古文書は的確に、プレート境界での大地震が引き起こす現象を記述していることがわかる。

②　887 年 仁和南海地震

　887（仁和 3）年 8 月 26 日午後 4 時に仁和南海地震が発生したことが『日本三代実録』に記録されている（寒川 2011）。平安時代前期にあたるこのとき、光孝天皇は仁寿殿を出て前庭にテントを立てて避難したとある。

　注目すべきは「五畿七道の諸国も大きく揺れた」点、津波被害は「摂津国もっとも甚だし」と記されている点であろう。五畿七道とは、京阪地方と奈良県（五畿）だけではなく全国（七道）を示している。また、摂津国すなわち大阪湾への津波浸入とそのはなはだしい被害は、震源が紀伊半島南方沖や四国（東南海や南海）であることを示している。南海地震では強い揺れに加えて、大阪湾にも津波が浸入してくることが強く示唆される。

③　1096 年 永長東海地震と、1099 年 康和南海地震

　仁和南海地震から 200 年ほど経った頃に 2 つの地震が起こった。1096 年 12 月17 日に発生した永長東海地震は、右大臣・藤原宗忠による『中右記』に記されている。皇居であった大極殿や東大寺、薬師寺に被害があったこと、駿河国や伊勢国の安乃津（三重県津市）を大津波が襲ったことが記録されている（寒川 2011）。

　その 2 年後の 1099 年 2 月 22 日に康和南海地震が発生した。この地震は調査されていた当初、南海地震とは思われていなかった。京都の関白・藤原師通の日記には、「早朝曇り、午前 6 時大地震。宮中に行ってすぐ家に帰った」くらいの記録しかなく、京都では大きな被害はない震度 4 くらいだったということが読み取れる（都司 2012）。翌日の日記に、「奈良県の興福寺の回廊と大門が、昨日の地震で転倒したと知らせがあった」と追記されているので、奈良は震度 5 程度だっ

たのだろう。大阪については、法隆寺の僧が13世紀に記した文書に、四天王寺の回廊や東大門が倒れたと書かれているので、震度6くらいと推測できる。これらの一連の記述からは、康和元年のこの地震は南海トラフに関連する大地震ではなく、近畿地方の内陸地殻内地震と読み解かれてきた（都司 2012；寒川 2011）。

ところが1960年代になって、鎌倉時代の公卿が高知市の荘園について「土佐国内の水田が海底になってしまった」と記していたことが発見された。太政官の命令書の案文として書かれたもので、本来は廃棄されていてもおかしくないものだったが、当時貴重だった紙を日記用に裏紙として再利用していたため残っていたのである（寒川 2011）。高知市の沈降を記したこの記述が決定的証拠となり、康和の地震は南海地震のひとつとして加えられることとなった。

④　1361年 正平南海地震

南北朝時代の8月3日に発生した正平南海地震は『太平記』に記されている（寒川 2011）。

奈良の薬師寺金堂の2階が傾き、興福寺の南円堂が破損した。また、春日大社の石灯籠はことごとく転倒し、唐招提寺の九輪は大破損して渡り廊下が破壊されている。また、大阪湾内の津波被害も詳細に記されている。摂津国難波（大阪府大阪市）では、揺れから1時間ほどして港の水が干上がり、大量の魚が砂の上に取り残された。それを近くの漁師たちがわれ先にと拾っていたが、やがて大山のような潮が満ちてきて、数百人の漁師たちは誰一人として生き残らなかった。

この時の津波は徳島県でも大きな被害を出しており、現在の美波町では1,700軒の家が流出している。現地には、日本最古の地震津波碑「康暦の碑」が残っている。

⑤　1498年 明応地震

この地震については東海地域での被害記録が多く、当初は南海地震については不明となっていた。関白太政大臣の近衛政家による『後法興院記』には、伊勢・三河・駿河・伊豆で大波が打ち寄せて数千人が命を落としたことが記されている。また伊勢神宮の神官による記録には、津波によって伊勢市で5千人、伊勢志摩間で1万人、志摩半島の国崎ではほとんどの家と人が流された、とある。

後に高知県四万十市での遺跡調査などによって、同時期に南海地震が発生した可能性が示唆されるようになり、東海域と南海域の双方が多少の時期をずらして震源域となった地震であったことがわかってきた（寒川 2011）。

⑥　1605年　慶長地震

　この地震はこれまでの南海地震とは少し特徴が異なり、強い揺れの被害は記録されていないが、津波については房総半島東岸から鹿児島湾内まで被害が報告されている。このような地震を「津波地震」という。

　津波地震は、2節に記した地震と津波のメカニズムではどのように理解できるのだろうか。地震は断層でのずれ運動、津波はずれ運動に伴う地殻変動による水面変動である。津波地震は、断層でのずれ運動の速度（断層が割れていく速度）が通常の地震よりも遅く、地下での破壊が緩やかであるため地表に揺れの衝撃をほとんどもたらさない（震度は小さくなる）。一方で、ずれ運動の速度が遅くても海底での地殻変動自体が生じることに変わりはないため、海水面は持ち上がって津波を引き起こす。つまり、強い揺れはないのに津波だけは大地震の時のように発生する地震となる。

　南海トラフ巨大地震の履歴では今のところ、1605年慶長地震だけが津波地震とされているが、日本全体では1677年延宝の房総沖地震や1896年明治三陸地震など、回数は多くはないが発生している。

⑦　1707年　宝永地震

　2011年の東北地方太平洋沖地震が発生するまで、日本で起きた最大の地震は1707年の宝永地震でマグニチュード8.6とされてきた。東北地方太平洋沖地震と同様の連動型の巨大地震である。連動型の巨大地震とは、断層でのずれ運動が止まらずに、広範囲にわたってずれ続けていく地震である。したがって、海底での地殻変動も大規模なものになり、津波も巨大化する。

　どうやらこのような連動型の巨大地震は、プレート境界において数百年から千年くらいの間隔で発生しているようだ。南海トラフでは東海域から南海域までが同時に地震を起こし、関東から九州の広い地域が強い揺れに見舞われている。高さ10mを超える津波が西日本の太平洋側沿岸各地を押し寄せ、高知県だけで3,000人の死者行方不明者が出たともいわれている。また、県内のいくつかの集落は「一草一木も残らず」壊滅したことが記録に残っている。

　　「大潮けしからずたたへ来る事山の如し。寄り来る潮よりは引潮甚だあらく
　　滝の流れの如く、かかること三度なり。この時、覚悟より米など袋に入れ、
　　用意して山へ逃げ上がりしが、一度の潮にて又二番来ることは知らず。我が

　家へ再び立ち帰り銭金着用そのほか道具等取りに帰り二番波に引き流されて
　死すもの多し」『森沢保如家文書』（都司 2012）

　押し寄せる波よりも引いていくときのほうが強く、まるで滝のようであり、3度
も繰り返した、と記されていることがわかる。山に避難した人が、第一波を逃れ
たあとに財産を取りに家に帰って被災した様子など、教訓も残されている。

　室戸岬付近の港では、地震の後に水深が浅くなって大型の船が港に入れなく
なった、という記録が残っているが、実際には海面が下がったのではなく室戸岬
が 2 m 程度隆起したことになる。一方で高知市では、津波浸入後であっても家屋
に海水が侵入し続けたこと、海水がようやく引いたのは地震から 3 カ月以上たっ
てからのことだったと記されており、室戸岬とは逆に 2 m ほどの沈降があったこ
とが読み取れる。古文書の記録をたどると、沈降したのは高知市から土佐市、須
崎市、そして幡多郡にも及んでいることが示唆される。

　大阪では、突然の地震に驚いた人々が家財道具を船に積み、道頓堀などの水路
に逃げた人が多くいたが、地震発生からおよそ 2 時間後に大津波が遡ってきて、
ほとんどの船が転覆して多くの人が溺死した。

　強い揺れと巨大津波、室戸岬の隆起と高知市の沈降、大阪湾への津波浸入とい
う特徴がここでも記されている。

⑧　1854 年 安政東海地震・安政南海地震

　1854 年 12 月 23 日午前 9 時過ぎ、東海域で大地震が起きて強い揺れと大津波に
見舞われた。安政の東海地震である。江戸時代末期、この前年にはアメリカのペ
リーが率いる黒船が浦賀沖に、ロシアのプチャーチンらが長崎港に来ている。一
旦帰国したプチャーチンが 1854 年に再度来航し、伊豆半島下田で日露和親条約
を結ぶために江戸幕府と交渉を始めたのが 12 月 22 日、安政東海地震はその翌日
に起きている。大地震と大津波によって下田では 875 戸のうち 841 戸が流出、30
戸が半壊、無事の家はわずかに 4 戸だった。この地震をディアナ号上で体験した
司祭長マホフが記した『ディアナ号航海誌』には生々しい記録が残っている。

　「海水は海底から吹き出して、釜（かま）の中で煮えたぎっているかのようであった。
　浪が渦巻いて逆立ち、飛沫となって飛び散った。大浪がつぎつぎと高くなり、
　異常な音を立てて怒り狂い、だんだん海水を駆り立てて岸を侵し、たちまち

陸地を侵していった……。海岸にあった日本の小船はねじ曲げられ、四方八方に散らされた。波の強襲はたちまち拡がって町中まで達し、通りを侵し、ますます水位が高くなって家並みを侵して覆い洗った。さらに波は、水かさが増えたことに満足したかのようにすばやく海の方に戻って行き、壊された家や人間までもさらって行った。一瞬のうちに、湾には丸太や小舟、藁屑や着物、屍体、板や、木片につかまって生命を守っている人々などがいっしょくたにあふれてしまった。（略）　最初の大浪が町の方へ行って十分もたたないうちに、第二の大浪がさらに大きく海のほうへ巻き返してきた。私たちの眼前にあった町……下田が消え失せた」『ディアナ号の軌跡～日露友好の幕開け～』（富士市立博物館 2005）

　大地震の 32 時間後である 24 日午後 4 時頃、今度は南海域で大地震が発生した。安政の南海地震である。和歌山県串本町には 15 m 近い津波が押し寄せ、大阪市では宝永地震と同じように津波が水路をさかのぼり、多くの犠牲を出した。室戸岬周辺では 1 m 強の隆起があり船底がつかえて港に入れなくなったこと、足摺岬では 1.5 m ほどの隆起があり満潮時にかつては水面下だった岩が海水に浸かることがなくなったことが記録にある。

　なお、新鋭船ディアナ号は大きく損傷し、結局は修理に向かう途中の静岡県富士市の沖合で沈没してしまう。その際、沈没する船から 500 人もの乗組員を救おうと、被災して間もない大勢の地元漁師らが献身した様子が先の『ディアナ号航海誌』に記されている。ロシア側も地震発生日の夕方にはプチャーチンが医師を連れて傷病者の救助をさせており、この地震で日本とロシアが協力し合ったことが知られている（富士市立博物館 2005）。

　⑨　1944 年 昭和東海地震、1946 年 昭和南海地震

　1944 年 12 月 7 日、敗戦の色濃く迫っていたこの年に、和歌山県沖の東南海域を大地震と大津波が襲った。静岡・愛知・岐阜・三重などで 1,000 人以上が亡くなったといわれているが、戦時中だったため大きく報道されていない。その 37 日後には誘発地震と思われる三河地震（内陸地殻内地震）が発生し、学童疎開中で寺に寝泊まりしていた児童を含めた約 2,000 人が亡くなっている。

　そして終戦を迎えて間もない 1946 年 12 月 21 日、今度は南海域で大地震が発生した。昭和の南海地震である。太平洋側沿岸部は津波に襲われ、1,330 人の犠牲

者が出ている。やはり、室戸岬は1m強、足摺岬は60cmほど隆起し、高知市は1m以上沈降した（図2-3・口絵1）。

4　次の南海トラフ巨大地震

　前節で南海トラフでの巨大地震の歴史を綴ってきた。史実に残っている1500年分、合計9回の地震災害の様子を概説してきたが、途中からは少々しつこく感じたのではないだろうか。強い揺れで家が壊れて犠牲者が出る、津波が太平洋沿岸各地を襲ってさらに犠牲者が出る、室戸岬と足摺岬は隆起する、高知市などの平野部は沈降する、大阪湾内にも津波が襲来する、これらがおよそ100年の間隔を空けて忘れた頃に再び繰り返される。くどくどと同じことを述べてきた。

　そう、南海トラフでは、程度の差こそあれ、巨大地震の発生により同じことが繰り返されている。プレートが動いている限り地震は繰り返す。そう思えば、10番めの南海トラフ巨大地震として20XX年の地震の特徴もある程度は綴ることができるだろう。それがいつなのか、何月何日の何時何分なのかはわからないが、どんな特徴をもっているかは歴史が教えてくれている。それを史実からの抜粋というよりは科学に寄せて発表したのが、内閣府による2012年の南海トラフ巨大地震の新しい想定（以下、「新想定」）である（内閣府南海トラフ巨大地震対策検討ワーキンググループ 2012）。本節ではこの新想定について概説する。

　2011年の東北地方太平洋沖地震が日本で初めてマグニチュード9クラスの地震として観測されてから、政府は南海トラフ巨大地震の想定を、歴史上の最悪ケースである1707年宝永地震をさらに上回るものとした。まず地震を起こす断層域を想定する。従来の東海域から南海域にプラスして日向灘も追加し、さらにトラフ側にも拡大した（図2-7）。震源域が決まれば、想定すべきモーメントマグニチュードが決定できる。新想定による南海トラフ巨大地震はマグニチュード9.1となった。

　これを震源断層としてコンピュータの中で地震を起こす。ただし、断層のずれ運動の範囲は同じであっても、断層面のどこが一番大きくずれるのかによって震度分布が変わってくる。これにはバリエーションがあり、歴史記録を見てもそこまでの詳細な情報は手に入らないため、内閣府では11パターンを想定して震度と津波をシミュレーションした。すると各地におけるこの11パターンの中での

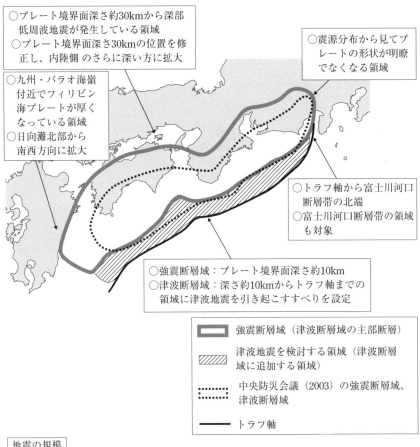

○プレート境界面深さ約30kmから深部
　低周波地震が発生している領域
○プレート境界面深さ30kmの位置を修
　正し、内陸側のさらに深い方に拡大

○九州・パラオ海嶺
　付近でフィリピン
　海プレートが厚く
　なっている領域
○日向灘北部から
　南西方向に拡大

○震源分布から見てプ
　レートの形状が明瞭
　でなくなる領域

○トラフ軸から富士川河口
　断層帯の北端
○富士川河口断層帯の領域
　も対象

○強震断層域：プレート境界面深さ約10km
○津波断層域：深さ約10kmからトラフ軸までの
　領域に津波地震を引き起こすすべりを設定

　　　強震断層域（津波断層域の主部断層）

　　　津波地震を検討する領域（津波断層
　　　域に追加する領域）

　　　中央防災会議（2003）の強震断層域、
　　　津波断層域

　　　トラフ軸

地震の規模						
	南海トラフの巨大地震		参考			
	（津波断層モデル）	（強震断層モデル）	2011年東北地方太平洋沖地震	2004年スマトラ島沖地震	2010年チリ中部地震	中央防災会議(2003)強震断層域
面積	約14万km²	約11万km²	約10万km²（約500km×約200km）	約18万km²（約1200km×約150km）	約6万km²（約400km×約140km）	約6.1万km²
モーメントマグニチュード Mw	9.1	9.0	9.0（気象庁）	9.0（理科年表）	8.8（理科年表）	8.7

図 2-7　南海トラフ巨大地震の新想定での震源域

出典：内閣府南海トラフ巨大地震対策検討ワーキンググループ（2012）を元に作成。

最悪な条件が得られる。
　全地点における最悪の震度をひとつの地図に示したのが図 2-8 左図であり、宝

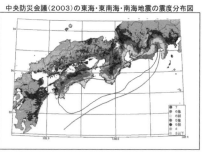

図 2-8　南海トラフ巨大地震の新想定と、旧想定

左：南海トラフ巨大地震の新想定での震源域 11 パターンから、各地点が最悪になる震度をひとつの
地図上に示したもの。右：2003 年に発表された旧想定での震度分布。
出典：内閣府南海トラフの巨大地震モデル検討会（2012）より。

永地震の再来をシミュレーションした 2003 年次の発表（旧想定）結果（図 2-8 右
図）とは大きく異なっていることが見てとれる。津波についても旧想定よりもか
なり高くなり、静岡県下田市や高知県黒潮町、そして土佐清水市では 30 m を超
える高さが算出された。

　歴史的には高く見積もっても 20 m の記録があるかないか、といったこれらの
地域で、一気に 30 m 以上と発表されたことの衝撃の大きさは想像に難くない。
次節では、この巨大な新想定と向き合い、主体的な防災行動を促すための防災教
育について、高知県土佐清水市の事例を記す。

5　災害リスク軽減に向けて

　南海トラフ沿いの地震と津波は歴史上何度も繰り返され、避けがたい災害リス
クである。これに対する方策としては、防潮堤の建設などのハードウェア対策や
防災教育などのソフト対策がある。筆者は東日本大震災が発生する以前から防災
教育に携わってきたが、この節では特に、2012 年度から始めた高知県土佐清水市
での取り組みがどのように災害リスクの軽減に寄与しているか、一例を示したい。

（1）災害リスクと防災教育

第 1 章で定義されたとおり、災害リスク（disaster risk）は、ハザード（hazard）、暴露（exposure）、脆弱性（vulnerability）、キャパシティ（capacity）の 4 つによって決定され（UNDRR 2017）、以下のような式で示される。

$$disaster\ risk\ =\ \frac{hazard \times exposure \times vulnerability}{capacity}$$

日本ではマグニチュード 6 までの内陸地殻内地震やマグニチュード 7 までのプレート境界地震では大災害にならないが、諸外国では往々にしてこれらの規模で家屋が損壊して人的被害をもたらす。このことを上の式に当てはめて考えると、日本では、ハードウェア対策である防潮堤の建設や厳格な耐震基準を設けていることが暴露量（exposure）を減らすことに寄与しており、津波警報システムや防災教育が脆弱性（vulnerability）を下げている。また、防災教育を通じたコミュニティでの取り組みや防災意識の醸成はキャパシティ（capacity）を拡充しているといえる。

2012 年に内閣府から公表された南海トラフでの巨大地震に関する新想定で、高知県土佐清水市の最大津波高は 34 m を超えて日本一となった（内閣府南海トラフの巨大地震モデル検討会 2012）。何ら対策を施さずにこの想定を迎えると市内では 2,700 人の犠牲者が生じるとのシミュレーション結果が、追って高知県から公表された（高知県 2012）。当時、人口約 1 万 4,000 人だった土佐清水市のおよそ 20％が犠牲になるという恐ろしい推計である。

想定を作った内閣府としては、より一層備えに尽力してほしいとのメッセージを込めての公表だっただろう。しかし残念ながら住民は、災害リスクが高まったのだから脆弱性を下げてキャパシティを上げよう、という挙動を示さなかった。もう何をやってもダメだ、どうせ次の津波で死ぬ、という諦めや、結局たいした津波は来ないはずだ、という慢心の態度になり、結果的に避難訓練に参加する住民の数は減った。同様のことは、同じく日本一の津波高が想定された黒潮町でも起きたことが指摘されている（孫ほか 2014）。

このような状況を受けて土佐清水市から、住民向けの一般講演をしてもらえないか、と筆者に依頼があったのは、新想定が発表されてすぐの 2012 年 10 月だった。その年度末に初めて土佐清水市に赴き、以来 7 年間、筆者は市内の学校での

防災教育に携わっている。

（2）土佐清水市での防災教育

　高知県土佐清水市は四国の西南端に位置している。東京からの移動時間距離がもっとも遠い町とも言われているが（実際、筆者が現地に入るには片道でおよそ6時間かかる）、現地に着けば眩しい海と広い空、鮮魚をはじめとした豊かな自然の恵みと人懐っこい子どもたち、そして地域のあたたかい方々が待っている。すぐにこの町の虜になった。市民向けの防災講演会を1回やっても効果は出ないことは予測できたため、講演会の実施と同時に次年度からの防災教育の協働を提案した。市内には5つの小学校とひとつの中学校および高校がある。これらのうち想定されている津波浸水高の高い順に、2013年度から防災教育を実施していくこととなった。

　市内で展開した防災教育では、まずは揺れから瞬時に身の安全を確保することを1学期の間に集中的に身につけられるようにした。避難訓練＝高台に向けて走る、だった訓練を、どの教室にいても、通学路のどこにいても、どの時間帯であっても、まずは強烈で長く続く揺れから身の安全を守る、次いで、どの高台に避難するか判断し、たとえ一人だったとしても走る。これが自然にできるようになることを念頭に、防災授業と訓練とを繰り返した。筆者も現場教員も手探りだったが、教員の並ならぬ努力と創意工夫もあり、やがて子どもたちには「自分の命は自分で守る」が当たり前のこととして浸透していった。土佐清水市では、「国語」や「算数」などの教科とならんで、「防災」というノートをどの子どもたちも持っており、防災が当たり前となる教育環境が醸成された。

　浸水域にある3つの小学校で実践を終えて迎えた2016年度から、市内唯一の中学校である清水中学校での防災教育が始まった。小学校で自分の身の守り方を十分に学んできた生徒たちであること、高台に移転した新しい校舎であり避難所として指定されていること、学校教育のテーマも『地域に愛され、地域を愛する清水中生』だったこと等を踏まえ、「避難所で中学生が果たせる役割」や「地域への貢献」を防災教育のテーマに据えた。

　先述のとおり、東京から清水中学校までは少なく見積もっても6時間ほどかかるため、頻繁に訪ねることができない。1学期に全校生徒を対象に講演を行うと、次に会うのは2学期である。細かな防災教育については現場教員に委ね、筆者に

よる 1 学期の全校講演会ではビジョンを示すことにした。「いつか起こる南海トラフ巨大地震は避けられない。でもその被害を減らすことはできる。いつか南海トラフ巨大地震が起きたあとに、どうしてこの町はあんな巨大津波が来たのに犠牲が出なかったんだ、と世界中の研究者が調査に来る、そういう町にしよう。そのために中学生の自分に何ができるかを考えて、行動していこう」と呼びかけた。

(3)「防災小説」の誕生

　順調に進んでいたと思っていた防災教育に落とし穴が発覚したのはその年の 10 月のことだった。中学校の教員から、どうも一部の生徒には防災教育が自分のために必要なことだと伝わっていないようだ、との相談を受けた。低地に住む生徒たちのための教育に高台に住む自分たちがつき合わされている、というような発言があったという。しかし実際には、高台に暮らしていても日常的に浸水域を通っている。低地のスーパーに買物に行くし、海で遊ぶこともある。にもかかわらずそのような発言が出るのは、災害を"自分のこと化"できていないことの証左であろう。

　そこで筆者は、いわば強制的に南海地震を"自分のこと化"させる方法として、生徒全員がもっとも浸水域に近づく時刻を地震発生時刻と設定し、そこから自分がどのような行動をとるかのシナリオを書いてもらってはどうか、と提案した。自分が主人公の物語を書くようなものである。既に地震について学習しており、どのように身を守るか、どこに避難すべきかを知っている清水中の生徒なら、自分用のリアルなシナリオを書くことができるのではないか、と思っての提案だった。

　こうして、この相談があった日から 2 週間後の 2016 年 11 月 3 日午後 4 時 30 分を地震発生時刻と設定して、約 90 名の中学 1 年生全員が、自分が主人公の「防災小説」を綴った。日常の描写の中に突如発生する地震、その強烈な揺れを自分はどうしのいで避難行動をとるか、そのときどんな気持ちになるかなど、まだ起きていない南海トラフ巨大地震がもう起きたかのように綴っていくのである。

　2016 年 11 月 3 日は同校の文化祭だった。中学 1 年生の発表として、それぞれの地域から代表者が一人ずつ出て「防災小説」を暗唱した。のちに校長が「会場があまりにも、しーんとなってしまって、これでよかったのかな、と戸惑うくらいに、会場のみんなが聞き入っていた」と振り返っている。また、観客としてそ

の場にいた他校の校長は、「何が始まったのかと。おじいちゃんの南海地震体験
談を暗唱しているの？　え？　いつの話？　この子たちが体験したの？　と、そ
ういう不思議な感覚だった」と筆者のヒアリングに応じた。本当に起きたことを
体験談として話しているほどのリアリティがあったということだろう。

　以来、「防災小説」の取り組みは清水中学校恒例のものとなり、2016 年度から
毎年続けられている。2017 年度には 6 月 5 日朝 7 時 40 分に南海トラフ巨大地震
が発生したという設定で中学 3 年生が綴り、6 月 5 日には代表者 4 名が清水中学
校と清水高校の全校生徒に向けて発表した。また、全生徒約 90 編の中から地域
を踏まえつつ 15 編の「防災小説」を選出し、『デイズアフター ―土佐清水物
語―』を発行した（図 2-9）。同校および土佐清水市のウェブサイトから見ること
ができる。そのうちの 1 編の概要をここに記そう。34 m の津波高が想定されてい
る学区に住む生徒の「防災小説」である。

> 「梅雨の時期の曇りは薄くジトジトしていて嫌いだった。早くバスが来んか
> な。そう思いながら今にも雨が降りそうな空を眺めていた。その時突然、地
> 面が大きく揺れた。」

このあと、揺れがあまりに強く、恐怖で身動きが取れなかったこと、リュックで
頭を必死に守ったことが綴られる。揺れがおさまり、倒壊した様々なものに気を
取られていると、友達が「逃げろ！　津波が来る！」と叫び、主人公は山を目指
して走る。

> 「息を切らしながら、私は山の隙間から下をのぞいた。次々と家屋を飲み込
> んでいく津波。とにかく大きな波。私は言葉を失い、寺の段差に座り込ん
> だ……。」

小学生の弟と一緒に一晩を避難所で過ごすが、次の日になっても両親が現れない。
意を決して町を見に行くと、見慣れた平和な光景がぐちゃぐちゃになっていて主
人公は泣く。すると後ろから「おーい！」という両親の声が聞こえ、家族は再会
を果たす。今度は嬉し涙を流し、「防災小説」の最後はこう結ばれる。

「あれから何ヶ月かが経った今、学校が再開した。そこには、ほとんどみんなが来ていて、久しぶりの再会に笑顔と涙が溢れていた。教室に入り、みんなが揃うと、先生は黒板に大きくこう書いた。『土佐清水市、死亡者０人』」

図2-9　『デイズアフター
―土佐清水物語―』
中学生による「防災小説」15編を冊子にまとめたもの（制作：高知県土佐清水市立清水中学校・慶應義塾大学大木聖子研究室）。
出典：土佐清水市（2018）より。

（4）「防災小説」のもたらした効果

「防災小説」は生徒や教員、保護者に様々な効果をもたらした。生徒に対して現れた効果を、ある教員は「生徒たちのギアが一段上がった」と表現している。このことは、「防災小説」を執筆した感想を生徒たちからヒアリングした際にも感じられた。多くの生徒たちが、今までも地震が起こることはわかっていたが、「防災小説」を書いたことで自分の地域で何が起きるのかを本当に感じることができた、人がやってくれると思っていたことを自分がやらなければいけないと思うようになった、今を大切に生きたい、といった感想を述べている。つまり、「防災小説」を執筆することは、災害をシミュレーションする機会となっているだけではなく、中学生として果たせる役割を自覚したり、今という時間のかけがえのなさを感じたりする機会にもなっていることが示唆されている。

また別の教員は「私たちが教えてきたことは間違っていなかった」と述べている。防災教育はその効果を直接的に測定することが困難である。ペーパーテスト的な模範解答を知っていても、発災時にはなかなかそうは行動できない。たとえば、津波からの避難を考えれば、揺れが収まったら直ちに避難するのが模範解答である。しかし実際には、家族の帰りを待ってから避難したほうがいいのではないか、外は雨だから避難はかえって危険なのではないか、ペットはどうしようか、などのジレンマが次々に襲ってきて避難行動を鈍らせる。つまり防災教育とは、演習問題も試験による理解度のチェックも受けられないまま、忘れた頃に突然本番がやってきて効果を問われる教育である。

　このことは教員に、命に関わる重要な問題でありながら、指導している教育が正しいかどうかを確認できないという難しさをもたらしている。ところが生徒たちが綴った「防災小説」を読むと、物語の中で子どもたち一人ひとりが、起こりうるリスクを自分の言葉で綴ったうえで、葛藤に打ち勝ち、的確な対処行動をとっていることがわかる。教員にとっても、理解度を把握する機会になっているわけだ。

　2017年にまとめられた『デイズアフター ―土佐清水物語―』は、市内の小中学校に子どもが通っているすべての世帯に配布された。これを読んでの感想について、保護者を対象にアンケート調査をしたところ、地震発生時をリアルに考えられた、地域の危険や弱点について具体的に考えた、家族と防災の話をするきっかけになった、などの項目にいずれも90％以上の割合で「そう思う」という回答が得られた。また自由記述には、ハザードマップよりもリアリティがあって詳細を想像した/中学生がここまでするのだから大人も行動を起こさなければ、といった記述が目立った。

　2019年末からは、毎月発行される『広報とさしみず』に「防災小説」が1編ずつ掲載され、市内のすべての世帯に配布されている。3月には高知新聞の読者投書欄に「『防災小説』に学ぶ」というタイトルで、その感想が寄せられた。「危機迫る中身の濃い内容である。（略）私たちもいろいろと想定をして自分なりに防災意識を高めてゆきたい」。地域全体で見れば小さな一歩かもしれないが、巨大想定に向き合い、なんとか街の人々を救おうと、そのためにまずは自分の命をしっかり守ろうとする子どもたちの姿が、周囲の大人に変化をもたらしつつある。

　最大津波高34m、市内の犠牲者2,700人、という想定は科学技術を駆使して算出した数値ではあるが、科学的に決定づけられた未来ではない。今から備えることで犠牲者や被害は軽減することができる。それが徹底された未来を綴ったのが「防災小説」であり、地元中学生が綴った物語は、当人はもちろん、周囲の人たちにも防災のモチベーションを促した。先の災害リスクの式に当てはめれば、脆弱性（vulnerability）を低減し、キャパシティ（capacity）を拡充したといえるだろう。

おわりに

　冒頭で筆者は、これまで日本で実現されてきたハードとソフトの対策の両輪によって 2011 年東日本大震災の犠牲者数が 2004 年スマトラ島沖地震のそれの 10 分の 1 程度である 2 万人だったことを述べるとともに、これ以上何をしたらこの 2 万人をゼロにできるのかという課題意識を述べた。

　地震学はこの 100 年でようやく近代科学の仲間入りをし、起きている現象のメカニズムを論理的に説明できるようになった。これは大きな進歩であるが、科学が持つもうひとつの力である未来の予測に関しては、まだまだ課題が多く実現可能性は低い。地震予知の定義は「いつ・どこで・どのくらいの規模の地震が起きるかを、事前に、精度良く限定して述べること」であるが、現在の地震学ではいずれもかなり漠然としたことしか予測できない。それは断層破壊のサイエンスが複雑系であることや、地震を起こしてみるといった実験が本質的にできないこと、巨大地震になるほど頻度が低く統計的に扱えないこと、という 3 点に起因している。一方で、地震の科学が解明される以前から人々は地震による被害を記録し続けてきた。歴史的には、同じような被害が何度も繰り返し起きてきたことがわかっている。

　地震災害からいかに命と生活を守るかは、日本列島で暮らす私たちの誰にとっても重要な課題である。海岸をコンクリートで覆うだけでなく、発災することを前提にした心構えとコミュニティ全体の防災意識の底上げ、そして本来の生態系を活かして防災・減災に取り組むことで、2 万人をゼロにすることができるだろうか。ぜひそのような視点で本書を読み進めていただきたい。

　　謝辞：土佐清水市立清水中学校の教職員や生徒の方々をはじめ、研究の趣旨を理解し快く協力してくださった同市の皆様に心から感謝を申し上げます。

引用・参考文献
　富士市立博物館（2005）ディアナ号の軌跡〜日露友好の幕開け〜. 富士市立博物館, 富士市.
　保立道久（2012）歴史のなかの大地動乱——奈良・平安の地震と天皇. 岩波新書.
　地震調査研究推進本部ウェブサイト：南海トラフで発生する地震. https://www.jishin.go.jp/regional_seismicity/rs_kaiko/k_nankai/（2020 年 4 月 15 日確認）.

Kanamori, H.（1977）The energy release in great earthquakes. *Solid Earth and Planets*. **82**（20）：2981-2987.

北原糸子・松浦律子・木村玲欧（2012）日本歴史災害事. 吉川弘文館, 東京.

高知県（2012）高知県版南海トラフ巨大地震による被害想定の概要. https://www.pref. kochi.lg.jp/_files/00054737/95424.pdf（2020 年 10 月 28 日確認）.

高知市地域防災推進課（2008-2019）過去の南海地震写真. https://www.city.kochi.kochi. jp/soshiki/12/old-photo.html（2020 年 4 月 15 日確認）.

国土地理院地理調査部・鈴木勝義・海野芳聖・堀野正勝・木佐貫順一・星野実・岩橋純子・水越博子・根本寿男・中野修・飯田剛輔（1995）兵庫県南部地震に伴う淡路島北部地域の地形変化. 国土地理院時報　1995；83 集. https://www.gsi.go.jp/REPORT/ JIHO/vol83-6.html（2020 年 4 月 15 日確認）.

Koto, B.（1893）On the cause of the great earthquake in Central Japan, 1891. *Jour. Coll. Sci, Imp. Univ. Japan*. **5**：296-356.

内閣府南海トラフ巨大地震対策検討ワーキンググループ（2012）資料 1-1　南海トラフの巨大地震による津波高・震度分布等. http://www.bousai.go.jp/jishin/nankai/ nankaitrough_info.html（2020 年 4 月 15 日確認）.

内閣府南海トラフの巨大地震モデル検討会（2012）南海トラフの巨大地震による震度分布・津波高について（第一次報告）・巻末資料. http://www.bousai.go.jp/jishin/ nankai/model/pdf/kanmatsu_shiryou.pdf（2020 年 10 月 28 日確認）.

大森房吉（1919）本邦大地震概表. 震災豫防調査會報告. **88**（乙）：1-61.

Reid, H. F.（1911）The elastic-rebound theory of earthquakes. *Univ. Calif. Publ. Bull. Dept. Geol*. **6**（19）：413-444.

寒川旭（2010）秀吉を襲った大地震——地震考古学で戦国史を読む. 平凡社新書, 東京.

寒川旭（2011）地震の日本史——大地は何を語るのか. 中公新書, 東京.

孫英英・近藤誠司・宮本匠・矢守克也（2014）新しい津波減災対策の提案——「個別訓練」の実践と「避難動画カルテ」の開発を通して. 災害情報. **12**：76-87.

土佐清水市（2018）デイズアフター——土佐清水物語. https://www.city.tosashimizu. kochi.jp/fs/2/4/1/6/5/5/_/bousai_syousetu.pdf（2020 年 4 月 15 日確認）.

都司嘉宣（2012）歴史地震の話——語り継がれた南海地震. 高知新聞社, 高知.

UN Office for Disaster Risk Reduction [UNDRR]（2017）. Terminology on disaster risk reduction. https://www.undrr.org/terminology（2020 年 3 月 29 日確認）.

宇佐美龍夫・石井寿・今村隆正・武村雅之・松浦律子（2013）日本被害地震総覧. 東京大学出版会, 東京.

第3章
土地利用と自然災害

一ノ瀬友博・井本郁子

はじめに

第1章で述べたように、災害リスクを下げるためには暴露を避けることが重要である。仙台防災枠組でもそのことがはっきりと謳われているし、これまでの数々の研究でも指摘されてきた。つまり、居住地や商業地は、災害の危険が低い地域に誘導する土地利用計画が必要である。今後あるべき土地利用計画については第5章、6章で議論するとして、本章では過去の土地利用変遷と災害による被害を取り上げる。日本は現在急速な人口減少に直面しているが、明治維新以降は急激な人口増加を経験した。人口の多くは都市部に集中し、結果として災害リスクが高い土地が開発されてきた。近年大きな災害に見舞われた被災地の土地利用変遷を明らかにすることは、将来の土地利用計画を考えるうえでも、数多くの情報を提供する。ここでは、津波、洪水、土砂災害、高潮の例をそれぞれひとつずつ紹介する。すなわち、2011年の東日本大震災における宮城県気仙沼市中心部、2015年の関東・東北豪雨における常総地域、2014年8月豪雨における広島市北部、2004年台風16号における高松市である。また、南海トラフ巨大地震により大きな被害が予想されている地域として、高知市、土佐清水市を取り上げる。なお、最初の4事例の詳細な方法や結果は、報告書（慶應義塾大学・東京大学 2018）や論文等（一ノ瀬 2016；Ichinose *et al.* 2019）を参照いただきたい。

1　土地利用変遷分析と被害額推定の方法

土地利用変遷は国土地理院発行の旧版地形図と環境省発行の現存植生図を用い

て分析した。旧版地形図については、研究対象地域で入手可能な最も古いものと第二次世界大戦直後のものを選定した。現存植生図については5万分の1で1970年代から作成されたものと、1990年代以降に2万5000分の1で新たに作成されたものを採用した。それは、災害が発生するまでのおおむね100年間程度の土地利用を把握するためである。1950年代以前は土地利用図や現存植生図といったものが存在しないため、地形図の凡例から作成することとした。土地利用は、以下の9つのタイプに区分した。樹林地、竹林、草地、湿地、開放水域、水田、畑地、自然裸地、都市的土地利用である。

　災害による被害額は、市域や県域全体など、様々な単位で集計されている。よって、土地利用変遷を分析した範囲の被害額を正確に知ることは容易ではない。そこで先の研究では、被害の内容に基づき、土地利用ごとに被害額の原単位を求め、分析した範囲の被害額を推定した。具体的には、国土交通省や都道府県が公開している被災実績範囲を用い、被災範囲を確定した。被害額の算出に際しては、国土交通省が公開している水害統計調査（国土交通省）を用いた。一般資産被害額を「宅地・その他」の被災面積で、農作物被害額を「農地」の被災面積でそれぞれ按分して面積あたりの被害額を算出し、それぞれを都市的土地利用における被害、水田・畑地における被害の原単位とした。ただし、最初に紹介する東日本大震災における気仙沼市中心部についてのみは、七十七銀行が行った試算（七十七銀行 2011）も用いた。このような手法で得られる被害額は正確なものではなく、概算である。例えば洪水や津波では浸水深によってその被害の程度は大きく異なる。そのうえで、この方法を用いたのは、土地利用変遷が暴露を増大させ、災害リスクが高まった結果として甚大な被害につながったことを「被害額」という金額に換算してわかりやすく示すためである。つまり、土地利用の面積で被害額が概算できれば、100年前の土地利用であればどの程度の被害になったかを推定できる。それぞれの結果はのちに示すが、金額で示すことにより暴露がいかに大きな災害リスクであるか可視化することが目的である。

2　気仙沼市中心部の土地利用変遷と東日本大震災による津波被害

　東日本大震災は、2011年3月11日に発生した東北地方太平洋沖地震、そしてその地震が引き起こした巨大津波、および福島第一原子力発電所事故による災害

である。地震の規模はマ
グニチュード 9.0 で、日
本にとっては観測史上最
大の地震となった。主に
津波による死者・行方不
明者は 1 万 8 千人を超え、
その影響範囲は北海道か
ら沖縄まで及ぶ戦後最大
の自然災害となった。福
島第一原子力発電所が津

図 3-1　被災 1 カ月後の気仙沼市鹿折地区
（2011 年 4 月、筆者撮影）

波により全電力を喪失し、メルトダウンが発生。国際原子力事象評価尺度で最悪
のレベル 7 の原子力災害となった。発災直後、東日本では深刻な電力不足に見舞
われ、一定期間計画停電も行われた。近年まれに見る大規模自然災害で、この原
稿を執筆時点では発生 10 年目を迎えようとしているが、依然として日本経済、
被災地の住民に大きな影響を及ぼしている。

　気仙沼市は宮城県の沿岸部で最北に位置し、東日本大震災においては津波とそ
の後の火災により甚大な被害を被った（図 3-1）。気仙沼市役所の 2018 年 12 月 31
日時点の発表によると直接死 1,034 人、関連死 109 人、行方不明 214 人、合計
1,357 人の人的被害、住宅被災棟数 1 万 5,815 棟、被災世帯数 9,500 世帯という大
きな被災であった。気仙沼市の依頼により被害額を推定した七十七銀行によれば、
震災により 2,161 億円の生産減少となり、これは気仙沼市の市内総生産額の約半
分に相当し、3 分の 1 の雇用が失われたとしている（七十七銀行 2011）。気仙沼市
は、カツオやサンマの水揚げ港として全国的に知られており、カツオについては
震災以降も含め 2019 年まで 23 年連続の全国最多の水揚げを誇っている。加えて、
フカヒレをはじめ、魚介類を中心とした食品加工業の集積地としても知られ、関
連業界とともに市の経済を担ってきた。それらの多くが震災により壊滅的な被害
を受けた。

　1913 年、1952 年、1979 年、2011 年の各土地利用の分布と 2011 年 3 月の東日本
大震災の津波浸水域をそれぞれ図 3-2（口絵 3 も参照）に示した。なお、2011 年の
土地利用図は、2013 年の現存植生図を元に、震災前の地形図を用いて修正し、作
成した。また、津波浸水域内の土地利用の変遷を図 3-3 に示した。1913 年時点で

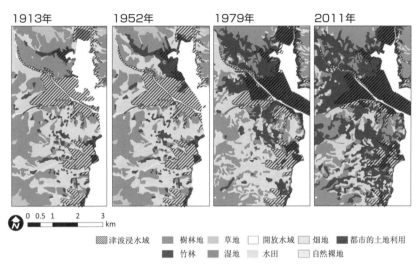

図3-2 気仙沼市中心部の土地利用変遷と東日本大震災による津波で浸水した範囲（口絵3）
出典：国土地理院の5万分1旧版地形図と環境省生物多様性センターの植生図データを元に筆者作成。

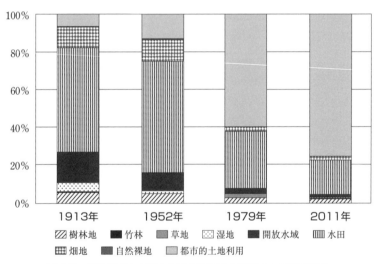

図3-3 気仙沼市中心部における津波浸水範囲の土地利用変遷

は、津波浸水範囲内はほとんど水田によって占められていたことがわかる（図
3-2・口絵3)。加えて、沿岸に湿地が分布しており、まだ気仙沼湾内の埋め立てが
進行しつつある段階であった。内湾地区と呼ばれる気仙沼湾の最も奥まった場所

に、主に都市的土地利用が分布していた。第二次世界大戦後の 1952 年になって
も、基本的な土地利用の構成は変わっていない。しかし、沿岸にあった湿地が消
滅していることと、沿岸部で都市的土地利用が拡大し始めている。高度経済成長
期を経た 1979 年になると劇的に土地利用が変化した。南気仙沼地区と呼ばれる
埋立地が完成し、気仙沼湾沿岸はほぼすべて都市的土地利用に転換されている。
水田は津波浸水域の西部と南部にわずかに残されているだけであった。震災が
あった 2011 年になると、残されていた水田もほとんど都市的土地利用に転換さ
れた（図 3-2）。この変遷を図 3-3 で見てみると、1913 年時点では津波浸水域の
55.5％を占めていた水田は 2011 年には 17.8％に激減していた。一方で、1913 年時
点では 7.3％しか存在していなかった都市的土地利用は 2011 年までに 76.1％まで
激増した。開放水域は 16.3％から 1.6％に減少しているが、これは主に埋め立てに
よるものである。樹林、湿地も減少しており、これらも都市的土地利用に転換さ
れていったと考えられる。

　七十七銀行が推定した被害額（七十七銀行 2011）に基づき、分析対象範囲の土
地利用ごとの被害額を算出した。その結果、水田と畑地は 6,900 万円、都市的土
地利用は 1,127 億円の被害を被ったことが明らかになった（表 3-1）。これを、それ
ぞれの時期の各土地利用の面積であればどれだけの被害額となるかを試算した
（表 3-1）。1913 年時点の土地利用であれば、水田、畑地は 2.34 億円、都市的土地
利用は 107 億円と推定され、その合計は 2011 年に比較して 10 分の 1 程度であっ
た。つまり、評価額の高い都市的土地利用が低地に拡大し、そこが津波により被
災したことにより、膨大な被害につながったことが明らかになった。

　気仙沼湾の埋め立ては、江戸時代前半から農地整備のために始まったことが知
られている（気仙沼市史編さん委員会 1993）。その後埋立地の一部は、塩田として

表 3-1　東日本大震災の津波による被害額の推定

（年間生産額：億円）

	1913 年	1952 年	1979 年	2011 年
農業	2.34	2.5	1.15	0.69
二次・三次産業	107	195	890	1127
合計	109.34	197.5	891.15	1127.69

出典：七十七銀行（2011）を元に筆者作成。

整備され、製塩が盛んに行われていた（気仙沼市史編さん委員会 1997）。しかし、1905 年の塩専売法の制定・施行をきっかけに塩田が閉鎖された（気仙沼市史編さん委員会 1997）。塩田の跡地はその後放棄され、荒れ地のようになっていたが、その後干拓され水田として整備された（気仙沼市史編さん委員会 1993）。1913 年の土地利用図に見られる湿地は、ちょうどこの塩田が放棄され、水田として整備される前の状態であったと考えられる。1933 年に昭和三陸津波が起こり、気仙沼市北部の只越地区や南部の小泉地区では大きな被害が出たが、気仙沼市中心部は高潮程度の津波で被害がほとんどなかった（気仙沼市史編さん委員会 1993）。これは、津波の高さが低かったこともあるが、当時沿岸部はほとんど水田が中心で、都市的土地利用も少なかったことから人的被害もなかったと考えられる。気仙沼市は高度成長期を迎えていた 1960 年にもチリ地震津波に襲われている。行方不明者 2 人、家流失 5、全壊 58、半壊 163 棟という被害を受けているが（気仙沼市史編さん委員会 1993）、他の地域に比べると大きな被害というわけではなかった。津波が来たのにもかかわらず、それほど大きな被害にならなかったことが、その後の低地での都市開発を容認することにつながった可能性がある。

3 　常総地域の土地利用変遷と関東・東北豪雨による洪水被害

　2015 年 9 月の関東・東北豪雨では、台風 18 号が 9 月 9 日に上陸し、日本海に抜けて温帯低気圧になった。この温帯低気圧に向けて湿った空気が流れ込み、線状降水帯が発生したことにより、関東地方北部から東北地方南部を中心として 24 時間雨量が 300 mm を超える豪雨がもたらされたものである。その結果、茨城県常総市付近では 10 日に鬼怒川が決壊、溢水し、死者 2 人、家屋 5,000 棟以上が全半壊となる大きな被害が出た。東北では、山形県で最上小国川が氾濫、宮城県大崎市では鳴瀬川水系の渋井川の堤防が決壊、富谷町、大和町では吉田川や支流の善川、竹林川が氾濫した。ここでは特に被害が大きかった鬼怒川と小貝川に挟まれた茨城県常総地域について取り上げる。

　鬼怒川の上流域である栃木県日光市五十里観測所では、9 月 9 日から 10 日にかけて、1975 年の観測開始以来、最多の 24 時間雨量 551 mm を記録するなど、上流部の各観測所で観測史上最多雨量を記録した。その結果、鬼怒川の流下能力を上回る洪水となり、7 箇所で溢水、12 時 50 分に常総市三坂町で堤防が決壊した

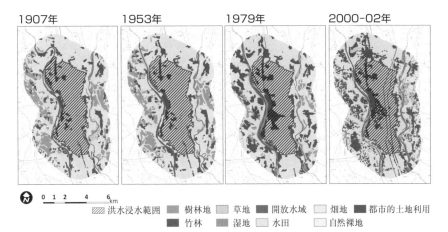

図 3-4　常総地域の土地利用変遷と 2015 年 9 月の関東・東北豪雨により浸水した範囲（口絵 4）
出典：国土地理院の 5 万分の 1 旧版地形図、地理院タイル・標準地図、および環境省生物多様性センターの植生図
　　　データを元に筆者作成。

（国土交通省関東地方整備局 2017）。常総市の約 3 分の 1 の面積に相当する約 40 km²
が浸水し、常総市役所も孤立する事態となった。三坂町の決壊箇所は、幅約 200
m となり、氾濫流により多くの家屋が流出、その被災状況は度々報道されること
になった。このときの氾濫は、排水条件が悪く標高の低い地域における長期にわ
たる浸水となったが、以下の分析に用いる浸水範囲は、国土地理院による 9 月 10
日 18 時時点の範囲を採用した。

　浸水範囲と約 100 年間の土地利用変遷を図 3-4（口絵 4）に示した。なお、対象
地域の最新の現存植生図は、2000 年に調査されたものと 2002 年に調査されたも
のに研究対象範囲がまたがっているので、並記している。この地域、なかでも鬼
怒川の左岸は、明治期には自然堤防あるいは河畔砂丘からなる微高地とその背後
の低地からなり、低地部分に水田が広がっていた。当時は、微高地には養蚕業の
隆盛を反映して、桑畑あるいは畑が広がり、低地は水田として利用されていた。
戦後、灌漑技術の進歩により畑が水田に変化するとともに、高度経済成長期にお
ける周辺の開発や道路の整備を経て住宅地が微高地を中心に広がったが、低地の
大部分は水田として継続的に利用された。図 3-5 に示すように、都市的土地利用
は約 100 年間でほぼ 2 倍となったが、浸水地域全体に占める割合は 20％程度であ
り、先の気仙沼市の例とは異なり、浸水範囲の大部分は農地であった。2015 年の

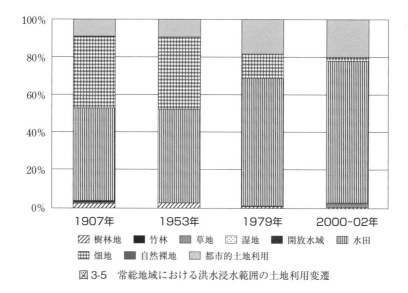

図 3-5 常総地域における洪水浸水範囲の土地利用変遷

表 3-2 常総地域の浸水による被害額と過去の土地利用における推定

(年間生産額：億円)

	1907 年	1953 年	1979 年	2000-02 年
農業	16.0	16.3	15.1	14.3
二次・三次産業	99.7	102.2	189.4	215.2
合計	115.8	118.5	204.5	229.4

出典：国土交通省・水害統計調査を元に筆者作成。

被害額を用いて過去の土地利用であった場合の被害額を推定した（表 3-2）。2015年の浸水による被害額は 2000～02 年の土地利用から推定して約 230 億円であったが、明治期においては約 116 億円とその約 50％であった。

　常総地域において、破堤した三坂町の上流に位置する若宮戸地区では、自然に形成された河畔砂丘にソーラーパネルを設置するため土地の切り下げが行われたため（青山 2017）、溢水を引き起こしたのではないかと注目された。加えて、自然堤防上に位置していた古い集落である石下地区の大部分は浸水を免れたことから、自然地形の改変や土地利用の変遷が注目されるきっかけにもなった。また、2017 年の洪水以降の常総市の人口と地価を対象とした研究では、浸水地域で人

口の流出が顕著で、2,200円程度（非浸水地域は800円程度）地価が下落していることを明らかにしている（氏原ほか 2019）。洪水被害により災害リスクが広く認知されるようになったことがわかる。

4　広島市安佐南区の土地利用変遷と土砂災害による被害

　2014年8月19日から20日にかけて、広島市安佐南区、安佐北区を中心とした集中豪雨が発生した。線状降水帯が発生し、3時間降水量が200 mmを超える記録的な集中豪雨であった。20日未明から明け方にかけて、安佐南区、安佐北区を中心に土砂崩れが数多く発生し、山際の住宅地が土砂に襲われたため、被害者は74人にも上った（土木学会2014年広島豪雨災害調査団 2015）。土砂災害による人的被害としては近年まれに見る数となった。この豪雨は気象庁により「平成26年8月豪雨」と命名された。

　安佐南区八木地区は特に被害が大きく、八木三丁目だけで41人の犠牲者が出ており、県営住宅が被災したことも大きく注目された（図3-6）。八木地区は、標高586mの阿武山の南東の麓に広がり、土砂は阿武山麓から押し寄せた。斜面は花崗岩と風化したマサ土からなり、急勾配の斜面が崩壊し、土石流が発生した（土木学会2014年広島豪雨災害調査団 2015）。土砂災害は、津波、洪水、高潮と異なり、土砂が流下した谷に沿って線状に被害が発生する。筆者が2015年11月に

ドローンにより空撮した画像（図3-7）を見ても、被害面積はごく一部に限られるが、土砂が襲った場所では家屋が土砂や立木に埋まるなど、きわめて大きな被害になることがうかがえる。

　土地利用変遷は、八木地区を中心に分析した（図3-7）。対象とした広島市北部は、分析を行った2017年の時点で最新の2万5000分の1現存植生図が公表されていなかったため、分析の対象とした

図3-6　2014年8月豪雨による土砂災害で被災した広島市安佐南区県営緑が丘住宅
（2015年11月、筆者撮影）

48

図 3-7 2014 年 8 月豪雨による土砂災害で被災した広島市安佐南区八木地区
(2015 年 11 月、筆者撮影)

地理情報は 1898 年、1949 年作成の地形図、1979 年作成の現存植生図である。図中の線が土砂災害の被災地で、谷に沿って線状に被災している（図 3-7）。土地利用の変遷を見ると、戦後直後の 1949 年まで、被災した範囲と含め八木地区では、まったく都市的土地利用がなされていなかった。高度経済成長期にかけて、急速に住宅地開発が進んだことがうかがえる（図 3-8・口絵 5、図 3-9）。よって、1979 年時点での被害額の推定では、総額はそれほど大きくないものの、100 年前に比べて 100 倍以上の被害となっていることが明らかになった（表 3-3）。災害後に土木学会と地盤工学会によって行われた合同調査報告書では、戦後に市街地開発が進んできた様子が明らかになり、1965 年に八木地区は広島都市計画区域に編入されたとしている。筆者らの分析では、高度経済成長期を経た 1979 年までに劇的に都市化が進んだことがわかる。人口増加に伴う急激なスプロール現象の中で災害リスクが高い土地の開発が進んだことが推察される。さらに、八木三丁目の被災

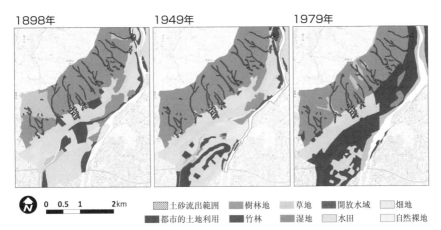

図 3-8　広島市安佐南区八木地区（2014 年 8 月の豪雨による土砂災害で被災した範囲）の土地利用変遷（口絵 5）

出典：図 3-4 と同じ。

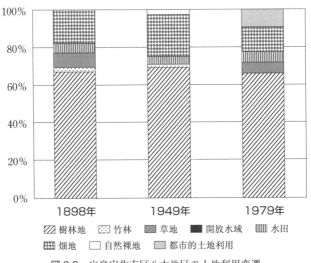

図 3-9　広島安佐南区八木地区の土地利用変遷

　建築物を詳細に分析した研究では、高度経済成長期以降に建築された建物も数多く被災していることが明らかになっており、積極的な対策の必要性が指摘されている（田中・中田 2016）。

表 3-3　広島市安佐南区八木地区の土砂災害による被害額と
　　　　過去の土地利用における推定

（年間生産額：億円）

	1898 年	1949 年	1979 年
農業	0.07	0.08	0.06
一般資産	0.00	0.00	7.43
合計	0.07	0.08	7.49

出典：表 3-2 と同じ。

5　高松市中心部の土地利用変遷と高潮による被害

　高潮被害というと、2018 年の台風 21 号による大阪や神戸を中心とした高潮被害が記憶に新しい。3 m を超える高潮で関西国際空港までもが水没し、経済や市民の生活に甚大な被害をもたらした。しかし、ここでは 2004 年の台風 16 号によってもたらされた高松市の高潮被害を対象とした分析を紹介したい。台風 16 号は、8 月 30 日に 950 hPa（ヘクトパスカル）という強い勢力のまま鹿児島県に上陸し、北海道まで日本を縦断していった。31 日の午後に温帯低気圧となったが、瀬戸内海を中心に大規模な高潮被害をもたらした。死者 14 人、行方不明者 3 人の被害となった。特に被害が大きかったのは、高松市で、死者 2 人、延べ 1 万 5,645 棟、980 ha が浸水した。この台風は、他のものと比べてきわめて強いといえるものではなかったが、大潮の満潮に重なったため大規模な高潮被害につながったとされる（富田ほか 2005）。

　高松市中心部の約 100 年間の土地利用変遷と高潮による浸水範囲を図 3-10（口絵 6）に示す。先に取り上げた 3 つの例と異なり、高松市は県庁所在地であり、高松城の城下町として江戸時代から栄えていた。よって、1897 年時点ですでに高松城を中心に都市的土地利用が広がっていた。高度経済成長期以降には、湾岸部に埋立地も広がり、1979 年時点には、2004 年に被災した範囲のほとんどが都市化されていたことがわかる。浸水範囲の土地利用変遷を図 3-11 で見ると、1949 年から 1979 年に、都市的土地利用が 30％弱から約 85％に急拡大していることがわかる。被害額の推定結果を表 3-4 に示した。2004 年に浸水した範囲はほとんど都市的土地利用であったにもかかわらず、1897 年と比較しても被害額は約 5 倍である。

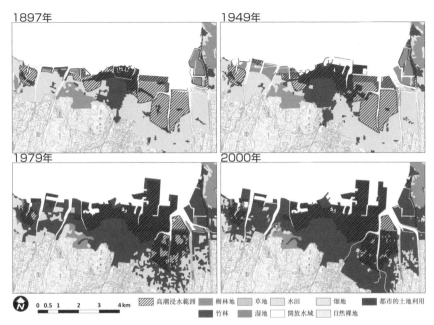

図 3-10 高松市中心部（2004 年台風 16 号による高潮で浸水被災した範囲）
の土地利用変遷（口絵 6）

出典：図 3-4 と同じ。

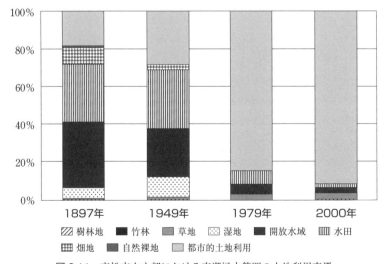

図 3-11 高松市中心部における高潮浸水範囲の土地利用変遷

表3-4　高松市中心部の浸水による被害額と過去の土地利用における推定

（年間生産額：億円）

	1897 年	1949 年	1979 年	2000 年
農業	0.2	0.17	0.04	0.01
一般資産	163.50	251.10	750.1	812.4
合計	163.7	251.27	750.14	812.41

出典：表3-2と同じ。

高潮被害直後に、浸水域と浸水深を調査した研究では、微地形が影響を及ぼしていたことを指摘している（寺林ほか 2005）。これは、高松では高波を伴わない越流水による被害であった（富田ほか 2005）ことにも由来するだろう。最大浸水深は172 cmで、臨海部であっても大部分は75 cm 未満であったとされている（寺林ほか 2005）。同じ高潮災害であっても、2013 年11月にフィリピンを襲った台風30号（アジア名：Haiyan）は、津波のような高波を伴いレイテ島タクロバン市に甚大な被害をもたらした。洪水でも同様であるが、浸水時の高波の有無などの気象や地形などの条件によって、その被害は大きく異なるものになる。

6　高知市の土地利用変遷と津波災害リスク

　第2章で詳しく述べているように、高知県は歴史的にも度々南海トラフ地震の被害を受けてきた。江戸時代以降だけでも、1605 年の慶長地震、1707 年の宝永地震、1854 年の安政南海地震、1946 年の昭和南海地震が挙げられる。1707 年の宝永地震によって引き起こされた津波は、次節で述べる土佐清水市中心部の連光寺の石段の上から三段まで及んだとされ（土佐清水市史編纂委員会 1980a）、その高さは15 mにもなった（図3-12）。高知市における戦後の津波の記録では、戦後直後、1946 年の昭和南海地震がある。高知市の桂浜付近には3 m程度の津波が押し寄せたが、高知市中心部が位置する浦戸湾奥では50 cm 程度に減衰した。しかし、高知市においては地震に伴って起きる地盤沈下の影響が大きい。市東部では津波に加えて地盤沈下もあいまって長期間にわたり浸水被害を受けた。来るべき南海トラフ巨大地震でも沿岸部が隆起する一方で、高知市中心部は沈降することが予想されており、レベル1の津波であっても約2,800 haの範囲が90 日にわたり長期浸

水する可能性があるという（高知
県 2013）。この被害を防ぐために、
湾外部の防波堤、湾入口の防波堤
と外縁部堤防、そして浦戸湾内部
の護岸の三段階で津波に備える三
重防護が整備されつつある。

　高知市は約 33 万人の人口を擁
する高知県最大の都市である。県
の人口の 45% 以上が高知市に集
中しており、人口の集積が進んで
いる。高知市南部のおよそ 90 年
間の土地利用変遷を図 3-13（口絵

図 3-12　土佐清水市連光寺の石段
1707 年の宝永地震では、階段の上から 3 段めにまで津
波が到達したとされている。（2017 年 11 月、筆者撮影）

7）に示す。昭和南海津波による浸水範囲は正確な記録が残っていない。よって、
図 3-13 にはこれまで挙げた 4 つの例とは異なり、過去の災害の範囲は示されてい
ない。土地利用変遷分析の対象としている範囲は、2 万 5000 分の 1 地形図の「高知」
と「土佐長濱」の図幅とした。また、この高知市と次に紹介する土佐清水市につ
いては、土地利用図の作成に際して現存植生図を参考にし、国土地理院の旧版地
形図を基本として土地利用を判読した。図 3-13 では 6 時期の土地利用図を示す。
　高知市は、沿岸から山地まで多様な景観と土地利用で形成されているが、坂本
龍馬像で有名な桂浜から浦戸湾が内陸に向かって延びており、浦戸湾が狭まる両
側には丘陵地が存在し、さらに内陸の北側に低地が広がるという地形的な特徴を
もっている。よって、昭和南海地震による津波も中心市街地を直撃することはな
かった。先の高松市同様に県庁所在地であり、江戸時代から城下町として発展し
ていたため、1900 年代初めの時点で市の中心部では、すでに都市的土地利用が広
がっていた（図 3-13）。また、沿岸部には漁村集落が形成されていたと考えられ
る。それに対し、浦戸湾奥の低地には、広く水田が広がっていた。この一帯は浦
戸湾に流れ込む鏡川や国分川、久万川の氾濫原であった。第二次世界大戦以前の
1933 年には高知市の中心部が拡大していることがわかる。先に述べたように
1946 年の昭和南海地震により大きな浸水被害を受けたにもかかわらず、1953 年に
は中心市街地が東部の低地に拡大している。そして高度経済成長期を経た 1970
年代初めには、1953 年に比べ大きく都市的土地利用が拡大しているが、その時点

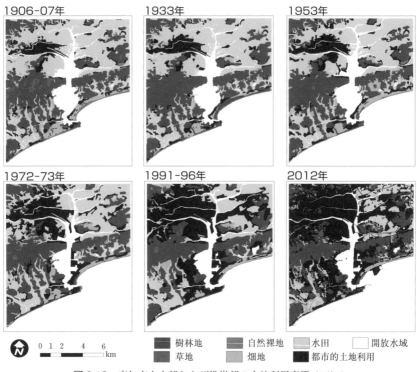

図3-13　高知市中心部および沿岸部の土地利用変遷（口絵7）
出典：図3-2と同じ。

でもまだ浦戸湾から北に延びる国分川両岸には水田が広がっていた。それらもバ
ブル経済期の1990年代までにほぼすべて都市化され、さらに国分川東部の低地に
まで都市が拡大してきた。図3-14に示した範囲の土地利用比率の変化を見てみる
と、1900年代初めに最も卓越していた水田は、約100年間で37.4%から11.3%に
減少した。一方で、都市的土地利用は9.7%から48.0%へ急増した（図3-14）。こ
のような低地への都市の拡大は、南海トラフ巨大地震による津波と浸水によるリ
スクを拡大させてきた。

　高知市は2017年に立地適正化計画を策定し公表した（高知市 2017）。高知市の
人口は2005年に約34.5万人をピークに減少が続いており、2035年までに約5.9
万人減少し、約28.4万人になるとしている。つまり、30年間で人口の17%強を
失うことになり、高齢化率は35%以上に到達する。しかし、立地適正化計画で

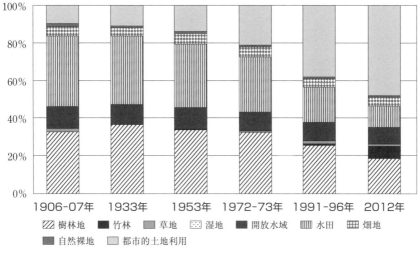

図 3-14　高知市中心部および沿岸部の土地利用比率の変化

居住誘導区域として設定した面積は、市街化区域の面積に対して 8％減少させる
とした。急激な人口減少を予想していながら居住誘導区域の縮減をわずかに留め
た理由は、高知市の人口密度が三大都市圏並みに高いからであるとされている。

　南海トラフ巨大地震による津波は、浦戸湾を遡り、市街地を襲う。次に紹介す
る葛島山のある高須地区では、浸水深は最大 3〜5 m、最短到達時間（30 cm の津
波が到達する時間）は 35 分とされている（高知市高須校区防災会 2016）。さらに、
先に述べたように地震による河川の破堤は標高の低い場所での長期にわたる浸水
をもたらす（高知県 2013）。そこで、津波避難タワーや津波避難ビルの整備とあ
わせて、都市の周辺に残る丘陵を利用した避難高台の整備が、高知市の里山保全
条例を利用してすすめられている。

　葛島山は低地の中に突き出したまさに島のような場所であり（図3-15）、1946 年
の南海地震の際には避難高台として利用され、人々の命を救った。このことから
この山を守るために地域の住民の有志が集まって土地を購入し、維持管理をしな
がらこの山を守ってきた歴史がある。昭和の中頃には子どもの遊び場ともなって
いたということであるが、次第に利用は減り、樹林の手入れが遅れ、下草や低木
が茂って暗くなるなど問題となっていた。しかし、2001 年に高知市の里山保全条

図 3-15　高知市葛島山の避難路
(2019 年 12 月、筆者撮影)

例によって保全地区として指定され、さらに防災里山として位置づけられたことによって大きく変化した。山は手入れされ、草を刈って広場がつくられ、避難路、備蓄倉庫が整備された。現在では、見晴らしのよい山頂は住民に花見や憩いの場として利用されるまでになっている。

　高知市の里山保全条例は、里山の多様な機能を保全するもので、葛島山では、①防災機能の確保、②潤いとやすらぎのある都市環境の形成、③健全な生態系の保持、④人と自然の豊かな触れ合いの確保、⑤歴史及び文化の伝承、などの機能を評価している。このように里山に多様な機能をもたせ、地域住民の利用をすすめることが、避難山を維持し、機能させていくうえでの重要な施策となっている（高知市環境部環境政策課 2019；高知市高須校区防災会 2016）。他の高知市内の避難高台においても、小学生を対象としたキャンプ体験や災害時避難体験、避難高台の平坦地での畑づくりと食料の備蓄の計画など、様々な試みが計画され、市民により実行されている。

　かつて生活のための燃料や飼料を供給する場であった里山であるが、現在では国内の多くの地域において、ササや低木が茂り、誰も訪れることのない場所となってしまっている。しかし、あらためて防災という視点から里山の機能を再評価し、多様な形で利用していくことで、人と里山の関係をとりもどし、世代を超えて維持していくことが可能となる。

　里山は防潮堤や避難タワーのように、防災を強くアピールする設備ではない。しかし、自然からの恵みを受け取り、四季の変化を楽しみ、祭りや行事で人々が集まる場所として利用されることで、長く受け継がれる生態系減災のインフラとして機能することが期待される。

7　土佐清水市の土地利用変遷と津波災害リスク

　土佐清水市は四国の西南端に位置し、海に突き出た足摺岬、白い砂浜が続く大

岐海岸など美しい自然に恵まれた場所にあり、その特異な地質、地形、植生、そして生物などの自然が人々をひきつけてやまない。一方で、今でも高知市からは鉄道やバスをのりついで3時間以上かかるこの地域は、海に囲まれ山が連なり、20世紀前半までは船が主要な交通と運搬手段であった。そして平地の少ない地形から、明治期には狭小な谷間も開墾されて水田がつくられ、集落に近い山の緩斜面は畑として利用されていた。一方で、海からの恵みである鰹節や海草などの海産物、浜でつくられた塩は船により遠くへ運搬されていたという（土佐清水市史編纂委員会 1980b；土佐山内家宝物資料館 2014）。

　図3-16（口絵8）は土佐清水市における1906年から1993年までの土地利用の変化について2次メッシュ（2万5000分の1の地形図の範囲）を対象に地形図を読み取って現したものである。この図でまず目を引くのは、100年間の草地（荒地）の分布の変化である。地図記号では草地あるいは荒地として現される茅場や採草地は、集落から比較的近い山腹に広く分布している。これらの草地は入会地として茅葺き屋根の材料や牛や馬の飼料として利用されていたと考えられ、緩斜面につくられた畑と森の間がこのような草地で埋められている場所も多い。明治期（1906年）には面積率で28％以上あった草地は、1953年から1972年の間に21.3％から1.5％まで減少している（図3-17）。

　さらに、もうひとつの変化として目にとまるものとしては、畑地面積の推移がある。高知県の海岸部の特徴的な地形のひとつとして、隆起によって形成された海成段丘の平坦面がみられる。このような平坦面とゆるやかな山腹斜面は、このあたりでは駄場と称され、今でも各地で地名として残されている。それらの斜面地と平坦地は、昭和の中期までは畑地として利用されている。日々の食料として芋や野菜を植え、あるいはサトウキビなどの商品作物を栽培していたとされ、大岐には精糖工場もあったということである。

　図3-18は土佐清水市中浜の1906年から1993年の土地利用を地形図で比較してみたものである。1906年には集落に近い平坦面や斜面が畑として利用され、さらにその周りの斜面が草地（荒地）となり、その奥に樹林が広がっていた。しかし、1993年には畑地は減少し、草地の多くは樹林へと変化している。

　このような土地利用の変化が、津波からの防災において重要な課題を生んでいることを、第7章で詳細を紹介する中浜地区自主防災絡協議会会長の西川英治氏に防災活動の話を伺ったときに気づかされた。西川氏は小学校の頃から中浜の自

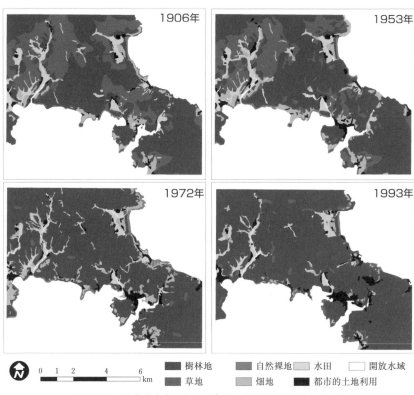

図 3-16　土佐清水市の約 100 年間の土地利用変遷（口絵 8）
出典：国土地理院の 5 万分の 1 旧版地形図を元に筆者作成。

然の中で海に潜り、畑や草地に遊び、今でも、中浜の自然については海の底から
森の小道まで隅々まで知り尽くしておられる。1950 年代から 60 年代のことであ
ろう、子どもたちは海や山を遊び場に、日が暮れるまで過ごしていた。海岸から
離れた駄場にある畑はよく手入れをされ、人々は足繁く通い、誰もが畑に登る道
をよく知っていた。しかし、今は畑に通う人も少なくなり、道は荒れ、若者の多
くは山の畑への道を知らず、年寄りは駆け上がるのが困難なのだという。第 7 章
で上原は「地域の環境をよく利用する、あるいは体験することが総合的な防災意
識を高めることに寄与する可能性を示している」と述べている。かつて里山に求
められた薪炭林や耕作地としての利用、あるいは牛馬を養う草地は現代社会にお
いては不要となり、人々が斜面を登り、畑や草地あるいは林へと通うことはなく

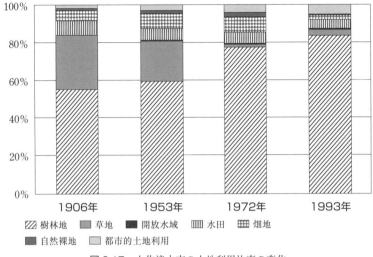

図 3-17　土佐清水市の土地利用比率の変化

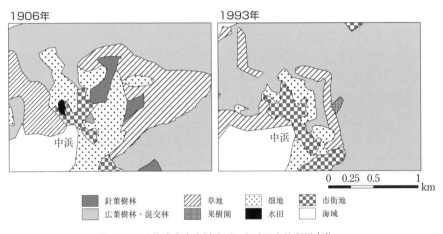

図 3-18　土佐清水市中浜地区における土地利用変化

約 90 年の間に町は広がり発展したが、同時に広葉樹林がその面積を広げている。一方で、畑や草地は大きく面積を減少させた。

出典：図 3-16 と同じ。

なった。しかし、一方で津波からの避難山として考えるとき、集落の近くに位置する畑や里山があらためて見直され、住民組織を中心に避難路の整備や備蓄倉庫

の設置がすすめられている。また、この地域で特に重要なのは、地震後5分で1mの津波、そして最大では10mを超す津波が予測されていることで（高知県2020）、迷うことなく駆け上がることができる避難路と避難山が地域の人々に十分に認知されていることである。そのためには、子どもたちも含めた住民の意識を、日常から遠ざかってしまった里山へとどのようにつなぐかという課題がある。

8　気仙沼市における土地利用変遷と生物生息地の減少

　以上の例で見てきたように、災害リスクが高い土地が開発され高度利用されることにより、災害リスクをさらに高めてきた。一方で、第1章で述べたように人間にとっての災害をもたらすハザードは、生態学では「攪乱」と呼ばれ、生態系の維持には欠かせない自然のプロセスである。頻繁な攪乱によって維持される湿地や海岸のような生態系は生物多様性が高いことも知られている。つまり、攪乱に依存している生態系の開発は、人間にとっては災害リスクを高め、自然にとっては大きな生物多様性の消失につながる。先に紹介した環境省環境研究総合推進費の研究では、都市開発が災害リスクを高めたプロセスだけでなく、どのように生物多様性を失ってきたかについても分析を行った（慶應義塾大学・東京大学2018）。気仙沼市中心部における結果を以下に紹介しよう。

　気仙沼市に限らず、100年前の生物相の分布情報や生物相が記録されていることは、博物館等の標本に記載された採取地を除いては、日本の中にはきわめて少ない。筆者らは既に公開されているHSI（Habitat Suitability Index; ハビタット適正指数）を用いることにした。HSIは、特定の種に着目し、どのような環境が存在すればどの程度の確立でその種が生息しうるか予測したモデルで、世界各地で作成され、生息地の推定や環境アセスメントに活用されている。日本においてもHSIの作成が数多く試みられているが、モデルが詳細に公開されているものは限られている。筆者らの研究では、気仙沼市に生息しうる種のうちHSIが公開されていて、かつ先に示した土地利用変遷のような地理情報により推定しうる種を選定することにした。その結果、ヤマアカガエルを対象とし、株式会社エコリスにおいて公開されているHSI（https://www.ecoris.co.jp/technical/tec_tyousa/hsi001.html）を用いることにした。ヤマアカガエルは陸域の生物で、気仙沼市中心部で土地利用の変化が著しかった水田や樹林地などの複数の生息地に依存する種であ

るため、生息地消失のモニタリングに適している。今回は、水域タイプ、近接樹林地までの距離、500 m 圏内の樹林地面積、近接水域までの距離、の4つの変数を土地利用図から抽出し、各 SI（Suitability Index; 適正指数）を算出した。なお、筆者らが別途気仙沼市で行ってきた調査で、標高 0〜5 m の津波浸水域内でもヤマアカガエルの生息・繁殖を確認している。なお、過去の地形図からは道路の詳細な敷設状況の把握が困難なことから、500 m 圏内の道路延長はダミー値として1を与えて、5つの SI を相乗平均して HSI を算出することとした。

　このように HSI を用いれば、過去に遡ってヤマアカガエルがどの程度生息していた可能性があるのかを示すことができる。本章第2節で紹介した気仙沼市中心部の土地利用データを 100 m メッシュに変換し、メッシュ内の最大面積を占める土地利用を抽出した。そのデータに基づき、東日本大震災の津波により浸水した範囲の4時期の HSI を算出した。HSI はヤマアカガエルの生息に適した環境を0〜1の値で表され、1に近いほど生息可能性が高まる。2011 年の推定では、HSI が0.5 よりも大きい値を示したメッシュ（ヤマアカガエルの生息可能性が高いメッシュ）は 591 メッシュ中 21 メッシュのみだった。1979 年は 26 メッシュ、1952 年は 244 メッシュ、1913 年は 272 メッシュで、過去に遡るほど生息可能性が高いメッシュ数が増加した（図 3-19）。南気仙沼地区や鹿折地区などの低地部や狭小な谷部を中心に、水田とその周囲の樹林地が都市的土地利用に転用されていくにつれて、ヤマアカガエルのハビタット（生息地）は減少していったことが明らかになった。ヤマアカガエルは、水域と森林の両者を生息地として必要とする種で、水域に卵を生み、幼生の時期は水域で過ごす。いわゆるオタマジャクシから成体になると陸に上がり、主に森林に生息するとされている。よって、水域と森林が近接して存在していることが必要不可欠である。気仙沼市中心部では、1952 年以降の都市化において、浸水範囲の低地部の水域や樹林地が消失しただけでなく、両者がセットになっているものがほぼすべて失われたことが、生息適地の激減の要因であろう。津波浸水範囲の 100 年間の都市開発により被災額は約 10 倍になったが、ヤマアカガエルの生息適地は 8％以下に激減した。ここではヤマアカガエルのみを指標として推定を行ったが、同様に水田や湿地、森林に生息する生物の生息適地が失われたことは容易に想像され、撹乱により成立してきた生態系の消失が生物多様性に大きな影響を及ぼしたことがわかる。

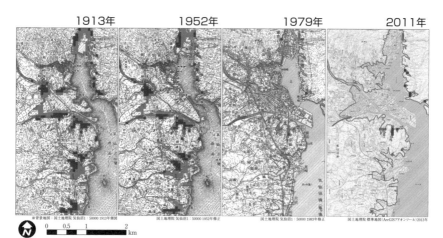

津波浸水域 ヤマアカガエルHSI: □0以上-0.5未満 ■0.5以上-0.75未満 ■0.75以上-1以下

図 3-19　気仙沼市におけるヤマアカガエルの HIS（Habitat Suitability Index）の変化
出典：慶應義塾大学・東京大学（2018）より。

おわりに

　本章では、災害リスクの高い土地の開発が、災害の際に大きな被害を生み出し、その開発の過程で生物多様性を消失させてきたことをいくつかの例を挙げて解説してきた。しかし、紙幅の制約もあり、その背後に存在した日本全体の急激な人口増加、都市への人口集中との関係は詳細に扱ってはいない。人口増加の過程で、災害リスクが高い土地の開発が進んだことは、当時としてはやむを得なかったともいえる。しかし、例えば気仙沼市を例にとると、現在の気仙沼市の範囲の人口は1980年にほぼピークを迎え、その後減少している。それにもかかわらず、本章で示したように2011年の東日本大震災まで都市的土地利用は拡大し続けていた。

　冒頭で述べたように、ここで紹介した分析は過去の災害の被害額を推定することが主目的ではなく、暴露の増大が災害リスクを高めることを過去の都市開発の歴史から学ぶことである。21世紀に入り、日本は世界でも未だ経験したことがない人口減少に直面している。コンパクトシティが提唱され、立地適正化計画が各地で策定されつつあるが、必ずしも災害リスクの高い土地から低い土地への利用の誘導が進んでいるわけではない（花房ほか 2018）。本書で扱う生態系減災は、

これまで災害リスクの増大と生物多様性の消失という負の連鎖が引き起こされていたものを、災害リスクの低減と生物多様性保全という一挙両得に転換していこうとするものである。ひいては地域の持続可能性の向上につながる。人口増加局面で開発圧が高ければ、生態系減災の導入には数々の障壁が考えられるが、日本が直面する人口減少局面においては、管理が行き届かなくなる土地の急増が取り沙汰されているほどであり、生態系減災を活用する可能性がきわめて高い。ただし、その方法は容易ではない。以降の章では、具体的な計画手法をはじめ、様々な側面から生態系減災の可能性を検討していく。

引用文献

青山雅史（2017）鬼怒川・小貝川低地における人為的土地改変による洪水、液状化災害に対する脆弱化過程．日本地理学会発表要旨集 **2017a**：100199.

土木学会2014年広島豪雨災害調査団（2015）平成26年8月広島豪雨災害調査報告書．土木学会.

花房昌哉・瀧健太郎・秋山祐樹・吉田丈人・一ノ瀬友博（2018）滋賀県における立地適正化計画と水害リスクに関する研究——彦根市・東近江市・湖南市を対象に．都市計画報告集 **17**：378-381.

一ノ瀬友博（2016）東日本大震災の津波による被災と生態系を基盤とした防災・減災．KEIO SFC JOURNAL **16**（1）：8-25.

Ichinose, T., S. Itagawa and Y. Yamada（2019）A century of land-use changes and economic damage in Kesennuma City caused by the 2011 Tohoku Earthquake and Tsunami. *Journal of Environmental Information Science* **2019**（1）：53-59.

環境省生物多様性センター・植生図 1/50,000 GIS データ，植生図 1/25,000 GIS データ. http://gis.biodic.go.jp/webgis/（2020 年 10 月 13 日確認）.

慶應義塾大学・東京大学（2018）環境研究総合推進費修了研究報告書ハビタットロスの過程に着目した生態系減災機能評価と包括的便益評価手法の開発（4-1505）.

気仙沼市史編さん委員会（1993）気仙沼市史Ⅵ近代・現代編．気仙沼市.

気仙沼市史編さん委員会（1997）気仙沼市史Ⅴ産業編（下）．気仙沼市.

高知県（2013）南海地震長期浸水対策検討結果．https://www.pref.kochi.lg.jp/soshiki/010201/files/2015041500011/00_all.pdf（2020 年 10 月 13 日確認）.

高知県（2020）南海トラフ地震に備えるポータルサイト．https://www.pref.kochi.lg.jp/sonae-portal/earthquake/tokucho.html#page2（2020 年 10 月 13 日確認）.

高知市（2017）2017 高知市立地適正化計画．https://www.city.kochi.kochi.jp/uploaded/attachment/52799.pdf（2020 年 10 月 13 日確認）.

高知市環境部環境政策課（2019）高知市里山保全条例の経過等．https://www.city.kochi.kochi.jp/uploaded/attachment/73355.pdf（2020 年 10 月 13 日確認）.

高知市高須校区防災会（2016）高須小学校区津波避難計画書．https://www.city.kochi.

kochi.jp/uploaded/attachment/64352.pdf（2020 年 10 月 13 日確認）.

国土地理院・地理院タイル，標準地図. https://maps.gsi.go.jp/development/ichiran.html
　（2020 年 10 月 13 日確認）

国土交通省・水害統計調査. https://www.mlit.go.jp/river/toukei_chousa/kasen/suigai
　toukei/（2020 年 10 月 13 日確認）.

国土交通省関東地方整備局（2017）『平成 27 年 9 月関東・東北豪雨』に係る洪水被害及
　び復旧状況等について. https://www.ktr.mlit.go.jp/ktr_content/content/000687586.
　pdf（2020 年 10 月 13 日確認）.

七十七銀行（2011）「気仙沼市産業連関表（平成 17 年表）推計調査結果」および「東日
　本大震災に伴う気仙沼市の経済的被害に関する推計調査結果」について. 77 Bank
　News Letter：1-8.

田中圭・中田高（2016）2014 年広島土石流災害による被災建物の立地条件. 日本地理学
　会発表要旨集 **2016s**：100142.

寺林優・越智信・仲谷英夫（2005）平成 16 年台風 16 号による高松市街地西半における高
　潮浸水. 土と基礎 **53**（1）：37-39.

富田孝史・本多和彦・河合弘泰・柿沼太郎（2005）2004 年台風 16 号による高松の高潮浸
　水被害. 海岸工学論文集 **52**：1326-1330.

土佐清水市史編纂委員会（1980a）土佐清水市史（下巻）. 土佐清水市.

土佐清水市史編纂委員会（1980b）土佐清水市史（上巻）. 土佐清水市.

土佐山内家宝物資料館（2014）幡多郡清水村——自然と歴史. 地域記録集土佐の村々 **2**.

氏原岳人・和氣悠・森永夕佳里（2019）平成 27 年 9 月関東・東北豪雨がもたらした被災
　地の人口及び地価変動——茨城県常総市を対象として. 都市計画論文集 **54**（1）：57-
　63.

第4章
過去の知恵と
ハイブリッドインフラという考え方

中村太士

はじめに

　日本人は古来より、森林や氾濫原湿地などを賢く利用しながら、木材や果物、米などの生態系から得られる恵みを享受してきた。しかし、時に人間の過度な資源利用と自然の猛威が重なり、多くの自然災害を受け、その都度、自然との接し方や資源の持続的利用を学び、自然の猛威に対しては、その勢いに抗うことを求めず、"いなし、なだめる"ような技術を発展させてきた。自然の恵みと災害という矛盾を、ゆっくりと時間をかけて地域の文化を育ててきたのである（大熊2016）。

　残念ながら、日本人のこの伝統的な思想は、明治以降の西洋文明の導入とともに忘れ去られ、今日まで自然と対峙して災害をおさめる方向を目指してきたといわざるを得ない。この"いなし、なだめる"技術は、災害が起こることを前提として、被害を最小限にとどめる考え方につながり、自然を大きく改変するものではない。むしろ、現在の地形や自然をうまく利用しながら、地域防災力を高め、コミュニティ力を鍛えるグリーンインフラの考え方そのものであった。

　ここでグリーンインフラと生態系減災（Eco-DRR）について定義したい。グリーンインフラとは「自然が持つ多様な機能を賢く利用することで、持続可能な社会と経済の発展に寄与するインフラや土地利用計画」を指す（グリーインフラ研究会ほか編 2017）。この概念を先進的に議論し活用してきたEUでは、「戦略的に計画・維持され、生態系サービスの提供と生物多様性の保全に資する質の高い自然や半自然生態系のネットワーク」と定義している（European Union 2013）。したがって、グリーンインフラが包括する範囲は広く、防災・減災、生物多様性

保全、レクリエーション、地下水涵養、二酸化炭素固定、ヒートアイランドの抑制など、多機能性が大きな魅力である。これに対して生態系減災（Eco-DRR）は、グリーンインフラが包括する機能の中でも、特に自然災害に対する生態系の減災効果に力点を置いた考え方である。

　周知のように、日本は今後急激な人口減少社会に入る。人工林や農地、町の病院、学校、水道、道路などの社会資本を維持することも、今後ますます難しくなるだろう。これまでどおりの生活圏を前提に公共投資を続けることは難しく、土地利用の集約化を進めざるを得ない。こうした土地利用変化の流れを生かしながら、洪水氾濫区域からの人の撤退が可能になれば、その場所を気候変動による自然の猛威をいなすグリーンインフラとして利用することが可能になる。また、同時にグリーンインフラの多機能性をうまく生かせば、生物多様性の保全、そして魅力的な地域づくりに貢献できる（中村 2015）。

　高度経済成長以降、延々と造成された既存のインフラ（多くはコンクリートを使うため、グレーインフラと呼ばれている）によって、安心で安全、便利な地域社会が形成できたのも事実ではあるが、その既存インフラによって多くの生物種が生存できなくなったのも事実である。そして、これらの既存インフラは老朽化し、今後多大な維持管理費が必要となってくる。こうした日本における新たな自然・社会条件の変化を踏まえると、先人たちが育んできた自然とつき合う伝統的な知恵や技術は、現代においてもなお重要な視点を提示している。その知恵を生かし、既存インフラとグリーンインフラを組み合わせて、自然の猛威を許容するハイブリッドインフラを検討する時期にきている。

1　森林機能論

　日本は降水量が多く地殻変動の活発な湿潤変動帯に位置し、毎年、台風による風害や豪雨災害、高潮、地震、火山災害など、様々な自然災害を受けてきた。一方で、森林が災害を防止したり、軽減したりする機能については古くから知られ、日本人はこうした森林の効用を賢く利用しながら、災害リスクを減らす努力をしてきた。

　減災、防災機能に限らず、森林が人間社会にもたらす効用を森林の公益的機能（生態系サービスと同義）と呼ぶ。日本での森林の伐採規制は、奈良時代の記録ま

でさかのぼるといわれている。江戸時代には、城郭や屋敷、神殿、寺院などに必要な建築材を確保するため、また燃料としての薪炭材を確保するため、日本の森林は過度に利用されてきた（太田 2012）。そのため、明治から昭和の戦後にかけて、日本の山地は禿山が至るところにあったと考えられ、江戸時代の浮世絵に描かれる樹木も荒れ地に生えるマツが多く、個体もまばらな疎林が多い。この時代、森林の主要な樹種はマツであり、スギやヒノキが多く見られるところもあったが、今日の森林と比べると貧弱で、かなり樹高の低い個体が多かったことが推測されている（小椋 2012）。また、草や灌木の刈り取りや山焼き、家畜の放牧といった人為的圧力が加わることによって、草原も広く維持されていたと推測されている。

　森林から木材が過度に産出され、植被を失うか貧弱な植生に変化したりすると、多くの場合、侵食が発生する。表層斜面崩壊や土壌侵食によって生産された土砂は、土石流となって人家や田畑を襲ったり、保水力の低下に伴う洪水によって、多くの家屋が浸水したりした。江戸幕府は、これらの災害を防止するために、森林の伐採を禁止したり、野焼きの制限、野火の防止、開墾や家畜の放牧制限など、様々な森林保護・保全策を導入した。森林伐採を禁止する「留山」制度を広く適用し、森林を保全するための規制が強化され、水土保全を目的とした造林も推進された。江戸時代にも各藩において、入会地として利用していた村持山の扱いを規制したりした。

　明治に入ると民有林の伐採が自由になり、村持山や入会山などから、下草、落葉落枝、薪炭材等が無秩序に採取され、森林が荒廃し災害が多発した。これに対し明治政府は、民有林を保全するための伐木停止林制度を創設している。こうした背景を受け、森林法が1896（明治29）年に制定されたときから、公益的機能を発揮する森を「保安林」と呼び、伐採規制を行うなどその保全に努めてきた。

　森林は古くから多面的機能が評価され、森林法のもと保安林制度によって保全されてきた。現在、保安林は17種類に分けられているが、その中で気象変動やその後の災害防止に関連した機能区分には、①水源涵養保安林、②土砂流出防備保安林、③土砂崩壊防備保安林、④飛砂防備保安林、⑤防風保安林、⑥水害防備保安林、⑦潮害防備保安林、⑧干害防備保安林、⑨防雪保安林、⑩防霧保安林、⑪なだれ防止保安林、⑫落石防止保安林、⑬防火保安林がある。これ以外の⑭魚つき保安林、⑮航行目標保安林、⑯保健保安林、⑰風致保安林なども、生態系サービスを発揮するグリーンインフラとしては重要な役割を果たしているといえる。

　保安林は戦後、一貫して増加し、現在、重複指定を排除した実面積で1,220万ha程度に及ぶ。これは森林面積の約47%、国土面積でも約31%に相当する。日本の保安林制度の特徴は、水土保全機能に大きな比重を置いてきたことであり、水源涵養保安林と土砂流出防備保安林を合計すると、全保安林の約90%の面積に達している。その理由は、水資源の確保、洪水や土砂害防止が、国土保全の重要課題であったからにほかならない。また、今や国有林の90%、民有林の30%が保安林指定されている。このように国土の森林面積の約半分が保安林に指定されていることは、将来のグリーンインフラとしての位置づけを考えると心強い。

（1）水源涵養機能

　森林は蒸発散によって大量に水を消費する。ここで、蒸発（evaporation）とは、林地や森林樹冠から水が気化する現象を意味し、植物の気孔やクチクラ層を通して水蒸気を拡散させる現象を蒸散（transpiration）、両者を合わせて蒸発散（evapotranspiration）という。森林があることによって、年間の水の流出量が減ることは世界で実施された100例以上の対照流域法（地質や地形、森林が同様な2つの流域で水文観測を実施し、雨量や流量データが蓄積した段階で、一方の森林を伐採する方法）で実証されている。日本の雨量はおよそ1,600mm程度であり、伐採後300～600mm程度の流出量の増加が見込まれる。森林の蒸発散量が大きいのは、その樹冠の複雑な構造、葉面積の大きさに起因する。樹木は土壌から水を吸い上げ葉から蒸散するが、それ以上に降雨を樹冠で遮断しそのまま葉から蒸発させてしまう効果を持っている。森林の樹冠面は凹凸が激しく、風も乱れ、雨が降っている時でさえ蒸発散をしているといわれている。

　森林における水文現象を考えるうえでもうひとつの重要な要因は、複雑な構造をもった森林土壌の存在である。一般的に森林土壌は団粒構造が発達し、ほとんど重力のみの影響を受けながら水が移動する土壌パイプのような大管隙（径3mm以上）から、弱度もしくは強度の毛管力を受けて重力移動する大中小の孔隙、強い毛管力を受けて吸着されており重力の作用ではほとんど移動しない細孔隙まで、様々な大きさの間隙が分布する。これら間隙水は、異なる速度で土壌中を移動するが、森林土壌に供給された水を保持する役割を果たしているのは、中小孔隙であり、遅い流れを形成する。一方、大孔隙や大管隙のように毛管力による抵抗をほとんど受けない間隙も流出遅延効果をもつ。これは、降雨時にこれら大孔

隙は地中流を形成するためで、土壌侵食によって表土が除去された裸地斜面を表面流となって流下するのにくらべれば、その流速はきわめて遅くなるといえる。

　森林の水源涵養機能といった場合、一般的には2つの意味をもっている。ひとつは渇水緩和機能であり、もうひとつは洪水防止機能である。両者をまとめた言葉として、「流量の平準化」といわれる。つまり、降雨時、森林樹冠が雨の一部を遮断したり、森林土壌が雨水を貯留したりすることにより、河川へ流れ込む水の量を調節し洪水を緩和する一方、森林土壌に蓄えられた水は徐々に河川に排出されて、渇水流量を高い水準で安定させる機能をもつことをいう。こうした森林がもつ流量の平準化機能については、これまでにも様々な議論がなされ、限界があることも指摘されている。

　たとえば渇水緩和機能については、地域や年降水量にもよるが、流況曲線上の低水や渇水に近い流況では（無降雨日が長く続いた場合）、森林があると河川流量はかえって減少する場合があり、必ずしも常に高い流量を期待できるとはいえない。また、治水上問題となる大雨が長時間続いた時には、樹冠遮断率も小さくなり、洪水のピークを迎える以前に流域は流出に関して飽和状態となる。これによって、降った雨の多くが河川に流出するような状況となることから、大きな降雨量が長時間継続するようになると、低減する効果はあまり期待できない。しかし、雨量が変動する一般的な降雨では、土壌内にある大中小孔隙の貯留量変化を生み出し、森林は常に流量変動を平準化する方向に働く（谷 2018）。グリーンインフラが粘り強く機能を発揮することを示すひとつのよい事例である。

（2）土砂流出防止機能

　落葉・落枝などが厚く堆積した森林土壌と下層植生は、降雨時の雨滴や表面流による土壌侵食を防ぐ。森林樹冠も雨滴侵食を防いでいると考える向きもあるが、実際には林外にくらべて林内の雨滴サイズが増加することから、侵食エネルギーが増大し、結局、降雨強度の小さい時にはむしろ雨滴侵食、表面侵食を加速させるほうに作用することがわかっている。一方、近年の農地開発や森林伐採などの土地利用の変化、また採鉱や道路建設に伴い、砂やシルト・粘土と定義される細粒土砂の生産量が急激に増加していることが報告されている。

　流域における細粒土砂の生産は、森林面積と関連性があることが知られている。流域の森林率と流出成分について、様々な事例を集積して解析した群馬県吾妻川

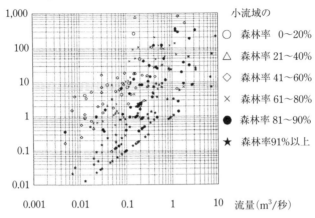

図 4-1　群馬県吾妻川流域における森林率と SS 流出量の関係

出典：水源地森林機能研究会（1996）より。

流域の事例を図 4-1 に示す。これによると SS（Suspended Solid：固形懸濁物質）は森林率の増加に伴い明らかに減少し、同じ流量でくらべると、100% 森林流域では裸地流域にくらべ 100 分の 1 程度になることが示されている。このように、皆伐によって濁りが発生するのは明白であり、林地の人為的攪乱は最小限に抑えることが、細粒土砂を発生させない生産源対策である。一方、これは森林面積率での議論であり、流域内の森林配置と細粒土砂流出については検討していない。これまでの海外の研究事例から、水辺林や水辺域に流入した細粒土砂が効率的に捕捉されることが示されており、日本でも流域内の適切森林配置についての検討が必要になっている。

　森林伐採に伴う細粒土砂流出の影響が、水辺林によって緩和されることを示した研究事例を紹介する（Nakamura and Yamada 2005）。この研究では、3 つの小流域が設定されている（図 4-2）。天然生の森林が保存されている流域（NF）、十数年前に伐採されているが渓流周辺の水辺林は保存された流域（RF）、流域全体が皆伐されて十数年経過した流域（CC）である。皆伐流域（CC）では源頭部に多くの斜面崩壊が発生しており、皆伐に伴う崩壊であると推定できる。SS 流出量は、すべての季節で皆伐流域（CC）が最も高く、年間の単位面積当たりの流出量は、天然林流域（NF）で 5.5 kg/ha/年、水辺林残存流域（RF）で 18.2 kg/ha/年、皆

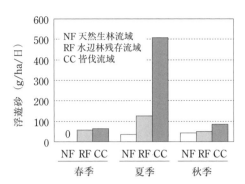

図 4-2　浮遊砂流出に対する水辺林の効果
出典：Nakamura and Yamada（2005）より。

伐流域（CC）で 47.6 kg/ha/年に達する。水辺林による細粒土砂捕捉効果は、夏季の集中豪雨時期に顕著であり、およそ 1/5 程度に生産量が抑えられているのがわかる（図 4-2）。

　一般に、水辺林の下層植生が密生しているほど細粒砂の捕捉効果が高くなるといえる。植生による細粒砂の捕捉については、植生がまばらな場合は、高密度に均一な植生とくらべて 10 倍以上も大きい植生幅を必要とする報告もある。また、流入する土砂の粒径が小さくなるほど林内での移動距離は長くなる。20 m 幅の水辺林があれば流入する砂・シルトの 90％が捕捉される一方、粘土の場合は流入量の約半分しか捕捉されない。

　斜面崩壊と森林とのつながりとしては、表層崩壊の多くが伐採跡地と幼齢林に圧倒的に多く、天然林や針葉樹の中・高齢林ではきわめて少ないことである。森林伐採によって表層崩壊が多発することは既存の多くの研究によって支持されており、同一の地質・地形条件で調べた事例から、皆伐地における斜面崩壊発生率が、森林地の 5〜10 倍にのぼることが示されている。これは伐採後、林地に残された根株部分の腐朽とともに、土壌の保持力が弱まり、斜面崩壊の発生する可能性が高くなるからである。根株が腐朽し、植林された樹木根系による回復が進まない伐採後 10〜15 年程度の期間が、もっとも崩壊発生の可能性が高くなるといわれている。

図4-3　人工林の大規模風倒
1991年9月に九州地方を襲った台風によって倒壊。
出典：清水晃氏より提供。

（3）人工林の管理放棄と水源税の導入

　国土の67％を占める森林が、今後も有効なグリーンインフラとして機能することは間違いない。しかし、日本では、林業として成り立たない等の理由から管理放棄され、間伐も実施されない人工林が全国に増えている。間伐が実施されていない人工林は、立木密度の高い林分に遷移し、林冠は閉鎖し、林床は真っ暗な状況になる。このため、下層植生は生育することができず、雨滴侵食も相まって深刻な土壌侵食が発生することがある。また、放棄されて高い密度のまま推移した人工林では、枝も枯れあがり、細く、樹冠が樹木の最上部にのみ発達する不安定な形状になる。枝が枯れあがった林分においては、たとえ間伐を入れても樹冠の偏った形状を変えることはできない。そのため、重心が樹木頂部に位置する危険な状態で風が当たることになり、風倒に対してきわめて弱い。大規模風倒は全国各地に見られ、河川に流出した大量の倒流木は、河川に天然ダムを形成したり、一気に下流域に流出し橋脚に集積したりして災害を起こす原因になる（図4-3）。

　さらに、本州の里山を歩くと、放棄人工林のあちこちに、竹が侵入している箇所が見られる。これらの竹林は、管理されないまま旺盛に、そして暴れるように拡大している。かつて、村人たちは様々な用途に竹を利用し、タケノコも貴重な食料だった。そうしたバランスが離農、離村とともに崩れ、里山の景観や生物多様性にも大きな影響を与えている。また、密生した竹林が倒壊している場所も多い。倒壊した竹は、樹木同様、斜面の不安定化をもたらし、洪水によって下流に運ばれ、竹の集積による洪水被害をもたらす可能性も高い。

　こうした管理放棄状況を改善するために、全国の都道府県や自治体では「水源税」もしくは「森林環境税」が導入されている。2003 年の高知県（森林環境税）を皮切りに、2017 年 1 月現在 38 自治体（37 都道府県及び 1 政令市）で導入されている。森林環境税とは、森林のもつ公益的機能を維持増進するため、地方自治体が森林整備を行い、その費用負担を地域住民に求めるものである。課税は、県民税への上乗せ方式がほとんどで、個人あたり年額 500 円程度を徴収している。また、地球温暖化に関するパリ協定の目標を達成するためにも、わが国の温室効果ガス排出削減目標の達成や災害防止を図る観点から、国税として森林環境税が導入された。具体的には、個人住民税とともに年額 1,000 円を賦課徴収する「森林環境税（仮称）」と、森林環境税の収入額に相当する額を国から市町村または都道府県に譲与する「森林環境譲与税（仮称）」の 2 種類からなる。課税は 2024 年度からとされているが、譲与税の配分は 2019 年度から前倒しで行っている。

2　洪水氾濫を許容する伝統的グリーンインフラ技術

　河川における伝統的な治水工法である霞堤や越流堤、水害防備林は、戦国時代にその考え方が示され、今なお残存する伝統的なグリーンインフラである。残念ながら、1896 年の河川法制定以降、高水工事の必要性が叫ばれ、堤防によって洪水を押し流す西欧技術の考え方を取り入れるようになり、伝統的な治水技術は徐々にその意義と必要性を認識されなくなってきている。高水工事とは、川の水位が高い時に、すなわち洪水の時に河川の氾濫を抑え、河水をダムによって一時貯留したり、捷水路（ショートカット）工事によってより速く海まで流すように計画された工事のことであり、現在の河川工事の基本概念となっている。しかし、2019 年台風 19 号災害では、中部、関東、東北など全国各地で計画規模を上回る洪水が発生し、140 箇所で堤防が決壊、多くの人家が濁水に飲みこまれた。気候変動にどう適応するかを問われているなか、これまでの堤防によって洪水流を河道に押しとどめる防災技術は、その脆さと危うさを露呈した（図 4-4）。

　ここで明治維新の時代に活躍した民間治水論者、尾高惇忠や西師意の言葉を紹介したい。彼らは自著の中で「堤防は甲冑のごとし」と書いている（高橋 1971）。甲冑とは、〝よろい〟〝かぶと〟のことで、より強力な銃丸に攻められれば被害は一層大きくなることを意味し、強固な堤防への偏重を戒めた。一旦堤防を築くと

図 4-4　台風 19 号による千曲川の氾濫
出典：国土交通省より提供。

さらなる安全を求めてより高い堤防を築こうとする。これを続ければ決壊した場合の被害が大きくなることに警鐘を鳴らしたのである。また、堤防を築くことによって洪水の水位がますます高くなることも指摘している。グレーインフラに頼りすぎた現代社会の脆弱性を言い当てており、傾聴に値する。

　計画規模以上の洪水を超過洪水と呼ぶが、気候変動で激甚化する降雨を前提とする以上、どこで破堤するかわからない連続堤防のみの対策では、破堤した場所が住宅密集地であれば、被害は甚大になる。計画規模までは平等の安全性を確保するにしても、超過洪水に対してはあらかじめ被害を最小限に抑えられる場所を定め、意図的に氾濫させる必要がある。これが氾濫許容型の治水対策であり、伝統的なグリーンインフラ技術である霞堤や越流堤と水害防備林にその考え方の基本を学ぶことができる。

（1）霞堤（図 4-5・口絵 9）
　霞堤は、武田信玄が釜無川に用いた「雁行ニ差次シテ重複セル堤」がその始まりといわれている。霞堤という言葉は、西師意がヨハネス・デ・レイケの河道改修案に反論して書いた「治水論」のなかで、常願寺川の不連続堤について「霞形堤」と記しているのが最初であるとされている（大熊 1987）。やや古い資料になるが、1987 年時点で、全国 109 水系の約半数にあたる 54 の一級水系で、霞堤が残っていた（浜口ほか 1987）。

　霞堤の配置や機能について長年研究してきた大熊（1987）によると、500 分の 1

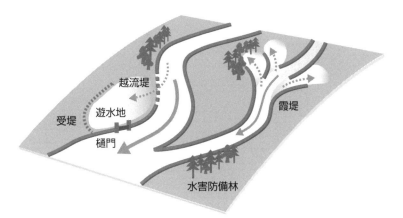

受堤
越流堤
遊水地
樋門
霞堤
水害防備林

図4-5　伝統的グリーンインフラ技術（口絵9）

　以上の急勾配扇状地礫床河川で実施される場合と、1,000分の1以下の緩勾配低平
地砂床河川で実施される場合では、その目的が異なることが指摘されている。前
者は、越水して氾濫した洪水を河道に戻すこと、そして内水排除を目的として作
られており、よくいわれる逆流による洪水調節機能は急勾配地形に制限を受けわ
ずかであると考えられる。手取川などでは、1〜2kmにわたって堤防が重複して
いる霞堤もあり、洪水時に上昇する水位より高いところまで重複している。まず
は川に面した堤防で洪水を防ぎ、その堤防だけではどうしても防ぎきれず破堤し
た場合には、重複した後ろの堤防で氾濫を最小限に抑える多重防御の考え方であ
る。

　後者の場合、緩勾配河川の開口部分を通過した洪水流は奥深く浸水するため、
霞堤による氾濫範囲が広く確保されている場合、総湛水量はきわめて大きくなり、
洪水調節機能を発揮できる。そして、どちらの場合も、支川等が合流する場合、
この不連続部で本川に合流することになり、樋管とか樋門といったグレーイン
フラを造る必要はなくなる利点がある。また、霞堤によって造られた空間は水害
防備林として維持されたり、農地として利用されたりする場合も多いと考えられ
るが、氾濫が許容されていることから、多くの湿地性植物や動物に生息場所を提
供するグリーンインフラとして機能すると考えられる。

　一方で、霞堤の機能をよく理解している住民、そして技術者は少ない。そのた
め、高水工事による河道の洪水流下能力拡大に主眼が置かれてきた高度経済成長

期には、放水路やダムの完成とともに霞堤群が締め切られたり、樋門・樋管の設置によって霞堤の多くが失われたりした。さらに、残された霞堤においても住民からの締め切り要請が強く、技術者もその重要性を認識できずに締め切りに応じた事例も多い。しかし、気候変動に伴う豪雨や台風災害が近年頻発し、堤防の決壊に伴う大規模災害が毎年のように発生するようになった。治水技術の進歩によって計画洪水を安全に流下させることができたとしても、それを上回る洪水は常に発生するのである。霞堤によって受け継がれてきた伝統の知恵を学び、氾濫を許容する治水対策に転換すべきである。

(2) 越流堤（図4-5・口絵9）

　越流堤は乗越（堤）とも呼ばれ、「洪水に際し下流に被害なからしむ為め、一定の場所に乗越（溢流）堤を造り、規定以上の流量は此部より堤内耕地に引き入れ、之を再び下流に於いて河川に放流せしむる策を採れり」とし、「乗越堤は天正年間に加藤清正が肥後菊池川施行したるもの嚆矢とする」といわれている（土木学会 1973）。まさに氾濫を許容する治水対策であり、被害を最も少なくする地点にあらかじめ越流する箇所を準備している点は注目に値する。どこで破堤するかわからない現行の堤防対策とは対照的である。こうした越流堤背後には、氾濫水を受け止め誘導する「受堤」が造られるが、この越流堤と受堤の間の土地は遊水地グリーンインフラとなる。

　「野越」と呼ばれる越流堤が多数存在してきた佐賀県城原川は、越流堤の効果を知るうえで貴重である。野越には受堤が対となって設けられ、氾濫流から集落を守り、堤内地被害軽減のために重要な役割を果たしてきた。残念ながらこうした受堤の機能もその重要性が理解されず、霞堤の締め切り同様、圃場整備や道路建設等によって取り払われてしまう傾向にある（田辺・大熊 2001）。そして、野越周辺や遊水地部分では宅地開発も進み、越流時には大きな災害を被る暴露リスクが高まっているのが現状である。現在、城原川ダムによる治水が検討され、野越を解消する案が浮上しているが、超過洪水に対してダムに限界があることは明らかである。野越や霞堤を活用し、氾濫許容型の流域治水を検討すべきであろう。城原川の野越、霞堤の効果検証のために洪水氾濫シミュレーションを行った中島ほか（2013）の成果によると、城原川本川流量が増加しても、野越、霞堤からの越流がある場合、本川の水位上昇がほとんど認められないことが明らかになって

いる。

（3）水害防備林（図 4-5・口絵 9）

　水害防備林とは「河川周辺に設けられ、洪水時にその背後地を防御し、水害被害を軽減する機能を有する樹林帯、竹林帯」を指し（松浦ほか 1988）、先に述べた保安林のひとつとして指定されている。水害防備林は、河川横断的な立地位置により、堤防上に植えられた堤塘林、高水敷の低水路沿いや無堤部の河岸沿いにある護岸林、霞堤部や堤内地にある水除林に区分される。樹木や竹林の根茎が土壌を固定し、河岸や堤防侵食を抑制すること、さらに洪水の流速を遅くし、土砂堆積を促し、上流からの流木を含めた流下物を捕捉することは日本でも海外でも古くから知られている。濾過された洪水は、比較的泥分の少ない水がゆっくりと氾濫するだけで、建物が破壊されることなく、被害は最小限に抑えられるのである。

　しかし、堤外にある水害防備林は洪水時に粗度として機能し、流水の疎通を妨げ洪水水位を上昇させる可能性があること、さらに樹木が流出して流木災害となることも心配され、近年河道内の樹林帯は伐採される傾向にある。こうした樹林帯がどの程度、外力に抗することができるかについては、不確実性が高い。しかし一方で、堤防上や堤内など、洪水流を受け止め緩やかに流す機能は重要であり、1997 年の河川法改正でもその効果が認められ推奨されている。

　水害防備林であれ、これまで述べてきた越流堤や受堤、霞堤であれ、こうした伝統技術や既存構造物を持続的に維持するためには地域住民の理解が欠かせない。また、霞堤開口部や越流堤と受堤の間を農地として利用している地域住民は、頻繁に洪水被害を受けることにもなる。一方で、中流農村域で氾濫するからこそ、下流都市域での流量増加を抑えることができるのも事実である。このように、伝統技術の重要性を理解し、維持するためには、伝統的治水工法がもつ効果の地域住民、技術者への教育・周知、上流と下流の応益分担と不利益を被る住民への補償、上下流住民の協働によるグリーンインフラ管理、などの活動が必要になる。

3　総合治水事業

　河川事業においても、グリーンインフラの考え方はすでにあった。1979 年に始

まった総合治水対策がその一つである（井上・中村 1993）。高度経済成長期の人口増加、多くのグレーインフラが整備され、都市域が拡大した。都市化とともに地面の多くはコンクリートとアスファルトに覆われ、河川は直線化され、宅地造成のため多くの森林が伐採された。その結果、流域の浸透能（雨が地面に浸透する能力）および保水機能が低下し、河川の遊水機能も大きく低下した。同じ降雨量でも、開発前よりも洪水のピーク流量が大きくなり、洪水が到達する時間も早くなる傾向が全国各地で確認されるようになった。そのため国は、ダムや堤防のみの洪水対策には限界があると判断し、自然地の保全、雨水貯留施設、洪水調整池、浸透性舗装、河道内遊水地の整備などを流域全体で行うことによって対処しようとした。

　その後、必ずしも指定されたすべての流域で総合治水対策がうまく実施され機能したとは言い難いが、この考え方は、今後の河川における気候変動適応策を考えるうえで重要になると考えている。自然地や洪水調整池、遊水地、浸透性舗装は、グリーンインフラそのものであり、効率的な配置を今後議論しなければならない。都市河川の環境と水害は平常時と豪雨時にあらわれる表裏一体の問題であることから、洪水処理の観点のみならず環境整備の観点からも検討されるべきである。

　国土交通省は、2019 年の 19 号台風に伴う災害後の治水対策として、「流域治水」への転換を唱えるようになった。2020 年 7 月「社会資本整備審議会 河川分科会 気候変動を踏まえた水災害対策検討小委員会」の答申（国土交通省 2020）によると、「河川、下水道等の管理者が主体となって行う従来の治水対策に加え、集水域と河川区域のみならず、氾濫域も含めて一つの流域として捉え、その河川の流域全体のあらゆる関係者がさらに協働して流域全体で水害を軽減させる治水対策、『流域治水』への転換を進めていくことが必要」としている。この内容は、ここで述べる総合治水と似ているが、この答申でも、「これまで、都市部の河川流域を対象に実施している『総合治水対策』の概念を、地方部を含む全国の河川に拡大し、都市化による流出量の増大への対策にとどまらず、様々な主体の協働（参画）により、更なる流出抑制対策を推進」すると述べている。したがって、流域治水とは、これまで都市型水害に焦点を当ててきた総合治水の考え方を、大河川、氾濫原対策を含めた流域管理に広げた治水対策であると解釈できる。

（1）総合治水事業と流出抑制施設

　都市型水害という言葉は1958年、狩野川台風による東京・横浜での大水害を
きっかけとして生まれた。都市化に伴う浸透域の減少は洪水流量を増加させ、
ピーク流量の到達時間の短縮を招いた。また河川氾濫区域内の人口や資産の集中
に伴い、都市型水害による被害も増大していった。都市域の拡大は1950年代後
半に顕著になるが、そのスピードに河川改修は追いつくことができず、十分な安
全確保もないまま開発が一方的に進められた。1971年には建設省より「都市河川
対策の進め方」等が発表され、都市河川の改修が促された。土地開発により流出
量が増加する一方、増加分を処理するための河道拡幅は土地確保の点から困難に
なり、現行河川の改修工事だけでは安全を確保することが難しくなった。そこで
「流域内に降った雨を一時貯留しまたは浸透させることで河川への流出量を抑え
る」ことが重視され、河川と流域が一体となって水害に対処する総合治水事業が
行われるようになった。

　この計画は河川改修、流域対策、被害軽減対策の3本柱からなっており、被害
資産の膨大な都市河川流域ではソフト対策が重視されている。流域対策を取り上
げてみると、山地・丘陵などの水源地域を「保水地域」、雨水や河川流水が流入
して一時貯留する地域を「遊水地域」、雨水が滞留したり河川が氾濫する恐れの
ある地域を「低地地域」と3つに区分し、各地域に見合った対策がとられている。
詳しくみると、自然地の保全、市街化調整区域の保持といった開発規制によって
土地の遊水・保水機能を保持しようとする対策と、防災調整池・浸透ますなど雨
水を貯留・浸透させる施設導入対策の2つに分けることができる。治水計画に数
値的に組み込まれるのは後者の施設機能のみであり、この施設を総称して「流出
抑制施設」と呼んでいる。

　この時代の総合治水事業で造成された防災調整池の多くは、洪水調節の単一目
的で造成されていたため、コンクリート製の調整池が主流であり、いずれの施設
も地面を堀り込み、または壁を設けて雨水を貯留し、排水管で河川と接続する仕
組みになっていた（図4-6）。このため、とてもグリーンインフラとは言い難いが、
土地の有効利用の観点から公園・校庭型の調整池も存在し、今後はグリーンイン
フラの概念からの設計や配置を推進すべきであると考える。雨水浸透型は1978
年から開発されたもので、この技術は地下水涵養技術の一つである地下埋管法が
雨水流出抑制の技術として応用されたものである。直接地下水層に浸透させる

図4-6　愛知県の奈良子川調節池
出典：愛知県より提供。

〝井戸法〟と地表層より浸透させる〝拡水法〟がある。浸透型施設は地下や建物に設置されるため用地確保の問題が少なく比較的導入しやすいものであり、かつ地下水を涵養し本来の流域の水循環に近づけるものとして注目されている。しかし、井戸法や拡水法の透水性舗装では目詰まりを起こしやすく、施設機能の持続性が悪いことが問題となっている。

　雨水貯留型施設は、配置場所によりその治水機能が変化する。山地・丘陵などのいわゆる水源地域に導入された場合、雨水貯留は河川への流出を抑える役割をする。低地地域に導入されると雨水貯留は河川に流出できない内水、流入してくる外水を貯留することで安全を確保する機能をもっている。これら雨水貯留機能・浸透機能は都市の下水道の負担を軽減するという重要な役割ももっている。

　さらに、雨水貯留は砂漠といわれる都会の水資源としても注目されている。都市での〝水飢饉〟は毎年のように起きるが、その現象はいくら都市に大雨が降っても上流の水瓶に雨が降らなければ解消されないという不思議な仕組みになっている。少しでもこれに対応するために、建物の屋根から集水・貯留し、この雨水をろ過処理または無処理で雑用水に利用する試みが行われている。しかし、経済的に割高であったり、季節変動があり常時供給することができないなどの難点があるため、利水目的のみで貯留施設が設置されることは少ない。

（2）グリーンインフラとしての流出抑制施設の役割

　総合治水事業によって導入された流出抑制施設は、洪水対策の中でその重要性を増し都市河川に安全性をもたらし、平常時には流域環境を改善するグリーンイ

ンフラとしての役割を果たす可能性を備えている。現在の都市では、高密度の土地利用が進行したことで自然地は減少し、市街地は過密状態、そして都市河川の河道はコンクリート堀込み型のものが多い。流出抑制施設は、洪水からの安全性確保を主目的として導入された施設であるが、洪水時から平常時に目を移せば、河川環境を流域レベルで改善し得るグリーンインフラであると再評価できる。残念ながら、現在までに造成された流出抑制施設は、単一目的でコンクリート造成されたものが多く、生物相を育む構造にはなっていない。今後はグリーンインフラの再配置と捉えなおすことによって、流域各所に自然地が保全され、森林や水辺、緑地オープンスペースを適所に配置することにより魅力ある居住地や市街地空間を造成することができる。また、充分な流出抑制を行うことで河川の洪水流量を減少させ、強度の河川改修を実施する必要性が小さくなる。これは用地確保が困難で河川環境整備が行えなかった都市河川においても、環境改善の可能性が生み出されることを意味する。

　現在河畔域に緑地帯を設ける試みが各地で行われているが、多くの場合植栽箇所が狭く限られており、堀込み河道にその用地を見つけることは不可能に近い。流域抑制施設は河道への負担を流域全体で分担するためのひとつの方法であり、仮に十分な配置により機能が最大限発揮された場合、ピーク流量を低く抑えることも可能であろう。これにより現行河道断面形を改善し、堀込み河道から人間がアプローチできるような緩傾斜護岸を小規模な拡幅によって実現できる可能性をもっている。また造成された緩傾斜護岸域への樹木植栽も場所によって実現できるのではないだろうか。これらの樹林帯は水害防備林としても機能し、安心・安全で魅力ある住環境の創造に寄与する。

　流域環境といった場合、森林や湿地などの自然生態系によって形成される基盤的なグリーンインフラの維持はきわめて重要である。市街化区域内での流出抑制グリーンインフラの導入と同時に、上流の森林地グリーンインフラの保護も合わせて考えてゆかなければならない。水源地の森林は流域全体の水循環を考えるうえできわめて重要な役割を担っていることは周知の事実であり、雨水貯留のみならず、飲料水や水利用のための水質確保、生物多様性の保全等からみても鍵となる景観要素である。1 節の森林機能論で述べた通り、森林の多くが保安林として歴史的に土地開発規制を受けてきたのも、公益的役割を重視したためである。また、農地も多くの生態系サービスを果たしていることが近年明らかになっている。

水源地の森林、中流域の農地、下流域の市街地に残存するグリーンインフラ、そして気候変動適応策等で新たに導入するグリーンインフラのスケールを意識しながらネットワークとして配備し、生態系減災（Eco-DRR）、生物多様性の保全、生態系サービスのさらなる発揮、そして何よりも魅力的な地域づくり政策として総合治水を見直す時期にきている。

4　ハイブリッドインフラの考え方

（1）概念図

グリーンインフラを説明しようとする際、既存インフラとの違いが強調され、対立する概念のように受け止められるが、これは適当ではない。お互い相補的であり、我々の生活は既存インフラとグリーンインフラで形成される安全性、利便性のうえで成り立っていると考えるべきである。たとえば、よく知られているグリーンインフラのひとつである森林も、水源涵養機能を「緑のダム」として人工構造物であるダムと対立軸で議論するのは賢明ではない。森林とくに人工林の管理をしっかり行い、土壌浸透を促進し、ダムによる流量調整機能への依存度を抑えることを目指すべきである。未来の日本の国土保全は、グリーンインフラと既存インフラをどうやって組み合わせていくかという視点から考えるべきである（中村 2017；Nakamura *et al.* 2020）。

すでに気候変動に伴う豪雨に対して、既存インフラによる防災の限界は表れている。2015年の鬼怒川災害、2016年の北海道台風災害など、河川整備計画で目標流量（計画規模）以上の洪水が発生した。これら目標流量以上の洪水を安全に流下させるためには、目標流量を上げて既存施設を改良する（たとえばダム改良により流量の低減を図るか、河道掘削、引堤、堤防の嵩上げで河積を確保する）か、目標流量は変更せずにそれ以上の洪水が来た時には計画的に堤内へ越流氾濫させる必要がある。後者の場合、氾濫する場所がグリーンインフラとなる。

前者のように目標流量を見直すことは容易ではない。ダムは基本的に見直しを前提に建設されていない。また、河道整備による対応は流域下流から進められるため、未だ掘削や築堤が終了していない上流域は多い。こうした状況で目標流量を見直すことは下流区間で再び河道整備を実施しなければならず、上流域の整備がさらに遅れることになる。そして、近年の豪雨災害で理解できるように、仮に

目標流量を上げたとしてもさらに大きな規模の洪水が来るリスクは常にあり、見直しを繰り返し行うことは実質的に不可能である。

　既存インフラの多くは計画規模までの現象に対して安全度は確保できるが、計画規模以上の現象に対してはほとんど機能を発揮できない。破堤して氾濫した洪水流が家屋を飲み込む姿がこれに当たり、図 4-7（a）のように矩形型になる。それに対してグリーンインフラの安全性は規模に対して漸減し、不確実性は高いが閾値的な応答はしない（b）。つまり機能の持続性は高いのである。この 2 つのインフラ概念を対立的に捉え、グリーンインフラの特徴である漸減型の安全度（b）を、既存インフラで確立してきた矩形型の構造物技術指針（a）に当てはめようとすると、その不確実性も含めてうまくいかないことは明らかである。その結果、グリーンインフラは役に立たない、と言われてしまう可能性すらある。

　一方で、2 つのインフラがもつ特徴を生かして組み合わせると（c）（d）のようになり、災害規模に対して閾値的な強度ではなく、粘り強い頑強性を確保することができると考える。この図ではグリーンインフラを 2 つに分けることにした。図 4-7 の GI-1 は、1 節の「森林機能論」で前述したとおり、森林や湿地のように

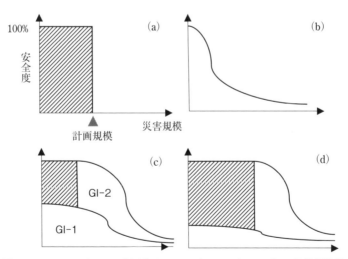

図 4-7　グリーンインフラと既存インフラ（グレーインフラ）の相補的関係
（a）既存インフラ、（b）グリーンインフラ、（c）農村部における組み合わせ、（d）都市部における組み合わせ。既存の（グレー）インフラは斜線で示した。
出典：Nakamura *et al.*（2020）を元に加筆。

広域に分布する〝基盤グリーンインフラ〟を指し、GI-2は2節(1)〜(3)の「霞堤や越流堤、水害防備林」で述べたように、既存インフラの計画規模を超えた現象に適応する目的で設置された〝重層的グリーンインフラ〟をイメージしている。GI-1は縁の下の力持ちのような存在であるが、失うと大きな災害リスクを背負うことなる。3節で解説した「総合治水事業」は、宅地化によってGI-1を失い、都市水害が多発したことをきっかけに始まった治水対策であり、自然地の保全、市街化調整区域の保持といった開発規制によってGI-1の保水機能を維持しようとする対策と解釈できる。また、2016年3つの台風が襲った北海道東部では多くの洪水や土砂災害が発生したが、釧路川流域は例外であった。GI-1のひとつである2万haの釧路湿原が自然の遊水地として機能し、釧路市街を守ったと報告されている（Nakamura *et al.* 2020）。

　将来、図4-7の斜線で示した既存インフラの効果領域をどの程度拡げる（増強する）かは、前述した施設の維持管理や土地利用も含めた検討が必要だろう。都市域のように資産や人口が集中し空間的に余裕がない地域では、不確実性を排除し狭い空間で防災対策を実施する必要があり、既存インフラ領域（斜線部分）を拡大（増強）することが考えられる（d）。一方で、農山村域では将来の人口減少に伴い土地利用に余裕が生まれることが予想され、維持管理費が抑えられるグリーンインフラを積極的に活用すべきである（c）。

(2) 計画・実施にあたっての留意点

　ハイブリッドインフラを計画、実施するにあたっては多くの点を検討しなければならない。

① 流域の視点

　上流における水源地の森林、中流における本流と支流のつながりと土地利用配置、下流における市街地の緑地計画など、流域に配置された既存インフラとグリーンインフラが調和的に機能を発揮するように計画する必要がある（図4-8・口絵10）。

　まずは、現在流域にある自然林や湿地、海岸砂地を保全することを優先する。現存する自然生態系は、GI-1としてすでに生態系減災（Eco-DRR）機能を果たしており、一旦破壊すると、復元するためには莫大な予算と長い時間を必要とし、しかも元々あった生態系とくらべると必ず機能面で劣る。まずは現存するグリー

図4-8　グリーンインフラの多面的機能と流域のつながり（口絵10）

ンインフラの保全が必須である。また、都市に残る緑地も雨水浸透を高め、都市
型水害を抑える意味で、保全すべきグリーンインフラである。今後は人口減少と
ともに管理放棄された人工林や農地が増加してくる。これまでと同様にグリーン
インフラ機能を持続させるためにも、いかに自然林や草地・湿地に再生するか、
新たな課題となっている。

　2019年の台風19号の大雨で堤防が決壊した140箇所（71河川）のうち、8割に
あたる112箇所（62河川）が、支流と本流の合流点から約1キロの範囲だったと
報道された（2019年11月08日朝日新聞朝刊1面）。もともと本流と支流では、治水
対策の計画規模も異なっている場合が多い。当然、支流は本流の計画規模にくら
べて小さく、洪水時本流の水位が高い場合、背水（バックウォーター）の影響を
受け、洪水を本流に流すことができず氾濫することもある。破堤が起きやすい合
流部は、越流堤や霞堤の考え方を取り入れてグリーンインフラを導入すべき要所
である。

　②　多機能性の確保

　グリーンインフラは多機能性が特徴であり、その多機能性を活かした配置や管

理が必要である。生態系減災（Eco-DRR）としてグリーンインフラを導入する場合でも、平常時には生物が生息できる場として維持し、移動を可能にするために、周辺緑地帯とのネットワークを検討すべきである。また、こうしたグリーンインフラのネットワークが、住民に散策する場を提供し、自然豊かな景観は魅力的な地域社会の形成に寄与する。生物多様性豊かで、災害に強い地域社会から生み出される農産物は、安心・安全な商品として付加価値をもたらし、経済的な恩恵をもたらすなど副次的効果は高い。防災・減災のみならず、人口減少下でも豊かな地域社会が形成できることをアピールすべきである。

③　協働管理

グリーンインフラが提供する空間は、自然のままの遷移にゆだねる場合もあるが、居住地や都市、農地など、管理を必要とする場合も多い。現在は、行政が管理するケースも多いと思われるが、可能な限り、地域住民と協働の管理を考えることが、その土地に対する愛着も含めて、また災害時からの復興力を鍛える意味でも重要である。

災害リスクが、ハザード（hazard）、暴露（exposure）、脆弱性（vulnerability）、キャパシティ（capacity）の４つによって決定されるとした場合、協働管理はキャパシティ・ビルディングに貢献できる。この場合、グリーンインフラはコモンズ（入会地）を提供し、コモンズから提供される生態系の恵み（農産物、薪、文化）を共有することは、災害に対しても復興に対しても強いコミュニティ力を形成する。かつて森林や草地の一部は入会地として村や部落住民によって協働管理され、森からは薪や用材・落葉、草地からは馬草や屋根を葺くカヤなどを採取した。こうした協働管理は村人同士のつながりを強固なものとしてきたが、近代社会が発展するにつれて入会地は個人の私有地に分割され、協働による自然の恵みの管理は失われた。しかし、①で述べた視点から、流域コモンズの再生が必要であると考える。この場合、グリーンインフラを都市と農村との交流の場として位置づけることが可能であり、地域間交流、交流人口の増加は地方の活性化にも寄与する。そして、災害時に最も脆弱となる都市において、普段から地域間交流を行っている農村は、都市住民に災害時疎開地を提供すると考えられる。

引用文献

　土木学会（1973）明治以前日本土木史. 岩波書店, 東京.

European Union（2013）*Building a Green Infrastructure for Europe*. European Commission. Luxembourg. ISBN 978-92-79-33428-3 doi:10.2779/54125 http://ec.europa.eu/environment/nature/ecosystems/docs/green_infrastructure_broc.pdf（2020 年 3 月 19 日確認）.

グリーンインフラ研究会・三菱 UFJ リサーチ＆コンサルティング・日経コンストラクション（編）（2017）決定版！グリーンインフラ. 日経 BP 社.

浜口達男・金木誠・中島輝雄（1987）霞堤の全国実態と機能. 土木技術資料 **29**（5）: 241-246.

井上涼子・中村太士（1993）流域環境整備における流出抑制施設の役割――札幌市伏篭川の事例. 水利科学 **212**：45-65.

国土交通省（2020）気候変動を踏まえた水災害対策のあり方について～あらゆる関係者が流域全体で行う持続可能な「流域治水」への転換～答申. https://www.mlit.go.jp/river/shinngikai_blog/shaseishin/kasenbunkakai/shouiinkai/kikouhendou_suigai/pdf/03_honbun.pdf（2020 年 10 月 15 日確認）

松浦茂樹・山本晃一・浜口達男・本間久枝（1988）水害防備林の変遷についての一研究. 第 8 回日本土木史研究発表会論文集：193-204.

中島大斗・大串浩一郎・日野剛徳（2013）城原川野越・霞堤の効果検証のための洪水氾濫数値シミュレーション. 水工学論文集 **57**：I-1537～I-1542.

中村太士（2015）グレーインフラからグリーンインフラへ. 森林環境研究会（編著）森林環境 2015――特集・進行する気候変動と森林. 89-98pp. 公益財団法人森林文化協会. 東京.

中村太士（2017）森と川の変貌――その歴史といまを考える. 公益財団法人日本生命財団（編）人と自然の環境学. 東京大学出版会. 東京.

Nakamura, F. and Yamada, H.（2005）The effects of pasture development on the ecological functions of riparian forests in Hokkaido in northern Japan. *Ecological Engineering* **24**：539-550.

Nakamura, F., Ishiyama, N., Yamanaka, S., Higa, M., Akasaka, T., Kobayashi, Y., Ono, S., Fuke, N., Kitazawa, M., Morimoto, J. and Shoji, Y.（2020）Adaptation to climate change and conservation of biodiversity using green infrastructure. *River Research and Applications* **36**：921-933.

小椋純一（2012）森と草原の歴史――日本の植生景観はどのように移り変わってきたのか. 古今書院. 東京.

大熊孝（1987）霞堤の機能と語源に関する考察. 第 7 回日本土木史研究発表会論文集：259-266.

大熊孝（2016）社会的共通資本としての川――日本人の伝統的自然観と今後の川の在り方について. 水資源・環境研究 **29**（2）：33-40.

太田猛彦（2012）森林飽和――国土の変貌を考える. NHK 出版. 東京.

水源地森林機能研究会（1996）水源地森林機能に関する研究――研究成果の概要. 100pp. 水源地森林機能研究会. 東京.

田辺敏夫・大熊孝（2001）城原川流域における野越の役割と効果に関する研究——氾濫許容型治水の実例と今後の発展可能性について．土木史研究 **21**（2）：147-158.

高橋裕（1971）国土の変貌と水害．岩波新書.

谷誠（2018）水循環に及ぼす森林の影響．中村太士・菊澤喜八郎（編）森林と災害．共立出版，東京.

自然を活かした防災減災の伝統知・地域知

吉田丈人

　自然が人にもたらす恵みと災いは、互いに深く関係している。様々な自然の恵みにより、人々の生活が支えられ豊かなものになる一方で、自然は時に災いをもたらす。自然災害は、その災いのもっとも極端なものであるといえよう。自然の恵みと災いから絶え間なく影響を受けるなかで、人と自然の関わりの歴史が紡がれてきた。自然災害は忌み嫌われるものとして捉えられ、様々な技術の発展とともに、自然災害による被害を減らすことに成功してきた。しかし、自然災害のすべてを技術の力で押さえ込み安全を確保することは、高度な技術が発展した現代にあっても難しい。高度な技術が発展するより前は、人々はどのようにして自然の恵みや災いにつきあってきたのだろうか。長い時間をかけて、人が自然とつきあうための豊富な知識や知恵が蓄積されてきた。それぞれの地域において、それぞれの人と自然の関わりが模索されつくられるなかで、世代を超えて受け継がれてきた伝統的な知識・知恵・技術（伝統知）や、それぞれの地域に特有の知識・知恵・技術（地域知）が、膨大に蓄積されてきた。

○森林や川での工夫

　たとえば、土砂崩れや土石流などの土砂災害を防ぐために森林を保全する取り組みは、古くから日本各地でみられるものであり、留林や御留山などと呼ばれ、森林が守られてきた。この取り組みは、保安林の制度として現在まで引き継がれている。また、森林は、薪炭や木材など多くの恵みを人々にもたらしてきた。家の周囲につくられる屋敷林や、海の浜に沿うようにつくられる海岸林などとしての林や森もあり、自然がもたらす災いへの対応と自然がもたらす恵みの両面が様々な形で利用されてきた。

　川の氾濫に対しては、川岸の堤防が不連続で切れている霞堤とその背後にある遊水地が近世の頃よりつくられ、現在でも利用されている伝統的な治水施設と

なっている。川からの氾濫を計画的に遊水池に貯めることで下流に氾濫が起きて災害となることを防いだり、浸水した場所から不連続な霞堤を通していち早く排水されることを促したりすることで、浸水災害の影響を減らすことに役立っている。同じ川では、「輪中」と呼ばれる堤防で囲まれた集落などがあり、農耕に適した低湿地を水田などに利用しつつ、水害から家などを守ってきた。また、古くから続く集落は、自然の災いを避けながら自然の恵みを利用しやすい場所に立地していることが多く、土地の利用の仕方にも伝統知をみることができる。さらには、過去に災害が起きた場所を地域の人々が記憶していくために、災害の履歴を記録した石碑や、災害が起きやすい場所を地名として残すことなども、伝統的に用いられてきた方法である。

○自然災害への対応と恵みの利用の知恵

　自然の災いによる被害を避けつつ普段の暮らしに自然の恵みを活かすために、地域の自然の深い理解に基づいて、その地域にある自然をいくつもの方法で組み合わせて利用されることがある。

　滋賀県にある琵琶湖西岸に広がる比良山麓の地域では、自然災害への対応と自然の恵みの利用がうまく組み合わされている事例がみられる（図1・口絵18、総合地球環境学研究所 2019）。比良山地は急峻な山が連なっており、土砂崩れや土石流が起きやすい場所として知られる。比良山麓にはいくつもの集落があり、地域の人々は、山の様々な恵みを利用しながら暮らしてきた。土砂崩れや土石流が起きると、比良山地をつくっている花崗岩やチャートの石が山から下って地表に出てくるが、その石は集落を災害から守るための様々な石積み構造物に使われるとともに、石材として地域の石工たちによって加工され地域の産業としても利用されてきた。石積みでつくられた堤防は、川の流れをより安全な向きに変えるのに使われるとともに、土石流から集落を守るために川沿いや集落の境界にいくつも設けられている。石積みの堤防に加えて、土石流を止めるための砂防林も集落の上部に配置されるとともに、里山林として薪炭などにも利用されてきた。地域の自然資源である石は、集落に水を引くための用水路にも使われている。また、模様

図 1　「比良山麓の伝統知・地域知」（口絵 18）

滋賀県比良山麓における自然を活かした防災減災の伝統知・地域知を紹介した冊子。比良山麓地域の自然環境、暮らし、石文化、災害対応などの歴史や伝統知・地域知が解説されている。

出典：総合地球環境学研究所（2019）より。

の美しいチャートが京都などの庭園に運ばれ庭石として使われ、加工のしやすい花崗岩が石灯籠や様々な石材として使われ、地域の産業にもなってきた。これらの伝統的な石の構造物は、その一部がすでに失われてしまったが、いまなお数多くのものが地域のいたるところに残されている。

○伝統的な知恵の見直しと活用を

　しかし、これらの伝統的で地域の特性に即した自然を活かした防災減災は、様々な技術が発展し地域の自然資源への依存が減少した現代においては、利用される機会が少なくなっている。発展した技術を使った防災減災機能がより高い構造物に置き換えられると、これまで利用していた伝統的な知恵や技術が必要とされなくなり、しだいに地域の人々から忘れ去られてしまう。つい数十年前までそれぞれの地域で受け継がれてきた伝統的な知恵や技術が、現代に生きる人々には以前のようには受け継がれていないのである。人工的な構造物に頼る防災減災の

限界や自然環境などへの影響などが広く知られるにつれ、自然の災いを避けながら自然の恵みを利用する伝統的な知恵や技術を、もう一度見直して活用しようとする動きが広がっている。現代において伝統的な知恵や技術を見直し活用するためには、伝統的な防災減災の手法を現代的な視点から再評価し、地域の防災減災対策に積極的に取り入れていく必要がある。

　たとえば、先に挙げた滋賀県比良山麓にある石積みの堤防は、近年になって設けられた現代的な防災施設による防災減災の機能を補完できるだろう。土砂災害を止める機能を評価することで、伝統的な防災施設を保全活用する意義が理解されるだけでなく、気候変動などによる想定を超えるような災害に対して現代的な防災施設と伝統的な防災施設を組み合わせた、より効果的な防災減災対策を実現することにもなるだろう。

○伝統的な知恵の継承

　伝統的な防災施設は、地域の人々によって整備され維持管理されてきた。地域の様々な関係者が参加することにより、多様な知識と技術が活かされるとともに、世代を超えてその知識や技術が継承されていく。

　たとえば、福井県三方五湖地域では、三方五湖自然再生協議会に設けられた部会において、地域の様々な関係者が協議しながら、自然再生と防災減災の両立に向けた活動を行っている。湖岸に広がるなぎさの環境を再生するにあたり、湖に流入する河川が洪水時に土砂を運ぶはたらきを利用する取り組みがなされている（宮本2019）。河口部に導流堤を設けることで、土砂が堆積する場所をコントロールし、湖岸に沿ってなぎさを再生することに成功している（図2）。洪水時の河川による土砂運搬は、古くは江戸時代における新田開発で使われた方法であり、近年まで河川が運ぶ土砂の利用が続いてきた。この方法は地域に継承されてきた伝統的な手法であるが、再生されたなぎさには漁獲対象となるシジミのほか多くの底生生物が生息していることが研究者によって明らかにされている。それとともに、自然再生事業としての位置付けがなされており、地域の様々な関係者によって伝統的な知恵や技術が継承されていくであろう。また、伝統的な防災施設の日

図2　福井県三方五湖

自然を活かした防災減災の伝統知・地域知の事例。流入河川から洪水時に供給される土砂を利用して、なぎさの環境が再生されている。
出典：宮本（2019）より。

頃からの維持管理に地域の様々な人々が参加することで、人々の間のつながりや連携が強まり、社会関係資本ともいわれるコミュニティの絆が醸成されることにもつながる。

＊

　自然を活かした防災減災の伝統知・地域知は、多くの地域に様々なものが残っている。自然資源や自然のはたらきを利用した防災減災は、災害時における防災減災機能だけでなく、平常時に多くの自然の恵みを人々にもたらす。自然の災いを避けながら自然の恵みを活かしてきた地域の伝統的な知恵や技術を、もう一度見直して現代の防災減災に活用することは、地域社会の持続可能性にも大きな効果をもたらすであろう。

引用文献
　宮本康（2019）〈里山里海湖ブックレット2〉三方五湖のシジミ——シジミを知り味わい，シジミを通じて歴史を学び，湖の将来を考える．福井県里山里海湖研究所．
　総合地球環境学研究所 Eco-DRR プロジェクト（2019）地域の歴史から学ぶ災害対応——比良山麓の伝統知・地域知．総合地球環境学研究所，京都．総合地球環境学研究所ウェブサイト https://www.chikyu.ac.jp で公開中．（2020年10月6日現在）．

■■■
■■■ 第5章
■■■
生態系減災の空間計画への実装

村上暁信

はじめに

　生態系減災の考え方の一部は、わが国でも都市計画や防災計画に展開されつつ
あるが、貴重な地区の保全や再生などのプロジェクト型のものがほとんどである。
広域を対象とした土地利用計画にまで展開している例はみられない。しかし生態
系減災は、限られた区画での整備事業だけで十分な効果が期待できるものではな
い。生態系減災の考え方を基盤にして土地利用計画が作られ、それが広域に展開
されていく必要がある。では今後、生態系減災を土地利用計画上に展開していく
ためにはどのような課題があり、生態系減災の社会実装には何が必要なのだろう
か。本章では複層的な土地利用計画のシステムと各種の政策、規制に触れつつ、
生態系減災を展開していくうえでの課題を議論していく。

　生態系減災の社会実装を難しくしているひとつの要因は、介入すべき場所と、
効用を享受する場所が異なることである。健全な生態系を有する場所と、守るべ
き人命・財産が存在する場所が往々にして異なるのである。もちろん両者が隣接
して存在していることもあるが、土地利用計画に展開していくうえで困難なのは、
下流域に存在する市街地の洪水被害防止にとって、流域内の農地や森林が重要に
なっているケースである。このようなケースでは、農地や森林の保全によって脆
弱性の緩和という「効用」を得るのは、農地や森林から物理的に離れた市街地の
住民である。このような離れた場所に存在する二者を結びつけることを困難にし
ている背景には、わが国の土地利用計画が五地域区分を基本としていることがあ
る。国土利用計画法の体系において、土地利用基本計画は都道府県の区域を五地
域（都市地域、農業地域、森林地域、自然公園地域、自然保全地域）に区分し、土地

利用について一元的に管理・運営することで、総合的かつ計画的な利用を図ることとしている。そして5つの地域はそれぞれ、都市計画法（施設の整備、建築・開発行為の規制等）、農業振興地域の整備に関する法律（農地転用の規制等）、森林法（保安林、林地開発行為の規制等）、自然公園法（開発行為の規制等）、自然環境保全法（開発行為の規制等）という個別規制法によって規制される。土地利用基本計画は個別規制法に基づく計画・規制を総合調整する役割を担っているが、実際にはそれぞれの個別規制法によって地域区分ごとに規制が独自になされている状況にある。そのため、都市地域に存在する人命・財産を守るために農業地域や森林地域の土地利用を定めることは困難になっている。生態系減災を実現するためには、この五地域区分によって生じる乖離の解決がきわめて重要になっている。

　以下ではまず、介入すべき場所と効用を享受する場所が大きく異なっている例として都市地域と農業地域の関係を取り上げて、生態系減災の実装に向けた課題を議論していく。

1　都市地域と農業地域——土地利用計画からみた課題

　多くの都市自治体ではコンパクトな都市構造への転換が進められているが、その過程で、地域をより広域的・一体的に捉えて全体の構造を見直す必要性が生じている。安定的な都市生活の実現、農業を含めた地域産業の持続性の向上、地域の活性化などを実現するためには、都市と農村を一体的に考え、複合的な課題を相互に補いつつ緩和することを考える必要があるからである。しかし、都市・農村の境界域における計画制度上の複雑さが一体的な取り扱いを阻害している。都市と農村のはざまの地域では、土地利用に関して都市計画法や農業振興地域の整備に関する法律、さらに農地法など複数の法規制がしかれ、統一性を欠いた仕組みになっている。一方で地方分権の進展は、都市と農村・森林の一体的な整備の可能性を広げるものといえる。近年、都市計画に関連する権限や農地転用の許可権限の都市自治体への移譲が進められてきている。しかし、都市と農村、森林を融合させることでどのようなメリットが得られるのかについては、具体的な議論が進んでいない。このままでは、地方分権によって制度上では一体的に扱えるようになったとしても、グランドデザインを欠いたまま地域の改変が進んでしまうことが懸念される。生態系減災（Eco-DRR）とは、環境保全と防災・減災を同時

に達成することといえる。自然災害が深刻化しているなか、環境保全や防災という面からみた際の都市・農村の一体的整備の意義や、具体的な一体化のヴィジョンを検討していくことが求められている。

　農地は食料生産の場としての機能だけでなく、様々な環境保全機能、国土保全機能を有している。農地やそこに隣接する樹林などの二次的自然は、わが国の生物多様性を保全する役割を担っている。気温・湿度の調節など、都市気候を緩和する機能ももっている。住宅地に隣接する農地は、延焼防止や出水の防止にも役立っている。降雨時に水田は遊水機能を発揮し、洪水を防止する。災害時には、一時的な避難場所や仮設住宅の建設地として農地を活用することも期待される。さらに、屋敷林や寺社林と一体となった農地は、人々に安らぎを与える景観を形成する。こうした景観は、地域独特のもの（原風景）であり、特色ある景観の一要素として重要な役割を果たしている。環境時代の地域整備においては、このような農地の環境保全機能を最大限に活用して地域整備を進めていく必要がある。しかし農地がこれらの機能を発揮するためには、農地が適切に管理されなくてはならない。耕作が営まれなければ、当然のことながら食料は生産されなくなる。それだけでなく、水田をはじめとする農地が水源涵養の機能を発揮するためには、耕作を通じて農地が適切に管理されていなければならない。耕作が放棄されると、温暖湿潤なわが国では草本が繁茂する。このような農地は貯水機能が損なわれるし、防災時の避難所としても利用しづらくなる。

　しかし、わが国の農村では農業の持続性が失われつつある。農村では農地の減少や耕作放棄地の増加、農業従事者の高齢化が進行している。農業構造の脆弱化が進むとともに、農村は様々な影響を受けている。たとえば耕作放棄農地はその面積が年々増加してきており、1985年に13万1,000 haだったものが、2015年には42万3,000 haにまで増加してきている。1995〜2015年の20年間だけでも、17万9,000 ha増加している。全国農業会議所の「平成14年（2002年）地域における担い手・農地利用・遊休農地の実態と農地の利用集積等についての農業委員調査結果」（農林水産省 2004）によれば、耕作放棄の原因として第一に高齢化・労働力不足が挙げられ（88.0%）、次に価格の低迷が挙げられている（43.4%）。わが国は人口減少・高齢化の時代に入ったことが報じられているが、中山間地域をはじめとする農村域においては、先行して人口減少と高齢化の影響を受けてきたのである。その結果、耕作放棄地だけでなく農地面積も1961年時点の608万6,000 ha

から、2015年時点では449万6,000 haに減少し、全農地面積の4分の1が失われている。営農を維持するためには経営の効率化や拡大などが求められるが、高齢化した農家ではそのような転換が図れない。さらに農産物価格の低迷により、農業をすればするほど財政状況が悪化する悪循環もみられる。

　農業や農村に存在する樹林は、多面的機能の発揮を通じて国土の保全に重要な役割を果たしている。都市住民もその恩恵を享受してきたにもかかわらず、機能発揮の前提になる農地の管理については農家・農村に任せきりにしてきた。農業による収入が安定していた時期にはそれでも問題はなかったが、現在は「農」の維持については多大な問題を抱えている。農地の国土保全機能を今後も得るためには、農村・農地への都市側からの積極的な関与が必要となっているのである。

（1）農業地域における土地利用計画

　国土保全という観点からは、都市地域から農業地域への積極的な関与が求められている。しかし、わが国では五地域区分という明瞭な区別により、都市側から農業地域側への関与は難しい状況にある。それならば農業地域で国土保全に配慮した適切な土地利用計画が展開されればよいのだが、農業地域では元々土地利用計画という発想が弱く、環境保全に対しては十分な関心が払われてこなかった。わが国の農政は、都市と農村の経済格差という大きな課題への対処が中心に位置づけられており、農業振興が主目的となってきたからである。大正から昭和にかけては、「小農主義」や「自作農主義」が掲げられ、農産物の価格安定を目指した米穀法（1921年）、米穀統制法（1933年）、食糧管理法（1942年）などが制定された。そして戦後も格差解消という目標が維持され、1961年には、農業と他産業の生産性の格差、農業従事者と他産業従事者の生活水準の格差の是正を目的とした農業基本法が制定された。そこでは農業の生産性向上と従事者の生活水準向上を目的に、生産対策、価格・流通対策、構造対策を講じていくことが目指された。この時期、都市域との関係に目を向けると、高度経済成長期に都市への人口流入は進み、市街地が周辺地域に拡大していった。そこで1968年に制定された新しい都市計画法では、都市の拡大に対応するために、市街化区域と市街化調整区域の区分や、開発許可制度などが定められた。新都市計画法に呼応する形で、1969年には農業振興地域の整備に関する法律（農振法）が制定された。農振法では、総合的に農業の振興を図ることが必要であると認められる地域を定め、その地域

の整備に必要な施策を計画的に推進するための措置を講ずることとされた。農業振興地域はある程度の規模の農地が存在し、農業経営が近代化しやすい条件が整っている地域について指定される。農業振興地域に指定されると、市町村が作成する農業振興地域整備計画により農業関係の公共投資が行われることになる。農業基本法も農振法も、目指したのは農業の振興とそれを通じた農業従事者の生活水準向上であった。わが国の農村計画では、土地利用の整序よりも農業の振興が主たる関心であり続け、環境という視点から農業地域を保全することへの関心は少なかったといえる。

　1980 年代に入ると、わが国は急速な経済成長と国際化の著しい進展を経験し、その中で経済・社会は大きな変化を遂げ、農業を取り巻く環境も大きな変革期を迎えた。高度経済成長期以降、食料自給率の低下、農業者の高齢化、農地面積の減少、農村の活力低下が進むなど、食料・農業・農村をめぐる状況が大きく変化してきたことから、農業基本法がほぼ 40 年ぶりに見直され、1999 年に食料・農業・農村基本法が制定された。新基本法では、農業・農村に期待される「食料の安定供給の確保」と「多面的機能の十分な発揮」、その基盤となる「農業の持続的な発展」と「農村の振興」の 4 つの基本理念が掲げられた。食料だけでもなく、また農業だけでもなく、農村が一体的に位置づけられたことに特徴がある。農業分野に関しては必要な農地、農業用水、担い手等を確保して望ましい農業構造を確立すること、農村分野では農業の生産条件の整備、生活環境の整備その他の福祉の向上により、農村の振興を図るという方針が示された。しかし、農業地域における土地利用については農振法が基本になるという構図に変化はなく、環境上の関心よりも農業振興に依然として強い関心が寄せられて現在に至っている。

(2) 海外の農業地域における土地利用計画

　一方で欧米諸国に目を向けると、国土保全・環境保全の観点からの農地保全や農村の土地利用計画に関する議論が進められてきている。日本の農地は国土の12.5％ほどしか占めていない一方で、ドイツ、フランス、イギリス、オランダなどの国々では軒並み 48.0〜71.0％ を占めている。面積的にも、国土保全を考えるうえでは農地を扱う基盤、必要性があるといえる。これらの国々では、いずれも特徴的な土地利用計画の手法を有しており、農地保全と良好な市街地空間の両立を目指した土地利用計画が展開されている。

①　イギリスにおける計画制度

　イギリスでは地方自治体が策定する計画に基づかなければ、いかなる開発行為も許可されない。開発規制の概念は広く、建築物の用途や形態規制も含まれている。このようなフレームのもとに、農地や森林などでの開発も抑制され、自然環境の保全が可能となっている。またイギリスでは農村景観保全の概念が強く存在している。1909 年制定の都市計画及び住宅法では計画対象域が既存の都市域に限定されていたが、1932 年に都市及び農村計画法に改正されると、計画対象域は農村地域や自然地域も含めた全国土へと広げられた。この法律により都市と農村を一体的に扱う土台がつくられたといえる。この改正は、美しい田園景観を守ることを主張した CPRE（the Council for the Preservation of Rural England、その後 the Council for the Protection of Rural England に改称）という団体の強力な後押しによって実現した。田園景観保全の発想はその後も関連計画制度の展開に大きな影響を与えた。1941 年に創設されたスコット委員会は、農家は田園景観を守る庭師であると位置づけ、農業は田園景観を伝統的な姿のままで守る最も安価で唯一の方法であるとの認識を示した。

　一方、農業政策、農地政策についての基本的な方針は、1947 年の農業法で示された。農業法が目的としたのは国内農産物の価格安定化であり、農業による収入を高めて国際競争力の向上、穀物自給率の向上を目指した。この時期には農業的土地利用と都市的土地利用との調整が重要な課題となり、田園景観保全の発想だけでなく、農村側からの農業保全の発想も必要となった。すなわち、開発において農地の転用が求められる際にどの農地なら転用を認めるかを判断できる客観的資料が求められるようになったのである。そこで 1966 年に農地分級の考え方が導入された。農地が 5 段階に区分され、優良農地である 1、2 級の農地は開発規制の対象として厳しく保全されることとなった。土地分級に当たっての判定基準は、作物生産に影響のある土地の物理的特質であり、立地、土壌、気象を考慮して判断された。

　1970 年代に入ると農業政策は環境問題と過剰農産物の問題に直面するようになり、双方から転換を迫られるようになった。高投入・高収益を目的とする合理的農業を押し進めた結果、田園景観が大きく変化したのである。1978 年のストラット報告書が、農業が景観と自然保護に悪影響を及ぼしていることは明らかである、としたように、農業の位置づけが田園景観を守るものから破壊するものへ

と変化した。そして 1980 年代に入ると環境問題への意識がより一層強められるようになり、1986 年には農業法が改正された。1986 年改正により、①持続可能な安定した農業の確立（高生産性追求の農業から、環境に配慮した環境農業への転換）、②環境・景観保全と野生植物保護、③農村の多様化（農村レクリエーション振興、地域の活性化）という複合目的への転換が目指された。こうした動きのなかで、森林保全や生物、景観保全などの環境保全策、環境保全型農業の推進などが打ち出され、土地利用計画に展開されていった。また景観や野生生物の保全によるグリーン・ツーリズム振興などを通じて、広く田園地域が国民の資産として適切に活用されることも目指されている。その後も田園調査委員会、自然協議会、自然保護振興協会、農村開発委員会、農村地域小規模企業評議会、入会地・公開地・遊歩道保全協会といった多様な公的委員会や市民活動が農村地域の運営・管理を支えている。これらの各種組織によって様々な評価やガイドラインが提示され、多くの資料をもとに関係者間の議論がなされ、農村地域での土地利用・活用・保全が今日まで形作られている。

　②　ドイツにおける計画制度

　ドイツの都市計画には、市町村全域を覆うＦプラン（Flächennutzungsplan：土地利用計画）と、市町村域の一部の地区を対象としたＢプラン（Bebauungsplan：地区詳細計画）がある。Ｂプランは、範囲を限定した土地利用計画であり、用途や開発内容等の詳細な規定を定め、市民の土地利用を直接規制する。Ｂプラン策定区域以外は、土地利用の現況から、連担市街地と外部地域に分けられる。連担市街地は、Ｂプラン策定区域以外で建物が連続し、建築物が一定量集合している土地であり、既成市街地がこれにあたる。外部地域は、それ以外の都市や集落以外の宅地として利用されていない地域であり、連担市街地の周辺に広がるすべての空間が該当する。外部地域における建設は原則禁止となっている。

　ドイツの農村整備では、農業生産だけでなく、居住や雇用、さらに重要な点として環境を含め、総合的に農村空間の形成を目指している。農村整備に関わる計画制度としては、農地には農地整備法による農地整備計画、そして集落部では建設法典による建設基本計画がある。農地整備計画は、農地整備区域内のすべての土地を対象としており、区域内の道路や農業施設などに関する計画のほか、集落区域についても換地を行うことができる。建設基本計画は市町村全体のＦプランと地区レベルの建築規制を行うＢプランからなるが、農地整備計画と建設基本計

画は連携を図ることがそれぞれの法律に規定されている。これらを基本として農村集落の環境の質向上を目指すための制度として、村落更新が実施される。村落更新は住宅や道路、排水路、公共施設などのインフラ整備に加えて、村落の伝統と個性を尊重した発展を促すことが特徴であり、農地整備とともに行われることが多い。自然保護法の制定以後は、生態系の保全や創造も村落更新の中で重要な位置づけとなっている。

　また生態系を考慮した計画として、市町村の区域を対象としたランドスケープ計画（Landschaftsplan）があり、農地整備計画と建設基本計画は、ランドスケープ計画を考慮しなければならないと規定されている。このランドスケープ計画は、Fプランと対応するものである。農地整備計画では農地生態系を保全するための計画があわせて立てられる。

　ドイツでも農村整備や自然環境保全に関わる計画制度は、時代とともに変化してきている。1950、1960年代は、農村整備の主要な課題が食糧増産から競争力の強化へと変化し、農業生産性を高めるための農村の構造改善が積極的に行われた。1970年代には農村環境保全への意識の高まりと関連法規の整備によって、農村整備にも生態系保全の視点が含められるようになった。この時期、農業分野では過剰生産による農産物価格の低下が問題となった。農村では雇用や収入の不足とそれによる労働人口の都市への流出が進み、地域活力の低下が深刻化した。一方で、都市においても工業化による環境破壊や公害問題の発生が進行したことから、1971年の環境基本構想の策定を契機として、環境問題が空間整備の重要課題として議論されるようになった。

　ランドスケープ計画は1960年代から各州で法制化が進み、1976年には連邦レベルで自然保護とランドスケープ保全に関する法律（連邦自然保護法）が制定された。この立法を契機に全国的なビオトープ調査が開始され、植物社会学などの生態学的な調査が実施された。同じ時期に農地整備法が改正され、環境保全が農地整備の中に明確に位置づけられるようになった。1980年代から1990年代にはEU全体の農業生産抑制の計画が強まり、農業の主目的が食糧生産だけでなく、生態系の保護・保全に拡大した。居住・保養空間としての農村の役割が評価されるようになり、多機能空間としての農村を生かし、生態系の保全に重点を置いた計画が推進されるようになっている。

　このようにドイツでは相互に連携した農地、集落、生態系に関する計画体系が

整備されていることが総合的な農村整備を可能にしている。特に戦後の計画制度の変遷の中で、農村整備における生態系の保全はその重要度を高めてきている。

③　海外の計画制度からみた日本の制度の特徴

わが国の土地利用計画制度、特に農地や自然環境の保全に関連する制度と比較した際、イギリスやドイツの計画制度の大きな特徴として、まず、開発行為が基本的に規制されており、計画がない限りは開発行為が発生しないことが制度上担保されている点が挙げられる。そのうえで両国の農業政策の展開をみると、いずれも戦後の食糧増産、競争力強化を推進した時代を経て、国土保全に資する環境保全型農業の推進、農村に存在する自然生態系の保全が目指されるようになり、その姿勢が土地利用計画制度の中に位置づけられるようになっている。

都市側から農村への関与については、イギリスではアメニティや田園景観保全という発想があり、ドイツでは早くから自然保護に関する問題意識を深めてきたという点で背景の違いがあるが、農村の土地利用だけでなくマネジメントの重要性に軸足を移すなかで土地利用と活用のメニューを統合し、多様なステークホルダーを巻き込んで農村環境や自然環境保全に取り組んでいるイギリスや、ランドスケープ計画を既存の計画に入れ込んだドイツなど、それぞれの工夫のなかで空間計画を包含する形で保全に取り組んできていることに特徴がある。わが国の、農村環境、自然環境保全の計画が出されても、多くの場合で土地利用計画とは交わらずに個別政策としてだけ展開している状況とは大きな違いがあるといえる。

わが国でも農業政策の方針は時代とともに変化してきている。1961年の農業基本法では日本の農業を近代化・大規模化して効率向上を目指してきたのに対して、1999年の食料・農業・農村基本法では農地の多面的機能を重視するという考え方を導入している。しかし、実際の農業地域をカバーする農業振興地域の整備に関する法律では、農地の多面的機能をどのように評価するかが示されていない。

もうひとつの重要な点は、具体的な土地環境評価手法の存在である。農村や自然環境保全においては、保全の考え方を議論するうえでの方針を得る必要があるが、そのためにはまず農村・自然環境を構成する「土地」に対する客観的な環境評価が欠かせない。この点についても、イギリスやドイツでは手法の整備が進んでいる。イギリスでは農地保全において土地分級の考え方が導入された。またドイツではビオトープ・マップがランドスケープ計画の策定において参照されているが、ビオトープ・マップの作成は、生態系を基準とした土地の分類方法といえ

る。

　このように、土地の特性に対する科学的な評価がなされ、その結果が計画に反映されていることは、環境保全の実現していくうえで大変重要なものといえる。日本でも土地分級手法は存在し、都道府県域について土地利用基本計画の策定のための五地域区分の際に土地分級の考え方が利用されているものの、下位の農業地域における計画では参照されることがない。今後わが国においては、このような土地の科学的分析結果の蓄積と、空間計画への紐付けが環境保全の推進には急務であるといえる。特に、環境保全を通じて防災機能を高めていくという生態系減災の考え方を展開していくためには、土地がもつ環境性能についての客観的評価と、防災上の機能評価を適切に行い、土地利用計画に展開していく枠組みが必要になる。

(3) 社会システム

　イギリス、ドイツでは、日本からみると学ぶ点の多い農村環境保全、自然環境保全の制度を有しているが、そこで目指されている保全は、現状の保全であることに特徴がある。現存する農村環境や自然環境を保全すべき対象として位置づけ、現状をいかに残すかに主眼が置かれている。これに対してわが国が現在抱えている問題は少し異なっている。

①　農家・農地の減少と洪水リスク

　人口減少が進むなかで、農村の環境はその担い手を失いつつあり、そのまま維持することが困難になっている。特に、自然生態系に目を向ければ、わが国の生物多様性は、農地や、あぜ道・水路・溜池などの農業インフラ、さらに農村に存在する里山など、人の手で管理されることで形成された生物相に特徴がある。これらの二次的自然に形成される生態系の希少性がきわめて高く評価されているなかで、人口減少と都市縮退により管理維持が困難な場所が増えていっている。そのため、希少性を認めつつも再自然化を期して関与を放棄すべき二次的自然と、残された人的資源を投入して保全すべき二次的自然の峻別が必要になる。農家数減少のなかで農業インフラの更新や維持に投入できる財政的余力は小さい。今後は都市縮退だけでなく、農村の再整理と選択が必要になってくる。さらに、自然災害が頻発するわが国では、水田の洪水防止効果に代表されるように縮小した都市の安全性確保においても、農村の選択的配置と維持管理は重要な課題である。

人口の変化と都市のコンパクト化という変化のなかで、どのような農地や農村の自然環境を保全し、管理を放棄して再自然化していくのはどこかについては、戦略的に取り組んでいかなければいけない課題である。

　農地・農村の洪水防止機能を例に取り上げて検討してみよう。洪水によって引き起こされる災害には、大きく分けて外水氾濫と内水氾濫の2種類がある。外水氾濫とは河川の水位が上昇して堤防の高さを超えることで起こる水害のことである。一方、内水とは河川堤防の居住地側に降った雨のことで、雨水の量が排水能力を超えると内水氾濫が発生する。通常、内水は下水道の雨水管や水路、および排水機場（ポンプ施設）によって河川へと排水されるが、施設の能力が雨量に追い付かなかったり、外水の水位が上昇して排水できなかったりすると、内水の水はけが悪くなって建物や土地、道路などが水につかってしまう。特に近年はゲリラ豪雨のような局地的な豪雨が頻発し、内水氾濫による被害が増えている。

　地表面の状況が人工的なものに変化すると内水氾濫が起きやすくなる。森林や水田が宅地に変わったり、地表面が建物や舗装によって覆われたりすることによって雨水の地中への浸透がなくなり、降った雨のほとんどが地表面を流れ、排水能力を超えやすくなるためである。水田をはじめとする農地は、豪雨の一部を貯留し、徐々に放流していくことで洪水緩和の機能を発揮するが、農地における市街化はそのまま洪水リスクの上昇につながる。地球温暖化の影響により今後はゲリラ豪雨の発生がさらに増加することが予測されている。そのため農地転用を伴う農村での宅地開発の進行は、地域を脆弱にしつつあるといえる。

　農地面積の減少が洪水被害に直接的な影響を与えることに加えて、前記の耕作放棄の問題も洪水被害に影響を与える。吉田ら（2012）らは、土地利用および管理状況が異なる3試験流域（耕作水田、放棄水田、森林主体の各流域）を設定し、降雨・流出量の観測値から推定した流域保留量、直接流出率、ピーク流出係数を比較した結果として、湿潤時の放棄水田主体流域の直接流出率が耕作水田主体領域の直接流出率を最大31％上回ることを報告している。すなわち、農地としての位置づけは変化がなくても、水田（耕作水田直下や河道周辺の水田）が耕作放棄されることによって、地域の洪水防止能力は損なわれるのである。わが国の農家数は2015年時点で215万3,000戸であり、5年前に比べて37万5,000戸減少している（14.8％減少）。今後も減少が予測されており、農家数の減少は耕作放棄の拡大につながり、その変化が流域内の市街地・居住地の洪水リスク増大につながる

のである。

② 農業用のインフラと災害軽減

さらに、農業・農村の目に見えない変化も、洪水リスク増大につながっている。増本（2010）は、2004年に発生した新潟豪雨による水害を分析し、農業農村整備事業により導入・増強された施設、主に農業用の排水機場（ポンプ）が災害軽減に強い効果を発揮したとしている。このように、農業用の排水機場は市街地に設置された都市用の排水ポンプとあわせて水害時には災害軽減の役割を果たしている。地域の大規模な排水機場は国や自治体などの公的管理のもとに置かれているが、小規模なものには土地改良区によって管理されているものがある。土地改良区とは、土地改良事業の実施や事業により造られる土地改良施設の管理主体である。土地改良区の構成員は、土地改良事業地区内の農業者である。土地改良区は、水路や分水堰などの共有の土地改良施設の管理について、農家や地域住民の意見調整をはかりつつ、主導的な立場を担っている。農業用排水路や排水機場といったこれらの水利施設は、対象地区内に縦横に張り巡らされた施設であり、水源涵養や緑のネットワーク化等の環境保全機能発揮に重要な意義をもつ。治水は古くから地域環境管理の最重要課題であり、それゆえ土地改良区は、現在の地域環境管理の主要な部分を担っている組織であるといえる。しかし土地改良区の数をみてみると、1998年度末時点で7,297であったものが、2013年度時点で4,795となっている。さらに市町村合併の動きの中で年々土地改良区の合併も進み、その数は減少している。今後ますます農地の洪水防止機能の発揮が望まれる状況にもかかわらず、以前にも増して少数で管理を担わざるを得ない状況となっているのである。耕作放棄に伴って排水機場などの施設の共同管理ができなくなったり、土地改良区が解散して維持管理が粗放化したために集水域の豪雨が溢水して農地だけでなく市街地にも被害を生じたりする例が各地で報告されている。

③ 農地・農村の防災機能を生かす社会システム

このように、農村域の住民だけでなく、都市域の住民も自然災害被害の軽減という点で、農地の恩恵を受けている。それにもかかわらず、農地や土地改良施設の維持管理はこれまで、農家の経済的・労力的負担のうえになされてきた。しかし、そのような維持管理は、近年の農村域における市街化の進行や土地改良区の合併・減少で継続が難しくなっている。土地改良区をはじめとする地域の各主体が醸成してきた土地や水利用に関する調整、施設の維持管理に関するノウハウは、

これらを直接運営してきた経験のない行政機関や非農家住民には容易には継承できない。環境という側面からの地域整備の優れたノウハウが、人口減少の流れのなかで継承される目処が立たないままに失われつつある。その結果として、洪水などの災害が多く生じるようになり、災害発生に伴う都市自治体の経済的支出も増えている。今後、都市域・農村域の双方において人命と財産を持続可能な形で守っていくためには、都市縮退の議論の際に、農地や農家の貢献を検討し、都市域だけでなく農地をどのように配置し、維持活用していくかを考える必要がある。そこでは土地利用計画上の配慮だけでなく、農地が環境保全機能や防災機能を発揮できるような社会システムの維持を同時に検討していく必要がある。

　今後も人口減少が続き、それに伴って農家数も減少していくことが予想される。その過程で、現在の居住地の安全性を担保している農業インフラをすべて維持管理していくことは不可能である。したがって、都市自治体はどこの農業用のインフラが、（将来の、あるいは縮退後の）都市域の安全性確保にとって重要であるかを予め評価し、重要な場所において重点的に農業経営の継続を誘導するなど、維持管理を存続させていく必要がある。その際、特に重要な農業インフラについては、積極的に国や自治体の管理に移管していく必要があるだろう。そのためにはまず、現在の環境評価、都市自治体の安全性確保という観点からの農業インフラの価値評価が重要になる。その際、評価の観点は、洪水防止だけでなく生態系保全や気候緩和など、農地が提供する機能がすべて盛り込まれる必要がある。

　近年、全国の都市自治体では、人口減少社会への対処として、都市の縮退、コンパクトな都市機能の誘導が議論されている。コンパクトな中心市街地の誘導、地域に根ざした小規模な拠点の分散整備を考える際には、その立地はこのような洪水防止等の観点からの農業インフラの選択、それを踏まえた農業の産業としての位置づけと立地の誘導などと一体的に議論していかざるを得ないだろう。さらに、都市側の住民も居住地の安全性が農村・農地に支えられていることを理解し、これからの一体的な空間整備・維持管理への関与を担っていくように誘導していく必要がある。

2　都市地域における生態系減災の可能性

（1）都市の緑

　都市地域の中にも公園や樹林、農地などの緑地が存在している。これらの緑地以外にも、都市的な土地利用がされている民有・公有の土地に存在する草地や樹木などの緑被は、様々な環境保全機能をもつと同時に、防災上も重要な機能を有している。そのため、都市に緑を増やすための様々な方策が講じられている。たとえば、緑化地域制度では一定規模以上の開発に際して、定められた比率以上の緑化をすることが義務づけられている。また東京都の自然保護条例をはじめとする各地の条例でも緑化が義務づけられている。緑化に対する補助金も整備されているほか、緑化を条件に容積率規制の緩和を認める制度も展開されている。しかし、このようにして創出された都市の緑は本当に役に立っているのだろうか。

　算定方法や基準値、用語は異なっているが、都市に緑を増やす取り組みでは緑被面積や植物に被われた部分の比率を指標としている点で共通している。緑被率と呼ばれる指標である。緑被率を基準として用いているということは、「緑化された面積が大きければ大きいほど緑の効果が高まる」という理解が背景にあるといえる。しかし、本当に面積が増えたら増えた分だけ効果が得られるのだろうか。以下では緑被のヒートアイランド緩和機能を取り上げて、都市緑化の効用とその計画的誘導について検討する。

①　緑によるヒートアイランドの緩和機能

　ヒートアイランドを引き起こす要因は顕熱負荷の増大である。顕熱負荷増大の要因には、人工排熱の増大と地表面被覆の人工化の2種類があるが、空間整備との関係でいえば、地表面被覆の人工化が検討対象としてより重要になる。表面温度が大気の温度（気温）よりも高くなれば、その地表は空気を暖める方向に働く。逆に表面温度が気温よりも低ければ、その表面は大気を冷やす方向に働く。これは樹木やその他植生についても同じである。樹木は葉面からの蒸散作用があるため、表面温度が人工的な被覆ほど上昇しない。実際には樹冠の表面温度は周辺の気温相当とみなすことができる。樹木自体は周辺大気を著しく冷やしたり、あるいは暖めたりはしないのである。では、樹木はヒートアイランド緩和の機能は発揮しないのかというと、そうではない。樹木がなければその近くの地表面や建物

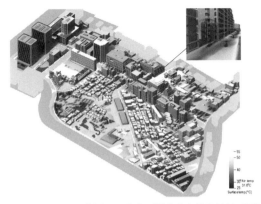

図 5-1　シミュレーションを用いた全表面温度分布算出結果（例）（口絵 11）
出典：梅干野ほか（2007）を元に筆者作成。

壁面などに日射が当たり、その表面温度が著しく高くなる可能性があるが、樹木があることにより木陰がつくられ、表面温度の上昇が抑えられる。樹木がなかった時には周辺の地表面が大気を暖めるが、そのような状況になるのを樹木が日射を遮蔽することによって防いでいるのである。

　緑のヒートアイランド緩和効果の評価に際しては、緑が存在することによる顕熱負荷の変化（減少量）を評価してやればよい。また、現存する緑が地表からの顕熱負荷に影響を与えているのかどうかを評価するためには、緑がある場合（現状）と無い場合において地表面温度がどのように変化するかを検討すればよいことになる。

　②　ヒートアイランド・ポテンシャル（HIP）

　そのような検討を東京都港区（青山・赤坂地区）の中心街区を対象に行ったのが図 5-1（口絵 11 も参照）である。ここでは梅干野らが開発した 3D-CAD 対応型の熱収支シミュレータ（梅干野ほか 2004）を使って、複数タイプの市街地を 3D-CAD 上で再現し、緑がある場合（現状）と無い場合の表面温度分布を求め、その差を表示している。評価には指標としてヒートアイランド・ポテンシャル（以下 HIP）を用いている。HIP は梅干野らが提案した指標であり（梅干野ら 2007）、次式で定義される。街区内の全表面から大気側に対してどの程度の顕熱負荷を与えるかを温度の次元で示したものである。立面も含めて街区内のすべての建物・地面・樹木の表面について表面温度と気温の差を計算して、積算した後に街区面積で除し

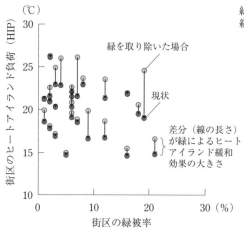

緑被率と線分の長さ(ヒートアイランド緩和効果)の間に相関がない

緑化がヒートアイランド緩和に貢献していない

市街地で創出される緑は建物の影などに植栽されることも多く、期待される機能を実際には発揮していない場合も多い。

図5-2　緑被率とヒートアイランド緩和効果(例：正午)

対象街区における緑被率と緑のヒートアイランド緩和効果の関係を分析したものである。横軸が緑被率、縦軸がヒートアイランドを引き起こす度合い（顕熱負荷）であり、現状と緑をすべて除いた各街区の結果をプロットしている。矢印の長さが、各街区の緑がヒートアイランドを緩和させている効果を表している。

ている。HIP は敷地の平均的な表面温度と外気温との差として定義されるものである。

$$HIP（℃）= \frac{\int_{全表面}(T_s - T_a)\,ds}{A}$$

T_s：表面温度（℃）、T_a：外気温（℃）、d_s：微小面積（m²）、A：街区の水平投影面積（m²）

　緑被率を基準にして環境改善を図るということは、緑被率が高ければその分だけ環境改善効果が高いことになる。したがってヒートアイランドに関しては、緑被率が高いほどヒートアイランド緩和効果が高くなるはずである。

　図5-2 では、現状と緑を取り除いた場合のそれぞれの HIP をプロットしている。両者の間の矢印の長さが、緑のヒートアイランド緩和効果とみなすことができる。しかし矢印の長さにはばらつきが大きく、緑被率と HIP の低下量の間には相関がみられない。緑被率が低くても HIP の低下が大きい街区もあれば、緑被率が高く

ても HIP の低下がほとんどみられない街区もみられる。緑被率とヒートアイラン
ド緩和効果の間には相関がないことから、緑が多ければ多いほどよいということ
は成り立たないといえる。

　緑被率が高いにもかかわらずヒートアイランド緩和効果が低くなる理由は単純
である。もともと建物の日影になっていて、表面温度も高くないところに樹木が
植栽されているからである。日影に植栽しても周辺の表面温度分布にはほとんど
影響しない。樹木にヒートアイランド緩和効果を発揮させるためには、日射の当
たるところに樹木を植栽しなければ意味がないからである。しかし、都心の高密
な市街地で建物が高層化するようなところであれば建物の日影も多くなる。日影
になっている空地に樹木を植栽してもヒートアイランド緩和という点ではほとん
ど意味をもたない。総合設計制度などの市街地整備の制度を適用する場合、事業
者は建物を優先して設計する。結果的に空地の位置や植栽場所は建物がない、
余った場所となりやすい。余った場所は往々にして陰に隠れた部分になる。そう
いった所にいくら植栽をしても、緑のヒートアイランド緩和機能が発揮される
ことはないのである。

　都市を緑化することで環境を改善するためには、環境保全機能を発揮させるた
めの工夫が必要となる。ただ緑を増やせばよいのではない。緑被率のような仕様
に基づいて開発を規制・誘導することは不十分であり、介入によって得られる効
用を事前に確認したうえで介入方法の妥当性を判断する必要がある。これはヒー
トアイランド緩和に限らず、多様な環境保全機能、防災機能についても同様であ
る。各機能を発揮させるためには事前の効用の評価が欠かせない。そしてそのた
めの客観的な評価手法をもつことが求められる。

(2) 都市の農地

　図 5-3 は、ロンドン近郊と東京近郊の Google Earth 画像を比較したものである。
図を見ると、2 つの地域において市街地・農地の分布に大きな違いがあることが
わかる。ロンドン近郊では市街地と農地それぞれがまとまって分布していて、両
者の境界が明確である。一方、東京近郊では市街地も農地も分散しており、両者
は混在している。都市的土地利用と農業的土地利用の混在は、日本の都市近郊で
はどこでも見られる空間的特徴といえる。日本の農業は労働集約型であり、その
ため粗放型農業を行う地域よりも元々人口密度が高い。さらに日本の農業では水

図 5-3　ロンドン近郊（左）と東京近郊（右）における市街地と農地の違い
出典：Google Earth より。

路網やあぜ道、そして農道ネットワークを精緻に作っている。これらの精緻な農業インフラは虫食い的な転用を進みやすくするのである。その結果、わが国の都市近郊では、農地が市街地の中に混在している。

　このように混在した地域を市街地だけの地区と農地だけの地区に分断したのが、1968 年都市計画法での線引きである。市街化区域と市街化調整区域への二分割が求められたわけだが、元来混在している地区を分けることができるはずはない。その結果、市街化区域内に編入された農地に対しては、市街化区域という区分に則った宅地化の推進と同時に、営農の継続を希望する農家に対しては農業を維持できるような方策が用意されてきた。

　市街化区域内農地を都市農地の議論の中心とすれば、都市農地は 1991 年に改正された生産緑地法に基づく生産緑地制度によって保全や活用が進められている。1991 年改正の生産緑地法は、良好な都市環境を形成するため、農林漁業との調整を図りつつ、市街化区域内に残存する農地を計画的に保全することを意図したものである。市町村は要件に該当する農地を都市計画的に生産緑地として定めることができる。生産緑地地区に指定された場合、建築物等の新築等について市町村長の許可を要することとなる。生産緑地地区については、使用する権利を有する者等は農地等として管理しなくてはならないが、指定後 30 年が経過した場合、または主たる従事者の死亡等により営農継続が困難となった場合は市町村に買い取りの申し出を行うことができる。市町村は特別な事情がある場合を除き、原則として当該土地を買い取ることとされている。生産緑地関連の税制措置（三大都

市圏特定市）は、固定資産税は農地評価・農地課税（生産緑地以外は宅地並み評価・宅地並み課税）、相続税は終身営農による相続税納税猶予措置（生産緑地以外は納税猶予が認められていない）が講じられている。10 年以内に市街化が図られるという性格の市街化区域において、農業経営の継続に必要な税制措置を講じることで農地の保全が図られたのである。

　1991 年の生産緑地法改正に伴う三大都市圏特定市における一斉指定により、1992 年時点では 1 万 5,109 ha が指定された。当時、生産緑地以外の農地（宅地化農地）は 3 万 628 ha であった。その後、宅地化農地については、バブル経済の崩壊により徐々にペースダウンしつつも、宅地等への転用により減少し続けている。2012 年には 1 万 3,502 ha と、1992 年比で 44％にまで減少した。他方、生産緑地は追加指定等もあり、2012 年時点で 1 万 3,801 ha となっており 10％弱の減に抑えられている。

　生産緑地の面積が 1991 年以降現在に至るまでほとんど減っていないことから、生産緑地制度は都市農地の保全に一定の役割を果たしてきた、とされている。しかし生産緑地が面積的に保全されたからといって、都市農地の保全が達成されたと評価されるべきなのだろうか。そもそも都市農地の保全は面積で議論されるべきなのだろうか。都市農地を環境保全や防災に役立たせるのであれば、都市緑化のヒートアイランド緩和機能と同様に、まず機能の客観的な評価が行われる必要がある。客観的な評価に基づく合理的な配置の検討を経て、土地利用の計画がなされるべきである。しかし生産緑地の指定においては、事前にどの農地を保全すべきかの検討はなく、農家の営農意欲によって指定農地を決定している。土地の特性に基づいて計画を立案すべきなのに、農家の意向に基づいて土地利用がなされているのである。

　生産緑地は 1992 年に一斉に指定されているため、指定 30 年の営農義務が終わる 2022 年に一斉に生産緑地の指定解除がなされることになる。生産緑地に指定されている間は他人に譲渡することができなかったが、30 年の営農義務経過後は市町村に対して買い取りの申し出をすることが可能になる。結果として農地が開発可能な土地として大量に市場に供給されることが懸念されている。そこで 2017 年の生産緑地法改正では、生産緑地指定から 30 年の経過が近づいた農地について、買い取りの申し出をすることができる時期を 10 年間先送りにするという制度が盛り込まれた。しかしそこでも重視されているのは農家の意向であり、

環境保全や防災計画上保全の重要性が高い農地から指定をしていく姿勢は示されていない。

　今後、生態系減災の考え方を都市の土地利用計画に広く展開していくためには、まず現在の農地がどのような機能を発揮していて、今後の環境保全や防災にとって、どのような農地を、どのような状態で保全していくことが望ましいのかについて検討を深めていく必要がある。そのためには機能の客観的な評価が必要であり、さらにそこでの評価には、効用を享受する市民との関係を含めて検討される必要がある。現在都市に存在する農地は、必ずしも適切な状態で営農がなされているわけではないことが指摘されている。生産緑地としての指定を維持するためだけに栗の木や園芸樹木が植えられていて、実際には管理が放棄されている農地も多い。そのような農地では環境保全上の機能も十分には発揮されない。景観上も問題である。国土保全という観点からも、市街地に存在する農地には環境保全機能をより多く発揮させるとともに、周辺都市住民にとってのアメニティを向上させるような保全と維持の仕組みが必要である。

おわりに

　都市地域の住民は、周辺の農地や森林が有する環境保全機能、防災上の機能の恩恵を日々受けている。しかし農地や森林は人口減少をはじめとする諸問題から、その維持自体が危ぶまれている。農地や森林が劣化すれば、都市住民の安全性も脅かされることから、都市側から農地や森林への積極的な関与がどうしても必要な状況になっている。しかし、日本には五地域区分という明確な区分があり、都市側からの関与が難しいという前提がある。同時に、農業地域では農業振興や農家の生活向上が主目的となっており、国土保全という観点から土地利用を考えていく姿勢が醸成されていない。今後は農地や森林が有する各種の機能を客観的に評価したうえで、国土保全や防災上の観点から適切な土地利用の姿を具体的に描き、計画的に整備をしていく必要がある。その際に重要な点は、同じ緑地でも場所によって発揮できる機能の量には違いがあるということである。そのためにも、現状の農地や森林、緑地が現在発揮している機能と、介入した場合の効用を定量的に評価して、土地利用計画立案の判断材料に使用していく必要がある。

　しかも農業地域の環境保全上の機能は、様々な農業インフラなどの社会的なシ

ステムによって支えられているものであることから、土地利用計画という手法を
つくっていくだけでは不十分であり、都市と農村を一体的に経営していくという
思想が求められる。現在の分断や、都市地域と農業地域の人口の違いから考えれ
ば、今後は農業地域における様々な社会システムを都市側で負担をしていく必要
があるが、そのためには農地や森林が都市生活の安全確保にどれだけ貢献してい
るかを理解する必要がある。各種の環境保全機能や、介入した際の効用について
の定量的評価は、農地や森林の目に見えない重要性を見える化し、都市住民の理
解を向上させる意味でも重要であるといえる。

　生態系減災とは、生態系と生態系サービスを維持することで危険な自然現象に
対する緩衝帯・緩衝材として用いて、人間や地域社会の自然災害への対応を支え
る考え方である。ここで説明の出発点になっている、「生態系と生態系サービス
を維持する」ためには、土地の「被覆」への介入が欠かせない。しかし、土地を
規制する各種の制度は、基本的には土地の「利用」に基づいているといえる。土
地利用の計画制度で土地被覆をコントロールしなくてはならないのである。この
違いが生態系減災だけでなく、環境の改善を計画的に誘導することを難しくして
いる。この困難を乗り越えて国土保全を実現していくためには、都市・農地・森
林の環境とそれを支える社会システムの理解をより一層深めるとともに、一体的
に経営していくことの意義についての社会的な理解を促進していく必要がある。

引用文献

梅干野晁・浅輪貴史・中大窪千晶（2004）3D-CAD と屋外熱環境シミュレーションを一体
　　化した環境設計ツール．日本建築学会技術報告集 **20**：195-198.

梅干野晁・浅輪貴史・村上暁信・佐藤理人・中大窪千晶（2007）実在市街地の 3D-CAD モ
　　デリングと夏季における街区のヒートアイランドポテンシャル――数値シミュレー
　　ションによる土地利用と土地被覆に着目した実在市街地の熱環境解析その1．日本建
　　築学会環境系論文集 **612**：97-104.

増本隆夫（2010）気候変動下の災害軽減に向けた水田の洪水防止機能の利活用．水土の
　　知 **78**（9）：755-758.

農林水産省（2004）資料2・農地制度について．https://www.maff.go.jp/j/council/seisaku/
　　kikaku/bukai/19/pdf/h161001_19_02_siryo.pdf（2020 年 9 月 23 日確認）.

吉田武郎・増本隆夫・堀川直紀（2012）中山間水田の管理状態に着目した小流域からの
　　降雨流出特性．農業農村工学会論文集 **278**：39-46.

第6章
東日本大震災の復興と生態系減災の実装

上原三知

はじめに

　近年の自然災害の頻度や規模の増大と人口減少による経済的な予算的処置の制限に伴い、グレーインフラと呼ばれる災害防止、抑制を主眼とする環境整備は、人口が多くその意義や費用対効果が高い都市域において優先される。そのハード整備の格差による田園地域での洪水の発生リスクは相対的に高まり、被害が出た地域では人口流出と高齢化を同時に進行させる。さらに都市域への人口集中を進め、災害の危険性がある安い土地でさらに住宅開発を誘発する可能性もある。災害の有無に関係なく、現代社会では地方の人口が減少し、大都市への人口集中が続いてきた。このようななかでコンクリート構造物によるハード整備だけでなく、災害のない平時における様々な生態系サービスの提供と災害時の防災・減災を両立する生態系減災（Eco-DRR；Ecosystem-based Disaster Risk Reduction）の社会実装における課題と、その判断が田園地域の人口維持につながる可能性を考察する。

1　東日本大震災直後の提案

　2011年の津波では防潮堤などのグレーインフラが存在したにもかかわらず、約1万6千人が亡くなった。災害後に国としても約40兆円にも及ぶ復興の予算の財政出動を行った。2011年12月に被災地を訪れた私は、大学で学んだ都市計画、建築、ランドスケープデザインによりつくられた街が破壊され、誰も住んでいない風景に大きなショックを受けた。そのなかで景観生態学会の一員として、日本学術会議・東日本大震災対策委員会から募集された「東日本大震災への学術とし

ての対応についての意見募集」に対する「生態系サービスの最大限の活用について」の意見提出に賛同し、協力を行った（日本景観生態学会 2011）。そのなかでは、自然立地的土地利用計画のもとでの復興として、①地形・土地のポテンシャルを活かし、「生態系の調整サービス」を最大限に引き出すことのできる復興を行うこと、②生態系の「基盤サービス」、「供給サービス」を積極的に利用する自然循環型社会を目指した復興、③「生態系によってもたらされる文化的サービス」、「自然と文化が一体となって築かれた〝風土〟の継承を目指した復興が提案された。自然立地的土地利用計画は「土地自然のもつ潜在力を有効に生かしながら土地利用を進めていくための計画体系」である（井手・武内 1985）。

　具体的な方針①としては、「地震による津波、土地陥没によって、沿岸付近の水田・宅地には海水が浸入したが、これらの場所は、本来、塩性湿地などを開発した場所が大部分であり、今後、それら地域の一部は本来の湿地もしくは藻場として再生も検討すべきである」と提案された。

　方針②としては、「今後予想される丘陵地などの高台での住宅地復興について、生態系サービスの低下が懸念される。大規模な住宅地造営による樹林地の分断・縮小は、水源涵養機能を低下させ、湧水の枯渇を引き起こす可能性があり、生態系による基盤サービスや供給サービスの永続的利用を妨げることにもなり得る」と指摘された。

　方針③としては、「里地・里山・里海の利用、集落景観、地域内で守られてきた行事などに関する思い出を辿り、地域の風土に含まれる文化的多様性や継承されるべき知恵を積極的に収集し、復興計画に活かせるよう、地域住民が参加できる機会を作り出さなければならない」との意見が出された。

　東日本大震災の直後には、防潮堤を越えて住宅や農地をのみこむ津波の映像が日本国中で放送された。たとえ堤防を設置しても、土地の特性を無視した開発やハード技術への過信は、想定を越えた環境変動に対しては被害を大きくするという意識が一般の人々にも広がったと感じていた。しかしながら、震災から約10年が経ち、改めて東日本大震災の被災地の復興を振り返ると、当時の日本景観生態学会や復興会議における土地利用計画に関連した提言は、当時の私の期待ほどには実現できなかったと感じている。一方で、被災地には緑の防潮堤や復興公園におけるグリーンインフラや生態系減災の実装が実現している。

　少子高齢化による医療費の増大と税収の減少は、大都市よりも地方都市ほど深

刻である。大規模災害の後、あるいは後述する比較的に高い確率で大きな災害が予測されるケース以外で、生態系減災実装を推進できる予算措置が地方の自治体で新たに確保される可能性は低い。そのような中で 2011 年の大災害後の住宅移転や土地利用計画に関連して生態系減災実装の可能性があったのかを検証し、うまくいかなかったならその理由を整理する意義があると考えた。

2　被災地における実際の復興の方向性

　岩手県の田老町では、1966 年に完成した基底部の最大幅 25 m、地上高 7.7 m、海面高さ 10 m という総延長 2,433 m の X 字形の巨大な防潮堤が工事費約 50 億円で建設され、市街を取り囲んでいた（国土交通省東北地方整備局 2019）。2011 年 3 月 11 日の東日本大震災による津波により、海側の防潮堤は約 500 m にわたって一瞬で倒壊し、市街中心部に進入した津波で市街は全滅状態となり、地区の人口 4,434 人のうち 200 人近い死者・行方不明者が出た（産経新聞 2011；朝日新聞 2011）。「立派な防潮堤があるという安心感から、かえって多くの人が逃げ遅れた」という証言もある。図 6-1 の左奥にある、たろう観光ホテルが津波で 3 階まで壁が破損されたことからも「津波の高さは、堤防の高さの倍あった」ことがわかる。

図 6-1　岩手県田老地区の海岸の堤防の決壊と、破壊されたホテル
（2011 年 12 月、筆者撮影）

比較的頻度の高い津波（L1）：海岸堤防等を整備
最大クラスの津波　　（L2）：まちづくり、避難等で対応

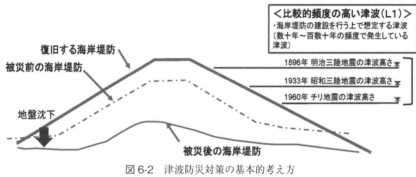

図 6-2　津波防災対策の基本的考え方
出典：復興庁より提供。

　このような被害も踏まえて、先に紹介した日本景観生態学会は「地震による津波、土地陥没によって、沿岸付近の水田・宅地には海水が浸入したが、これらの場所は、本来、塩性湿地などを開発した場所が大部分であり……海岸沿いに作られてきた海岸林の配置や幅等を再検討しながら、地形と一体的に緩衝作用を高めるための計画を検討すべき」との提案を行った。今、読み返しても、当時の提案には説得力があり、堤防に頼らない解決方法が検討される余地もあったと思われる。しかし結果的には、田老町だけでなく、他地域にも再び総延長 400 km もの巨大な堤防が建設された。このように津波に被災したほとんどの自治体が同様に堤防を再建した理由について考察を行う必要がある。

　震災後、被災地で一番悩ましい問題のひとつは、震災後（復興工事期間を含む）の津波予測であった。たとえば、初期の国や中央防災会議、県では、2011 年 3 月 11 日と同規模の大地震と巨大津波の再来がこの数年内にもあるかもしれないという想定で、復興を検討せざるを得なかった。また震災直後は、被災者や被災自治体から生活の復旧への要望が強かったために、先の日本景観生態学会の提案のような土地や生態系が有する災害リスクを回避する機能（生態系の調整サービス）と堤防再建や移転を同じテーブルに乗せて議論できなかったと考えられる。また

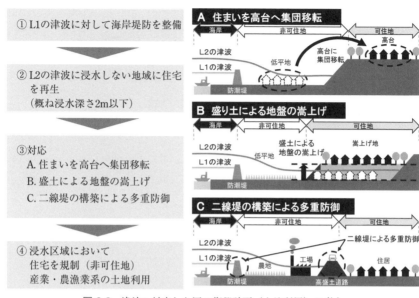

①L1の津波に対して海岸堤防を整備

②L2の津波に浸水しない地域に住宅を再生
　（概ね浸水深さ2m以下）

③対応
　A. 住まいを高台へ集団移転
　B. 盛土による地盤の嵩上げ
　C. 二線堤の構築による多重防御

④浸水区域において
　住宅を規制（非可住地）
　産業・農漁業系の土地利用

図6-3　津波へ対応した国の復興計画（土地利用）の考え
出典：復興庁より提供。

海岸整備は県事業として実施された。個別市町に相談はあるが、基本的には同一規格の整備となった。一方で、防潮堤の大きさについては、東日本大震災の最大クラスの津波（L2）を土木工事で防ぐことは諦め、比較的頻度の高い津波（L1）を回避できる高さの堤防を再建（復旧）することが大方針として決定された（図6-2）。

　再度巨大津波が来るかもしれないという現地の被災者の方々の当時の不安や、震災直後の家族や家を失った悲しみや自然（海）への憎しみを考えれば、生態系減災の議論が行えない状況であったことはその時点ではやむを得なかった。一方で、実際に起こった2011年のL2クラスの津波を防潮堤では防げずに、その存在に安心して逃げ遅れた人々が亡くなったことの反省から、巨大津波に対しては住民避難など総合的に対応するという判断は、ひとつの進展であった。さらにL1の津波は再建する堤防で防御するものの、それを超えるL2クラスの津波の浸水予定範囲（2011年の浸水域）にあった住宅はすべて移転し、L2の浸水区域は非可住地として規制し、産業や農漁業系の土地利用として活用する方針が示された。

122

図6-4　再建が進められる岩手県田老地区の海岸の堤防（筆者撮影）

この2011年の住宅や都市インフラの再生地については、高台移転、盛土による嵩上げ、二重堤による多重防御のオプションが提示された（図6-3）。

　しかしながら、震災後、再建された巨大な堤防と人口減少が進んだ被災地をみると、別の解決策もあったのではないかと感じてしまう（図6-4）。

3　合意された復興計画の不合意

　このように、従来よりも高い堤防を再建し、浸水した都市インフラおよび住宅をすべて移転させる復興計画は、非常に大きな予算を必要とするものとなった。津波で被災した海岸部は塩性湿地などを開発した場所が大部分であったため、そのような場所が盛土化・住宅化されたことは、日本景観生態学会で提案した「本来の塩性湿地もしくは藻場として再生」という選択肢とは大きくかけ離れた土地利用になったことになる。この決定自体は、多数の住民の意向が反映された結果なので、民主主義的なその決定に異議をとなえることはできない。しかし、震災から約10年が経過し、被災者の考えやニーズも、その後大きく変化した。当初は安全性を重視した土地開発を望んだはずの地域住民が、結果的に戻ってこず、空洞化が起こってしまった。

　L1およびL2の津波浸水を逃れる住宅と都市が再開発されても、当初、想定していた移転住宅の人口を大きく下回り、働き手がない地域では堤防で守られた浸水区域も産業や農漁業系の土地利用が実現できなくなってしまう。実際に2010年と2015年の国勢調査の結果から、東北の被災した42の沿岸部の自治体では合計で10万人も人口が流出してしまった（後述）。これは、大きな環境改変と、予算を投入した費用対効果が大きく減じたことを意味する。2011年の東日本大震災復興構想会議でも、地域づくりの考え方として、災害リスクを考慮した土地利用・建築規制を一体的に行うこと、地域づくりにあたっては、これまで以上に人

と人の結びつきを大切にするコミュニティの一体性を確保することの重要性が指
摘されていた（東日本大震災復興構想会議 2011）。この当初の目標に対して、大規
模な土地の改変（高台移転、嵩上げ工事）を行うことで、多額の予算と時間を要
したにもかかわらず、完成した津波防災に対応した街の人口が多くの被災地で減
少してしまったことは、大きな反省材料としてその後の激甚災害指定による復興
においても考慮されるべき視点と考える。

　このように、大災害後にも、結果的に従来どおりの人工的なインフラによる防
災・減災が再建された多くの自治体で人が住まない復興エリアが生まれてしまっ
た。この結果を踏まえると、仮に生態系減災の計画に減災と平常時の自然がもつ
アメニティ機能の増大や、住環境としての魅力を同時に高める可能性があったな
ら、その意義は大きかったと思われる。一方で、被災地復興には多額の税金を使
用するので、平常時のアメニティや、自然の保全が、復興を超えた贅沢な目標と
して位置づけにくかったようにも思われる。

4　生態系減災を社会実装するための Nature-based Solutions の基準

　狭義の特定の生物種・群集の保護や、生態系保全のアプローチとは異なる、よ
り広義の新たな「自然を基盤とした解決策」（NbS: Nature-based Solutions）の概
念について紹介する（IUCN 2020）。日本において必ずしも明確な議論と合意のプ
ロセスが十分とはいえない新たな自然保護の概念の定義を、2008 年頃から時間を
かけて検討してきた。Estrella and Saalismaa（2013）は、生態系減災の定義とし
て Sudmeier-Rieux and Ash（2009）の「持続可能で回復力のある開発を達成する
ことを目的とした災害リスクを軽減するための生態系の持続可能な管理、保護、
復元」という表現を引用している。この定義からは、生態系減災が既存の自然生
態系の保全、保護と、失われた自然生態系の新たな復元という 2 つの実践の可能
性を想定していることがうかがえる。一方、国際自然保護連合（International
Union for Conservation of Nature: IUCN）は NbS を「社会的な課題：気候変動、食
料安全保障、水の安全保障、人間の健康、自然災害、社会と経済の発展に順応性
高く効果的に対処し、……自然あるいは改変された生態系の保護、管理、再生の
ための行動」と定義している（Cohen-Shacham *et al.* 2016）。また、その NbS の 8 つ
の基準を以下のように策定している。

基準1：NbS は、ひとつ以上の社会的課題に効果的に対処する。

基準2：NbS の設計は、より大きなスケールの影響も考慮して行われる。

基準3：NbS は、生物多様性と生態系の完全性に正味の便益をもたらす。

基準4：NbS は、経済的にも財政的にも実行可能である。

基準5：NbS は、包括的で透明性があり、力をもったガバナンスプロセスに基づいている。

基準6：NbS は、主要な目標達成と複数便益の継続的な供給間のトレードオフを公平にとる。

基準7：NbS は、証拠に基づいて順応的に管理される。

基準8：NbS は、単独の時間制限介入を超えて主流化される。

以上から、NbS では防災・減災を実現しつつ、いかに自然が豊かで魅力的な居住環境をつくるか、そのプロセスが重要視されている。これは生態系減災のような自然生態系の保全・活用や復元（新たな整備）をいかに社会の問題解決に資する形で社会実装しうるかという視点が含まれた概念とも理解できる。

5　大災害後の、人口を維持する復興の難しさ

引き続き東日本大震災の復興過程における合意形成や土地利用の決定プロセスを事例として、NbS の基準に照らしながら生態系減災の社会実装のヒントや課題を整理する。

先に触れたが、被災地では、街、道路、嵩上げ（高台移転）の住宅地、堤防が再建されたにもかかわらず、2010 年と比べて 10 万人近くも人口が流出した。人口の減少は、人口が数万人以下の小さな津波被災自治体で深刻であった。結局のところ、仙台等の既存の大都市部への人口集中と地方の過疎化を進めることになった（表6-1）。42 の津波被災自治体で 2015 年までに人口増加が確認された自治体は新地町以外では 6 自治体にとどまり、いずれも元々人口が 3 万人以上の街であった。これ以外の人口規模が小さい 36 の自治体の中で唯一、2011 年の地震、津波、福島原子力発電所の事故による汚染や風評被害という複合災害にもかかわらず、福島県の新地町が人口回復と復興をいち早く実現したことは注目に値する。

新地町は、2 年間で 60 回以上もの再建コミュニティ単位でのワークショップや

表 6-1　東日本大震災被災自治体（津波）の 2010 年から 2015 年の人口推移（％、人）

市町村名	2011 年の震災による死者・不明者数（人）	2010 年の人口（人）	2015 年の人口（人）	人口増減数（人）（災害被害除く）	人口増減率（％）（災害被害除く）
洋野町	0	17926	16707	− 1219	− 6.8
久慈市	6	37212	35984	− 1222	− 3.3
野田村	39	4633	4128	− 466	− 10.1
普代村	1	3074	2782	− 291	− 9.5
田野畑村	32	3859	3477	− 350	− 9.1
岩泉町	10	10843	9878	− 955	− 8.8
宮古市	569	59604	56743	− 2292	− 3.8
山田町	832	18607	15816	− 1959	− 10.5
大槌町	1274	15276	11732	− 2270	− 14.9
釜石市	1146	39457	36695	− 1616	− 4.1
大船渡市	501	40439	37770	− 2168	− 5.4
陸前高田市	1806	23309	19766	− 1737	− 7.5
気仙沼市	1432	73265	64693	− 7140	− 9.7
南三陸町	831	17428	12374	− 4223	− 24.2
石巻市	3972	159882	146292	− 9618	− 6.0
女川町	873	10046	6329	− 2844	− 28.3
東松島市	1155	42848	39463	− 2230	− 5.2
松島町	7	15023	14362	− 654	− 4.4
利府町	2	33696	35583	1889	5.6
塩釜市	42	55976	53681	− 2253	− 4.0
七ヶ浜町	81	20287	18522	− 1684	− 8.3
多賀城市	219	62133	61201	− 713	− 1.1
仙台市	950	1005686	1040885	36149	3.6
名取市	992	73163	76748	4577	6.3
岩沼市	187	43083	43600	704	1.6
亘理町	287	34639	33392	− 960	− 2.8
山元町	718	16692	12302	− 3672	− 22.0
新地町	108	8224	8220	104	0.0
相馬市	488	37900	38658	1246	3.3
南相馬市	1154	71054	57909	− 11991	− 16.9
浪江町	615	20905	0	− 20290	− 97.1
双葉町	173	6932	0	− 6759	− 97.5
大熊町	137	11515	0	− 11378	− 98.8
富岡町	458	16001	0	− 15543	− 97.1
飯舘村	42	6168	0	− 6126	− 99.3
葛尾村	40	1513	0	− 1473	− 97.4
川内村	99	2823	2024	− 700	− 24.8
川俣町	29	15571	14481	− 1061	− 6.8
田村市	14	40042	38120	− 1908	− 4.8
楢葉町	152	7702	978	− 6572	− 85.3
広野町	48	5421	4326	− 1047	− 19.3
いわき市	473	337857	344952	7568	2.2

出典：国勢調査結果（2015 年および 2011 年）、総務省消防庁災害対策本部（2019）のデータを元に作成。

図6-5　コミュニティ単位で再建された福島県　図6-6　複数の被災者コミュニティの単位
　　　新地町の公営復興住宅（丘陵地の一　　　　　で再建された公営復興住宅（水田
　　　角を宅地化）（筆者撮影）　　　　　　　　　　を宅地化）（筆者撮影）

打ち合わせを通じて単なる防災事業としてだけでなく、住環境としても魅力的な複合的な計画が実現した。日中不在の勤労者や昼間がよい高齢者の都合を考慮して、同じ場所で昼夜2回開催されることもあった。これは新地町の人口が8千人程度のコンパクトな自治体であることや、後述する過去から複数回の国土利用計画や相馬港の開発による住宅移転の経験のある行政の専門家の存在が大きな要因となった。特に丁寧な集団、個別協議を実施できた背景には、自治体職員の熱心な対応と、被災直後に避難者を集落単位で仮設住宅に分けて復興の協議を開始できたことも良い要因となった。被災者全員分の公営の移転住宅をまとめて津波の浸水範囲から高台へ移転する、あるいは嵩上げした土地に高密度で再建するのではなく、コミュニティ単位で居住に適した土地を確保し、さらに住宅エリア内に海が望める展望広場を有する公園や、住宅地内を車だけなく徒歩で歩いて回れる緑道などのオープンスペースも協議と工夫を重ね移転と同時に実現した（図6-5）。

　一方で、他の多くの被災地の公営の復興住宅は、コミュニティ単位での敷地確保や再建の協議が少なく、いろいろなコミュニティで被災した人々が集合化され入居できる均質的な住居が再建されるケースが多かった（図6-6）。また、仮設住宅の生活が長引いた被災者の多くが再建を待たずに他地域へと転出してしまうケースも多く見られた。このことが、堤防と高台移転（あるいは大規模な嵩上げ工事）が完了しても当初の計画どおりの人口に満たない復興住宅地が多くみられる原因のひとつと考えられる。

6　復興計画における開発単位（規模）と事業目標の反省点

　震災直後、日本景観生態学会は、地震と津波、土地陥没により浸水した沿岸付近の水田や宅地の一部を本来の湿地もしくは藻場として再生や、大規模な丘陵地などの高台の住宅地造営による水源涵養機能の低下への配慮の必要性を指摘した。しかし、低地の嵩上げによる土地区画整備事業および高台移転はともに大規模な開発として実施された。その理由のひとつとして、再開発の想定人口規模の大きさが関連すると考える。なぜなら、複数の被災集落の人口を1カ所にまとめた大規模な移転工事は、新地町のように比較的に小規模単位での集防移転や敷地選定が難しく、結果的には、丘陵を大規模に雛壇造成するケースや、浸水域では水田等の湿性環境が埋め立てられたケースが多いためである。

　このように、既存の自然環境を大規模に改変・造成し、津波のリスクを小さくするという目的が達成されても、その街の人口が回復しないケースが多く見られた。

　東日本大震災後の防潮堤の再建の是非、住宅移転の方向性は、甚大な被害を起こした海（津波）などの自然に対する怒りや恐れをもった当時の被災者の意思を反映した決定であったはずである。しかし、復興は土地の買収、開発の実施という数年を要する事業となり、その間に当初の住民の不安や混乱が落ち着いてくる。被災者や関係者のヒアリングから、当初の判断（要望）に沿った開発が、数年後に完成しても被災者が望む空間にはならなかったという問題も浮かび上がる。このような時系列的な被災者の気持ちの変化に、復興計画の方向性の議論や合意のためのプロセスが対応できなかったといえる。このことも結果的に復興された被災地に当初の計画人口が戻らなかった要因のひとつであると考える。

　大災害後において生態系減災を実装するには、NbSの基準1で言及された社会的課題の設定において、ⓐ人口流出の回避、ⓑ防災・減災機能の担保、ⓒ自然の保全活用と新たな創出による多面的ベネフィットの発揮という複合的で長期的な目標に対する合意と、そのような復興計画にも予算が使える仕組みが必要である。実際に、被災者の住むスペースを確保するという単一目標の事業では、被災地から大都市への人口流出が止められなかった。そうなれば健全な生態系サービスの発揮に向けた維持・管理が難しく、その享受者もいなくなってしまう。そのように考えれば、災害復興であっても、平常時の住環境の豊かさや自然の保全・活用

による減災の実現という複合的な計画を実現することは、結果的に公的な支援や投資の費用対効果を高める可能性があったといえる。

7　新地町の復興プロセスから学べること

　人口が数千人単位の小さい自治体として唯一、復興により人口を回復した福島県の新地町の復興プロセスをさらに詳細に見ていきたい。一般的には復興の初期の説明やアンケート調査が様々な地区の避難者が混在した規模で実施された。その中で新地町は、発災直後にバラバラに避難所に集まっていた住民を、集落単位で再編し、仮設住宅を準備できた。そのコミュニティ単位で、丁寧な協議を行いながら住宅移転地やそのデザインを決定した。このプロセスはIUCNのNbSの基準5「NbSは、包括的で透明性があり、力をもったガバナンスプロセスに基づいている」のヒントになりえる。

　また多くの自治体は基本的には、被災直後に行ったアンケート調査で住民が回答した意見に従って、堤防再建や住宅移転を進めてきた。仮に、自然災害の直後に、従来型の防災計画あるいは生態系減災のどちらで災害に対処するかという意見を集約できたとしても、災害直後の混乱や不安、自然への恐れを反映して、生態系減災による復興の住民合意を震災直後に得ることは難しかったと想像できる。一方で、この震災直後の決定に従って街は再建されたが、災害直後の混乱や恐れが薄らぐなかで、震災直後には議論できなかった防災以外の住宅地としての快適性で、巨大な防潮堤で海が見えない街に住む気になれない、などの日常の生活の質に対する要望が重要な要因になった。このような被災者の要望（心）の変化に対応するという意味で、新地町の協議プロセスは段階的な協議が可能であった点、小規模なコミュニテイ単位で議論が深まりやすかった点、分散して比較的に小規模な単位で住宅適地を住民の要望や環境の特性に合わせて確保と開発が実現できた点など参考にすべき点が多い。

8　複合的な土地の公益的機能（生態系サービス）を発揮させる
　　土地利用計画の可能性

　先に紹介した新地町の取り組みでは、実質的に鴇田芳文氏が復興課長として復

興を指揮した。彼には総合計画と国土利用計画の策定の経験（1990 年、2000 年、2010 年）と、1981 年から 1985 年に相馬港の開発に伴う海岸部の集落移転事業の経験があった。特に 2010 年には、過去 2 回の総合計画、国土利用計画において前提とされてきたものの実現性が乏しかった人口増加、経済成長の実現を求める町議会からの要求に対応するために、新地町独自の予算で新たな住宅開発の適地を検討する住宅適地調査事業も担当していた。さらにランドスケープアーキテクト連盟（JLAU）・日本都市計画家協会（JSURP）の井上忠佳氏による浸水住宅地の買い取り価格の国との早期協議のサポート、地域計画連合の江田隆三氏らの中越地震における田園地域の復興経験などもその成功の重要な要因となった。その他の多くのコンサルタントは、阪神淡路大震災での大規模な都市の土地区画整備事業の経験で計画を策定した。しかしながら、このように段階的な地域開発の積み重ねや、それを担いうる人材がそろうことは稀であり、普通の地域では新地町のような復興の実現は難しかったと思われる。

　特に面積や人口が大きい自治体では、より多くの集落（被災者コミュニティ）を対象とした協議が必要になるために、コミュニティ単位で段階的に丁寧な住民協議を実施しつつ、生態系減災に資するような包括的な計画策定は大変に難しい。そこで、同様の土地利用計画をサポートする計画論の可能性についても少し紹介する。筆者は JSURP から新地町に派遣されていた井上忠佳氏の仲介により、2012 年に後述するエコロジカル・プランニングによる移転住宅の候補地の災害リスク評価データを新地町へ提供した。この評価データは移転候補地の最終的な確認材料として活用された。

　具体的には、上記の移転候補地を含む新地町全域の複合的な災害リスク評価を実施した。そのためにイアン・マクハーグのエコロジカル・プランニングを第三次国土総合計画に応用するために国土庁が 1980 年に作成したデータを活用した。マクハーグのエコロジカル・プランニング手法（McHarg 1969）は、1971 年に日本でも建築、造園（緑地・景観計画）などの計画分野で紹介された。1980 年に国土庁から委託を受けたリジオナル・プランニング・チーム（代表・磯辺行久氏）により東北地方 6 県を対象とした 1/50 万スケールの環境条件図（約 6 万 7 千 km^2 に及ぶ、1. 地質、2. 傾斜区分、3. 植生区分、4. 土壌区分等の環境特性図）とその条件区分ごとの災害リスクや公益的機能の評価ランク得点表が整備されていた（国土庁計画・調整局 1980）。

内陸側　海側

新地町

□ 新地町の復興住宅の敷地
□ 相馬市の復興住宅の敷地

0　1.25　2.5　　5Km

高い　　　低い

複合災害リスクの評価結果（グレーの濃度）

丘陵地の一角を開発した復興住宅（新地）

畑地の一角を開発した復興住宅（新地）

低湿地を埋めたものの復興住宅の開発が断念されたエリア

水田を埋めたものの復興住宅の開発が断念されたエリア

図 6-7　第三次全国総合開発計画のために作成された1980年のエコロジカル・プランニング
　　　　の基礎調査データを用いた新地街の住宅移転候補地の災害リスク評価（口絵12）
左の図で色が濃いほど複合的な災害リスクが相対的に高いことを示す。言い換えれば、色が濃いエリ
アは住宅地としての安全性を確保するためにより多くの費用や労力が必要となる。
出典：Uehara（2018）を元に改変。

　この紙媒体の歴史的なデータをデジタル化して、新地町における多面的な協議
や調査で選ばれた候補地の災害リスクを評価した結果、興味深いことに、ほとんど
の敷地が液状化、洪水、地すべりなどの津波以外の複合的な災害リスクが低い場所
であることを指摘できた（上原 2013；上原ほか 2016；Uehara 2018）。相対的にリス
クが高い敷地がひとつ存在したが、町の議論の中でその敷地の開発は見送られた。
このように、2010 年の町独自の住宅適地調査、2011 年から 2012 年に実施されたコ
ミュニティ単位で十分な協議を経て選ばれた候補地が、別の複合的な災害リスク
を回避する土地利用適性評価でも妥当であることを指摘できた（図 6-7・口絵 12）。
　この国土庁の環境区分と紐づいた災害リスク評価指標はシンプル（危険度が高
い、普通、危険度が低い）であるが、地震、地すべり、洪水などのリスク評価が
個別に可視化でき、かつ画像としても統合できる。また第三次全国総合開発計画
のための東北 6 県をカバーする広域スケールを対象に整備されたデータから、1

自治体の数戸単位を団地とする住宅移転地のリスクを可視化できた点でも興味深い検証であった。このことは、住民や関係する専門家（ステークホルダー）と丁寧な協議を経て東日本大震災の数少ない田園地域での復興土地利用計画を成功させた新地町と同等の環境評価結果を、短時間で、かつ、広範囲で導ける可能性を示している。

　また、マクハーグの"Design with Nature"には、災害リスクや土地利用目標別の評価基準がわずかに事例でしか示されていない。その意味でも、この日本独自のデータベースが米国よりも複雑で多様な自然条件が混在するアジアの日本でも柔軟に活用できた点で注目に値する。また、この国土庁が複雑な土地利用関連の法体系の改廃と、自然環境の保全にも配慮した、より総合的な開発行政の推進を目指して設立された経緯も今回の大規模な災害対策事業のひとつの対応として統括・監理、復興予算の一括要求、各府省への配分、事業の実施に関する計画の策定などを行う復興庁が設立された経緯と関連しているようで興味深い。

9　生態系減災のような複合的な土地利用計画をどのように担保できるか

　新地町では2010年に経済成長、人口増加を前提とした国土利用計画に対応するために町独自の予算で新たな住宅適地の検討を震災直前に実施していた。このことが、偶然ではあったが2011年3月の東日本大震災後の被災住民の移転地の候補地の選定や、土地買収の協議、コミュニティ単位での丁寧な議論の前提になったといえる。震災直後の混乱したなかで、この時系列的な空間計画の議論の蓄積がありそれを活用できたことは、復興計画として、単なる移転住宅の確保だけでなく、よりよい計画に挑戦できる材料になったに違いない。この観点では、都市計画で市街地調整区域の設定がなされ、高度経済成長期やバブル期までにある程度開発が終了し、その余剰地を被災者の住宅移転地とせざるを得なかった自治体とは真逆の土地選定となったといえる。換言すれば、新地町は様々な好条件に恵まれ、ゼロベースでの住宅開発に適した場所を検討できたともいえる。

　また、新地町のように市街化区域の線引きのない都市計画を定める自治体では総合計画と連動した国土利用計画の重要性は大きい。新地町では結果的にではあるが、2010年に実施していた住宅適地調査事業が予期しない災害後のスムーズな住宅移転地の検討と住民協議の材料となった。これは2010年の新地町が独自に

行った住宅適地調査事業と復興計画時の責任者が同じ人物であり、1980〜90年に
相馬港の開発に伴う海岸部の住民の移転計画を担当した経験もあったこと（2011
年の復興担当は町長からの指名）、復興計画を担当した地域計画連合による法的制
約条件、経済的ポテンシャル、既存集落との関係を考慮した検討、被災地でも最
も丁寧な住民協議の実現というきわめて重層的な検討が重なった結果であった。

　その意味において、エコロジカル・プランニング手法と、国土計画のための東
北6県をカバーするスケールで整備された1980年の国土庁のデータの活用という
独立した土地評価でも、新地町が様々な検討を重ねて選択した開発の適地を短時
間で、かつ、広範囲で導ける可能性があることは興味深い経験であった。

　この復興計画における筆者が行ったエコロジカル・プランニングによる住宅開
発候補地の災害リスク評価の有効性は新地町でも評価された。その後、新たな新
地町国土利用計画にも同データを用いた次段階の住宅開発および産業誘致のため
の敷地評価にも参画した。そこでは震災復興における住宅移転地の総合的な災害
リスク評価のデータを再活用して、図6-7で検証した住宅移転地以外の新たな住
宅や、産業拠点の敷地候補の適正評価を行った（受託研究：新地町国土利用計画策
定に関する調査）。

　国土庁の環境評価区分図と土地評価ランク得点は、今回利用した災害リスク以
外にも、土地の保水性、自然度、植生の希少性など土地がもつ公益性も同様に評
価が可能である。その意味では、災害リスクの回避、適正な住宅開発（移転・誘
導）、自然生態系の多面的機能の持続的な発揮を総合的に高める国土利用計画や、
その上位の総合計画、NbSともエコロジカル・プランニングの相性は良いように
思われる。

おわりに

　低湿地における住宅開発など土地の特性を無視したハード開発は、建設コスト
が嵩むだけでなく、想定を超えた自然災害に対しては被害を大きくした。また、
その後の復興された自治体で、人口減少が加速化したことを考えると、その選択
肢のひとつとしての生態系減災やグリーンインフラの活用は有用であったと考え
られる。防災のみに特化せざるをえなかった行政による街づくりに比べて、生態
系減災によるまちづくりが地域の人口回復やその維持に資する空間計画になりえ

た可能性がある。一方で、初期の計画決定段階において、実際の被災地ではそのような防災のみに特化しないまちづくりの議論や合意を得ることが難しかったと想像できる。このことから、被災地の復興計画に生態系減災を実装するためには、福島県新地町における、コミュニティ単位での分散型の住宅移転協議、段階的な合意形成のプロセス、防災以外の生活の質も考慮した復興のプロセスが参考になると思われる。その観点から、大規模な自然災害が今後予測される地域においても、この東日本大震災から学べるヒントや課題を参考に、事前に都市計画や国土利用計画の方針に生態系減災が実現できるような土地利用適正評価を位置づけることも重要である。

　東日本大震災のような未曾有の自然災害後であっても、新地町のように段階的で時系列的な協議プロセスを活用し、単に津波という災害回避という視点だけでなく、複合的な災害リスクや利便性なども考慮した復興計画は可能であった。その土地利用計画は、生態系減災や NbS が目標とする複合的な価値を担保する街づくりの目標と親和性が高いと考える。また新地町での丁寧な土地利用選択を計画論的に支援できたエコロジカル・プランニングに関して、アメリカでも 1969 年のマクハーグの土地利用適正評価のハリケーン・カトリーナ被害軽減への有効性の検証が報告されている（Wagner *et al.* 2016）。

　このマクハーグの異なる価値観（防災、自然の保全、生活の豊かさ）の競合や両立の可能性を空間情報として検討できるプロセスも IUCN の NbS の基準 8「NbS は、単独の時間制限介入を超えて主流化される」の具体的な大災害直後の復興計画や、事前の国土利用計画などのヒントになると考える。

　　謝辞：本稿は東北で 2019 年に実施したフィールドツアーでの議論から得られた知見を整理した内容を含みます。下記の参加者に御礼を申し上げます。Mr. Damian Tang: International Federation of Landscape Architect, Asian Pacific President, National Parks Board of Singapore, Dr. Liao Kuei-Hsien: Graduate Institute of Urban Planning, National Taipei University、鴇田芳文氏：元新地町復興推進課長、村上美保子氏・村上哲夫氏：新地町うみみどり、井上忠佳氏：元建設省、技術士、登録ランドスケープアーキテクト・フェロー、石田壽一教授：東北大学工学部教授、峰嵜悠氏：元復興庁インフラ構築班参事官補佐、永田透氏：慶應義塾大学出版会、保清人氏：JLAU IFLA Japan, 株式会社ロスフィー。

引用文献

朝日新聞（2011）日本一の防潮堤，無念　大津波，圧倒的高さ　東日本大震災．2011 年 3

月 20 日.

Cohen-Shacham, E., Walters G., Janzen, C. and Maginnis, S.(Eds.)（2016）*Nature-based Solutions to Address Global Societal Challenges.* IUCN, Gland, Switzerland.

Estrella, M. and Saalismaa, N.(2013) Ecosystem-based DRR: An overview. In: *The Role of Ecosystems in Disaster Risk Reduction.* 26-47. United Nations University Press, Tokyo.

東日本大震災復興構想会議（2011）復興への提言——悲惨のなかの希望. https://www.cas.go.jp/jp/fukkou/pdf/fukkouhenoteigen.pdf（2019 年 12 月 25 日）.

井手久登・武内和彦（1985）自然立地的土地利用計画. 東京大学出版会, 東京.

IUCN（2020）Draft 2：Global Standard for Nature-based Solutions. https://www.iucn.org/sites/dev/files/content/documents/2019/global_standard_for_nature-based_solutions_english.pdf（2019 年 11 月 25 日確認）.

国土庁計画・調整局（1980）エコロジカル・プランニングによる土地利用適性評価手法調査 - 調査報告書——地質図, 地形分類図, 傾斜図, 土壌図, 植生図. 国土庁.

国土交通省東北地方整備局（2019）釜石港湾事務所「宮古市田老地区（旧田老町）防潮堤～万里の長城～」. https://ja.wikipedia.org/wiki/田老町（2019 年 11 月 1 日確認）.

McHarg, Ian L.(1969) *Design with Nature.* The Natural History Press, Garden City, NY.

日本景観生態学会（2011）東日本大震災への学術としての対応についての意見. http://jale-japan.org/shinsai/shinsai1.html（2019 年 11 月 25 日確認）.

産経新聞（2011）津波, 10 メートルの防潮堤越える——岩手県宮古・田老地区. 2011 年 3 月 16 日.

総務省消防庁災害対策本部（2019）平成 23 年（2011 年）東北地方太平洋沖地震（東日本大震災）について（第 159 報）2019 年 3 月 8 日. https://www.fdma.go.jp/disaster/higashinihon/items/159.pdf（2020 年 10 月 28 日確認）.

Sudmeier-Rieux, K. and Ash, N.(2009) *Environmental Guidance Note for Disaster Risk Reduction: Healthy Ecosystems for Human Security.* Revised Edition. IUCN, Gland, Switzerland.

上原三知（2013）1980 年における地域計画のビッグデータ（エコロジカル・プランニング）の現代的な意義——災害の事前予測と復興計画への応用（特集 地理空間情報とビッグデータ活用の可能性：レジリエントな国土・地域社会の構築）. City Planning Review **62**（6）：68-73.

上原三知・望月俊佑・三輪祐子（2016）エコロジカル・プランニングと国土庁の環境調査データを用いた東日本大震災の復興計画への参画. H28 年度日本造園学会全国大会ミニフォーラム 風景計画研究・事例報告概要集：14-16.

Uehara, M.(2018) International Federation of Landscape Architects, Outstanding Awards, Category: Natural Disasters and Weather Extremes Africa, Asia Pacific, Middle East Awards 2018, Resilience by Design, 2018.

Wagner, M., Merson, J. and Wentz, E.A.(2016) Design with Nature: Key lessons from McHarg's intrinsic suitability in the wake of Hurricane Sandy. *Landscape and Urban Planning* **155**：33-46.

アジア環太平洋地域のグリーンインフラ評価

上原三知・新井雄喜

　我が国でも災害予測、環境評価、災害復興に関する科学研究費の採択数は過去50年間で累積約7万件にも相当する。一方で、Zhou *et al.*(2011) は、災害対応における最も深刻な課題はリスクアセスメント（科学）と意思決定（社会実装）との関連性の弱さにあると指摘する。実際に東日本大震災以降も、西日本豪雨災害、北海道胆振東部地震など、毎年のように洪水被害が発生している。また、そうした災害後の復興においても、人口が回復するような多面的に地域の魅力を高めるグリーンインフラの社会実装の事例はまだ少ない。なぜ、日本では災害に強くかつ人が住みたくなる都市計画が難しく、海外ではそのような社会実装が進んでいるのか？その傾向を考察するため、ランドスケープ・デザインの観点から評価された、世界のグリーンインフラの社会実装事例の分析を試みた。

　世界50カ国の都市・緑地計画の代表組織が加入する国際機関、International Federation of Landscape Architects（IFLA）が2018年に開催した世界大会において、筆者は環太平洋、中東、アフリカ地域におけるデザインによる災害減災の国際審査会の企画と実施に関わった。15カ国から計169件の社会実装事例のエントリーがあり、最終的には計42件の事例が最も高い評価を受け、選出・表彰された（IFLA Asia Pacific Region 2020）。この審査には、アジア大洋州地域の13カ国のランドスケープアーキテクトに関連する学会の会長、100 Resilient Cities、ICOMOS（International Council on Monuments and Sites）、World Green Building Council、Sasaki、World Heritage Institute of Training and Research、オランダのダーク・シモンズ名誉教授（Room for the River）らが参加した。

　ここでは、その42の受賞事例のなかで特に自然災害・防災をメインテーマとした4つのカテゴリーにて Outstanding Awards を受賞した10事例の空間規模、目的、クライアント、実際に開発されたエリア特性などを分析した。そのうえで日本におけるグリーンインフラの独自性や、めざすべき方向性を検討した。

○受賞事業の概要

表1 (p.138-139) は、防災・減災を主目的としたランドスケープ・デザインの表彰作品の一覧である。中国の受賞数が多く、そのなかには、「既存の堤防を除去し、湖の水辺に 1.5 km の湿地を復元し、汚染物質の浄化と野生動物の飛来地の再生を両立した事例」等もみられた。中国では受賞数だけでなく、計画・提案の質の高いプロジェクトが社会実装されていることがわかる。

また全体的にみると、意外にも表彰された計画の発注者の約8割が行政機関であった。日本では、目的別の事業基準や、これまでの方針に沿った開発を実施し、分野横断的な事業が苦手なイメージがある自治体が、むしろ同じアジアの国々では、積極的に防災・減災と地域環境の保全とを両立する事業を実践している。その一方で、民間の事業でも住民参加や地域の環境教育等を組み合わせた Nature-based Solution 的な開発事業に取り組んでいることもうかがえる。加えて、その事業対象地の約7割が都市部であることが明らかとなった。また、日本からの入賞は10件中の2件であった。ひとつは、従来型の調整池を市民が憩える公共空間にリノベーションをした柏の葉アクアテラスである。もうひとつは、本書第6章で紹介した福島県新地町におけるエコロジカル・プランニングによる復興計画と国土利用計画の策定プロジェクトである。

表彰された全10事業を通じ共通しているのは、洪水被害軽減等を主目的に掲げている事業が多いものの、ほとんどの計画で住民の憩いの場の創出など、日常生活のにぎやかさが実現されていることである。10事業のうち少なくとも8事業は、ランドスケープ・アーキテクト、建築、土木、積算士（財務管理）など複数の業種との協働を通じて設計・計画されており、グリーンインフラの多面的な機能を発揮させることを通じて、複数の目的を達成することに成功している。こうした設計・計画は、いわゆる「縦割り行政」のもとで、単一の事業目的を設定し、単一の専門家のみが実施した場合よりも魅力ある計画になると考えられる。

○社会実装の対象フィールドの特性

　環境経済学の政策デザイン分野では、理論上は人口が少ない農村部等の地域でグリーンインフラ導入のインセンティブが高い（細田・大沼 2019）との指摘がある。それは、防災・減災のために必要となる広大なグリーンインフラの面積を、人口が密集しており土地が限られている都市部で確保し、用地取得・補償金の支払い等を行うことは難しいと考えられているためである。しかし、今回の分析では、都市部において、世界的に評価の高いプロジェクトの社会実装が進んでいることが明らかとなった（表1）。これは、グリーンインフラの防災的側面における便益だけでなく、防災以外の便益（例：景観改善、土地・資産価値の向上、レクリエーション機能の発揮、観光による経済効果等）が得られることが、都市部でより高い付加価値を生み、それが強いインセンティブとなっている可能性を示唆している。

　逆にみれば、よりグリーンインフラの社会実装が容易であり、かつコストもかからないと思われる田園地域における事例がさまざまな国々の取り組みの評価において少ない理由を考察することは、今後の重要な課題であると思われる。

＊

　ここでは、アジア環太平洋地域におけるグリーンインフラの事例の紹介を行った。本事例分析から、多くの都市部におけるグリーンインフラの実装事例が高い評価を受けていることが明らかとなった。そのクライアントの多くが自治体であることから、海外では民間のディベロッパーだけでなく、行政セクターが主に都市部においてランドスケープ・アーキテクト等の設計チームとうまく連携・協働する形で事業を戦略的に進めていることがうかがえる。また、田園地域の実装事例はまだ数が少なく、河川とそれに連動した自然生態系の復元やその利用の両立をめざすプロジェクトが中心となっている。生態系減災を進めるうえで、特に日本では里地・里山・里海と呼ばれる分化や歴史を活かした田園地域での社会実装が重要になると思われる。身近なアジアでの取り組みとその傾向分析が、生態系減災を社会実装するインセンティブを考える材料となれば幸いである。

表1　International Federation of Landscape Architects (IFLA) Africa, Asia Pacific and Middle East (AAPME) Awards 2018 - Resilience By Design における防災・減災のカテゴリー入賞作品 (Outstanding Award：10 Winners) のプロジェクト分析結果　＊LA：ランドスケープ・アーキテクト

プロジェクト名	国	面積(ha)	クライアント	立地	主な事業目的	グリーンインフラのタイプ/対象とする環境	L A*	建築	土木	エンジニア	積算	施工	その他	評価のポイント
CHEONGGYE STREAM PLAZA RESILIENCE	韓国	0.6	ソウル市	都市	・洪水被害軽減 ・都市における水辺と緑の再生 ・都市における市民の憩いの場の形成	河川と河川敷	○	○	○	○	○	○		・水と緑の再生に加え、歴史や文化的特徴も統合 ・都市住民にとっての憩いの場となるだけでなく、観光客が集まる場ともなっている ・車のためではなく、人々のための設計
GAOBEIDIAN PARK	中国	4.76	Zhongyu Real 不動産開発(株)	都市環境界	・雨水管理 ・景観改善 ・レクリエーションの場、子どもの遊び場の創出（在来植物種の保全等）・市民参加・教育の場の創出 ・都市再生	公園（緑地や池を含む）	○	○	○	○	○	○		・雨水管理、景観改善 レクリエーションの場の創出、市民参加・教育の場の創出、都市再生という複合的な効果の実現 ・再生可能な建築資材等の活用
KASHIWANOHA AQUA TERRACE	日本	2.4	三井物産(株)	都市	・洪水被害軽減・雨水管理 ・住民間の交流促進（イベント等を開催できる空間の創出）・住民の健康増進（散歩・ジョギングできる空間の創出）・住民の水や緑との触れ合いの促進・(小売業等を通じた)地域活性化	貯水池とその周辺の緑地		○	○	○	○	○	○	・放置されていた立入禁止の貯水池の再活用 ・都市住民のレクリエーション機能と雨水管理機能の統合 ・歩行者やランナーに優しい空間の創出 ・住民ボランティアによる維持管理への参加 ・コミュニティ、自治体、開発者、設計者等による協働
LANDSCAPE PLANNING AND DESIGN FOR MU XI RIVERSCAPE	中国	21	Muchuan 住宅・都市計画建設局	田園	・洪水被害軽減・雨水管理（在来植物種の保全等）・市民のレクリエーションの場の創出 ・地元文化と歴史を埋め込んだ景観の創出	河川と河川敷	○	○	○	○	○	○	○	・在来の自然生態系を回復させることを通じて、洪水リスクの軽減、文化的・景観的価値の向上、市民のレクリエーションの場の創出などを同時に実現
RAINWATER HARVESTING GREENBELT IN QIAN'AN	中国	26.7	Qian'an 造園局	都市	・洪水被害軽減・雨水管理 ・住民のレクリエーションの場の創出 ・景観の改善 ・生態系保全	公園（多様な緑地を含む）		○	○	○	○	○	○	・洪水被害軽減・雨水管理、生態系管理、レクリエーション、生態系保全、景観の改善を組み合わせた設計 ・既存の樹木を有効活用しつつ、生態系機能を有効活用し、環境負荷の少ない建設手法を実践

事業名	国	規模(ha)	事業者	区分	評価	場所	効果	概要
RENASCENCE WATER BANK -DOUNAN WETLAND PARK	中国	72.6	Kunming Dianchi投資有限公司	都市・境界	○	湿地と河川	・洪水被害軽減 ・湿地の再生 ・汚水処理・水質浄化(浸食防止) ・海岸線の安定化 ・レクリエーション・環境教育の場の創出 ・野生生物の生息環境の復元	・既存の生態系を保全しつつ、その水質浄化、洪水被害軽減、海岸線保全、レクリエーション、生物多様性保全等を有効活用できる設計 ・ランドスケープ専門家と多様な分野の専門家との協働による設計
SYDNEY PARK WATER RE-USE PROJECT	オーストラリア	1.6	シドニー市	都市	○	公園(川・池・緑地を含む)	・節水・水の再利用促進(水需要の10%を地元での取水と再利用でまかなうことが目標) ・水質浄化 ・市民のレクリエーションの場の創出	・雨水の再利用、水質の浄化、レクリエーションの場の創出、生態系の回復を、工業用地の跡地において実現 ・ランドスケープ専門家、水の専門家、生態学者、デザイナー、アートの専門家等、多様な分野の専門家による協働を通じた設計
THE PARK IN THE HYDRO-FLUCTUATION ZONE- YUNYANG BRIDGE PARK	中国	23.3	Yunyang市	田園	○	公園(貯水池・川・緑地を含む)	・洪水被害軽減 ・住民のレクリエーションの場(水泳や水遊び、ビーチスポーツ、子どもの遊び場、休息の場等)の創出 ・社会的交流活動を促進する空間の創出 ・景観の改善	・既存の貯水池の治水機能を維持しつつ、景観も改善し、住民が安心して川との触れ合いを楽しめるレクリエーションの場を創出
WATERWAY RIDGES AT PUNGGOL (ABC WATERS DESIGN)	シンガポール	3.98	公益事業委員会/開発委員会	都市	○	住宅(高層マンション)周辺の緑地・湿地	・水と緑に囲まれた良好な住環境の創出 ・雨水の収集、貯留、浄化を通じた水資源の持続可能な利用 ・コミュニティの憩いの場の創出 ・住民への水環境教育	・雨水の収集、貯留、浄化を実現しつつ、水と緑に囲まれた景観・住環境を創出することで、住民の生活の質を向上 ・雨が多い季節に湿地が出現する技術的工夫 ・ランドスケープ専門家や他分野の専門家と協働し、多様な知見を統合
THE MARRIAGE OF HOLISTIC AND BOTTOM-UP IN PLANNING PROCESS/JAPAN EARTHQUAKE AND TSUNAMI (2011) DISASTER AREA	日本	4653	新地町(株)/地域計画連合	田園	○	災害被災地近郊の住環境	・自然災害に強いまちづくり ・被災者の移転先住宅地の設計 ・住民が住みたい環境の創出	・ボトムアップ型の、徹底した住民参加を通じた計画プロセス ・高い費用対効果(低コスト、短時間で、より安全かつ多くの人が住みたいまちづくり・環境づくりを実現) ・セクター横断的な質分野の専門家の知見の統合 ・自然災害と共にデザインするという Ian McHarg氏の概念を実現

引用文献

細田衛士・大沼あゆみ（2019）環境経済学の政策デザイン．慶應義塾大学出版会，東京．

International Federation of Landscape Architects, Asia Pacific Region（2020）International Federation of Landscape Architecture（IFLA）Africa, Asia Pacific and Middle East（AAPME）Awards 2018-Resilience By Design. https://www.nparks.gov.sg/-/media/cuge/ebook/citygreen/cg16/cg16_06.pdf（2020 年 3 月 25 日確認）．

Zhou, B., Gu, L., Ding, Y., Shao, L., Wu, Z., Yang, X., and Zeng, B.（2011）. The great 2008 Chinese ice storm: its socioeconomic–ecological impact and sustainability lessons learned. *Bulletin of the American Meteorological Society*, **92**(1), 47-60.

第7章
巨大地震想定地域の環境イメージと減災意識

上原三知

はじめに

　東日本大震災で津波による多数の死者が多数出た教訓から、中央防災会議（内閣府）は2012年3月に西日本の太平洋沿岸の南海トラフを震源域とする巨大地震シミュレーションの結果を発表した（内閣府 2019）。その再評価により、これまでの想定をはるかに上回る津波の可能性が指摘された高知県の土佐清水市についての研究成果を報告する。

　東日本大震災の発生を受けて、南海トラフ地震の影響が想定される区域では、従来の津波想定区域が大幅に拡大して指定し直された。実際に県庁所在地でありながら、市街の大部分が浸水範囲となる高知市では、多重堤防を造ることが決定されている。このように南海トラフ地震で被害が想定されている高知県では、2005年の段階でまだ80万人が居住していたが、南海トラフ巨大地震の危険性が専門家から指摘されると同時に人口が減少し始め、東日本大震災以降は他県への移住が相次ぎ、2019年6月には戦後初めて人口が70万人を下回ったと報じられた（高知新聞 2019）。この十数年で〝10万人以上も減少した〟。これは単なる過疎化などではなく、南海トラフ巨大地震の被害を避けるため〝予防的移住者が増加している〟という評価もある。

　先に触れた多重堤防が計画される高知市以外の高知県の自治体は、予防的に使用できる予算がなく、基本的には各自治体の居住区域の見直しや、災害が起こった際の避難路の整備、避難体制の教育・訓練など自主防災への取り組みが重要視されている。

　一ノ瀬が第1章で提示した「キャパシティ」という言葉は、本書では災害に対

する組織やコミュニティ、社会の対処能力すべてを指す。つまり、人や組織の知識や技術に加え、社会的な関係性やリーダーシップなど幅広いものを含む。災害リスクの低減のためにはこのキャパシティを高める必要があり、そのような取組みは「キャパシティ・ビルディング（CB）」と呼ばれる（Allen 2006）。独立行政法人国際協力機構（JICA）では「キャパシティ・デベロップメント（CD）」という概念を「地域の課題対処能力が、個人、組織、社会等の複数のレベルの総体として向上していくプロセス」と紹介している（JICA 2013）。その中でキャパシティを「地域が自らの手で開発問題に対処するための能力」と定義し、地域自身の主体的な努力（内発性）を重視する必要性に触れている。CBとCDの相違点は、以下の3点である。

①CBは主に組織や個人の能力向上を対象とするのに対し、CDはそれらに加えて、制度や政策の整備、社会システムの改善などまでを広く対象に含めている。

②CBはキャパシティを外から構築する介入行為を指す用語であるのに対し、CDは地域自身による内発的なプロセスそのものを指す用語である。

③CBはキャパシティを構築（build）する段階のみを視野に入れているが、CDはキャパシティを構築、強化、維持する継続的なプロセスであることを強調している（JICA国際協力総合研修所 2006）。

今回の調査は、高知県の中でも特に先駆的な自主防災の取り組みとして注目されている土佐清水市の中浜地区を事例に、CDと地域環境の認知の連動性について考察する。土佐清水市は海岸に面する19の高知県の自治体の中で2番目に高い津波の最大値17mが予測されている市である（図7-1・口絵13）。同市の中浜地区も、住宅が広がる湾に面した谷に沿った低地部分がすべて浸水区域に指定されている（内閣府 2019）。東日本大震災の後の津波浸水範囲の大幅な拡大に高知の多くの自治体が悩むなかで、そのハザードマップの変更の前から自主防災に取り組み、県の中でも先進地として評価されているモデル地区である。また、あのジョン万次郎こと中浜万次郎の生誕の地でもある。本章では、自主防災が進む中浜地区における住民の空間認知の違いと、防災意識との関係性を考察する。

図 7-1　土佐清水市中浜地区および周囲の概要（口絵 13）
国土地理院空中写真（2007 年）の画像を Agisoft PhotoScan で加工・作成した 3D 画像。白色の点線の範囲が中浜地区。
出典：国土地理院ウェブサイト（http://mapps.gsi.go.jp/maplibSearch.do#1）を元に筆者作成。

1　調査の方法

　調査にはケヴィン・リンチが発案したイメージマップ（リンチほか 1968）と、国立研究開発法人防災科学研究所が作成した「防災意識尺度」のアンケート（国立研究開発法人防災科学研究所 2018）（図 7-2）を併用する方式を選択した。
　イメージマップ調査は、「ご自宅と地区（集落）の知っている場所をこの紙におさまるように自由に絵で描いてください。合わせて最も好きな場所を印で教えてください」という教示と、実際に私の小学生時代を過ごした街を想起して描いたイメージマップをサンプルとして示した。そのうえで、各人に自由に 15 分程度で描画させた。この自由描画法は調査者側の誘導効果が最も小さく、被験者の意識空間が直接、総合的に表現される。この方法で表現されるものは、ミクロよりもマクロな空間要素となるので、空間の全体的構成についての認知状態を知る

	防災意識尺度　ver20180115D 以下の文章はあなた自身の考えにどのぐらい当てはまりますか? 右の選択肢から最も近いものを選んで数字に○をつけてください	まったくあてはまらない	ほとんどあてはまらない	どちらかというとあてはまらない	どちらかというとあてはまる	かなりあてはまる	とてもよくあてはまる
1	災害発生時に人々がどのような行動を取るか具体的なイメージがある	1	2	3	4	5	6
2	自分の利益にならないことはやりたくない	1	2	3	4	5	6
3	災害発生時に必要となる物資の具体的なイメージがある	1	2	3	4	5	6
4	色々な友達をたくさんつくりたい	1	2	3	4	5	6
5	災害発生時に町がどうなるかの具体的なイメージがある	1	2	3	4	5	6
6	ひとたび災害が起きれば大変なことになると思う	1	2	3	4	5	6
7	自分は心配性だと思う	1	2	3	4	5	6
8	不安を感じることが多い	1	2	3	4	5	6
9	自分の身近なところで起きそうなことだけ考える	1	2	3	4	5	6
10	災害のことを考え始めると、様々なパターンの被害を妄想してしまう	1	2	3	4	5	6
11	普段は災害のことは考えない	1	2	3	4	5	6
12	災害は明日来てもおかしくない	1	2	3	4	5	6
13	個人の努力だけで災害の被害を減らすことは難しいと思う	1	2	3	4	5	6
14	身の周りの危険をいつも気にしている	1	2	3	4	5	6
15	災害対策は耐震補強や防波堤の整備など物理的なものだけで十分だと思う	1	2	3	4	5	6
16	人とコミュニケーションを取るのが好きだ	1	2	3	4	5	6
17	防災は自分の地域だけで完結するのではなく他の地域との連携も必要だと思う	1	2	3	4	5	6
18	人が集まる場所が好きだ	1	2	3	4	5	6
19	災害発生時に自分がどのような対応をすればよいか具体的なイメージがある	1	2	3	4	5	6
20	他の人のために何かしたいと思う	1	2	3	4	5	6

図 7-2　防災科学研究所が作成した「防災意識尺度」の調査シート
出典：国立研究開発法人防災科学研究所（2018）より一部を抜粋。

うえでは効果的である。今回の調査では、中浜地区の自主防災の組織に入る大人14人と、中学校生の子ども13人の被験者から回答を得ることができた。

　防災意識尺度のアンケートも同時に依頼して、空間認知の質の違いと、防災意識との間に関連性がみられるのかを検証した。イメージマップを提案したリンチは、ある地域（都市）の住民の大多数が共通にもっている空間の心像「パブリック・イメージ」の要素（エレメント）として、道路（path）、目印（landmark）、縁（edge）、接合点・結節点（node）、領域（district）を抽出した（リンチほか 1968）。

　そのなかでリンチは、アメリカでは珍しくヨーロッパ的な趣を残すボストンの街には多くの人々に共通して指摘される要素（エレメント）がとても多いことを指摘している。たとえば、チャールズ川、ビーコンストリート、ボストンコモンや公共公園などのオープンスペースなどが該当する。一方で、アメリカの中で鉄道と高速道路が縦横に交差し、人種や階級によって地区も分断されたジャージー・シティーは、先のボストンに比べると、全体の認知程度が低く、認識され

る要素（エレメント）の数も少ないことを報告している。

　リンチのアメリカの都市を対象とした研究では、イメージマップや、共通する要素（エレメント）を大多数が共有する空間の心像「パブリック・イメージ」を都市間で比較するために使用している。一方で、空間としては存在する場所でも、鉄道の線路で囲まれ、閉鎖された場所は概念的には同じ都市の住民の意識では空白地となることも指摘している。

　本分析では、同じ地域に住む個人のマクロな空間認知の全体像とその差異を把握するため、このパブリック・イメージの概念を活用した。加えて、イメージマップが豊かな人ほど地域への関心が高く、防災意識も高いのではないかという仮説を検証することにした。

2　分析結果

　高知県の中でも自主防災の活動が進んでいる地域ということもあり、全国618名分の防災意識尺度の総合得点の平均値73.3を回答者の8割が上回る結果となった。合計27名の回答者で全国の平均値を下回ったのは、中学生2名、大人3名のわずか計5名だけであった。防災意識尺度の総合得点が全国の平均値よりも10点以上高い回答者は、それよりも低い回答者よりもイメージマップ内に描いた避難所、避難所までの道路（path）だけでなく、目印（landmark）、縁（edge）、結節点（node）の描画平均数が多い結果となった（図7-3）。このように防災得点が高く、防災意識が高い人ほど、リンチが指摘する空間の要素（エレメント）を同地区内でより多く認知している傾向が確認できた。また全国の平均値との防災意識の総合得点およびイメージマップにおける結節点（node）の描画数には正の相関が確認できた。このことは、集落内の道路（path）が交わる結節点（node）を多く認知している人ほど、防災の意識が高いという傾向があると解釈された。

　以上の分析から、同じ地域の住民でも、防災意識が高い住民は、相対的に防災意識が低い住民よりも、意識できる集落内の目印（landmark）、縁（edge）、結節点（node）をより多く認識していた。このことは地域の環境をよく利用する、あるいは体験することが総合的な防災意識を高めることに寄与する可能性を示している。

　一方で防災得点が全国の平均よりも低いほうには、図7-4のように、描かれた

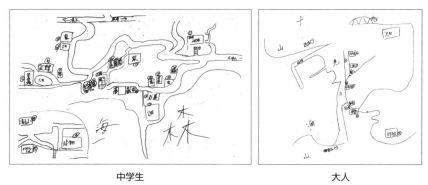

中学生 大人

図 7-3　防災意識の総合得点が高い回答者の中浜地区のイメージマップ

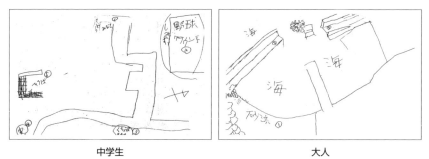

中学生 大人

図 7-4　防災意識の総合得点が低い回答者の中浜地区のイメージマップ

範囲自体が小さく、結果的にイメージマップ内の道路（path）、目印（landmark）、縁（edge）、結節点（node）の描画平均数が少ない傾向がみられた。

　本調査に先立ち、イメージマップの調査の事前打ち合わせで、中浜区長の西川英治氏に実際にイメージマップを描いてもらった（図 7-5）。そのマップには、伊勢海老や魚を捕る場所、潮の流れとその分岐点、バーベキューに適した浜辺や、食べきれない魚介類を換金する魚屋さん、そのお金でアイスクリームを買って帰るルートなどが示されていた。

　また、海だけでなく、野鳥を捕獲した場所や、仲間と遊んだ学校の杉植林地、隣町に通じる山道の分岐点など、中浜地区の範囲を超えた土佐清水市の近隣地区まで含め、思い出が詰まった空間認知をもっておられることを知ることができた

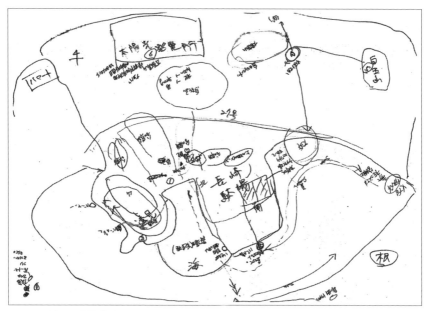

図 7-5　様々な自然体験の思い出が一体となった西川英治氏（中浜区長）のイメージマップ

（図 7-6）。

　先の第 6 章で紹介したように、日本景観生態学会は震災の直後に「里地・里山・里海の利用、集落景観、地域内で守られてきた行事などに関する思い出を辿り、地域の風土に含まれる文化的多様性や継承されるべき知恵を積極的に収集し、復興計画に活かすべき」と提言した。その意味でも、大きな災害が予期される地域（ほぼ日本全域）において、若い世代の地域への定着や、外部からの移入者の獲得にもつながる地域環境や自然への愛着や親しみを高めることが、防災意識の改善にも寄与できるのであればとても有用であると考える。

　東日本大震災の後に、日本で最も深刻な津波の浸水予測が突然伝えられた土佐清水市のなかで、特に先進的な自主防災に取り組んできた中浜地区における調査からは、堤防の建設等の予算がない地域でも複合的な取り組みで、自然生態系の活用と防災・減災効果の両立を推進できる可能性が示唆される。この中浜地区の自主防災の取り組みは、第 6 章で紹介した生態系減災を実現するための Nature-based Solutions（NbS）の以下の基準に答えるヒントになるかもしれない。

図7-6　中浜区域に留まらない豊かな西川英治氏のイメージマップ（筆者清書）
図7-1と比較すると、地区内だけでなく、連続する海や山まで認知されていることがわかる。

・基準4：NbSは、経済的にも財政的にも実行可能である。
・基準6：NbSは、主要な目標達成と複数便益の継続的な供給間のトレードオフを公平にとる。

　高知県では東日本大震災と、新たな南海トラフの予測発表後に、多くの住民の他県への移住が進んだとの指摘がある。移転を決断した人々がどのような思いで故郷を離れたのか、どのような街のイメージをもっていたのか、新しく移り住んだ街の環境をどのように認知しながら暮らしているのだろうか？　このような問題意識をもったときに、中浜地区における豊かな空間認知と高い防災意識の両立を実現するような街づくりが、人口減少と高齢化に直面する地方自治体において、防災・減災と安全で持続的な暮らしを実現するうえでのひとつのヒントになればと考える。前述のようにJICAは、キャパシティ・デベロップメント（CD）を「地域の課題対処能力が、個人、組織、社会等の複数のレベルの総体として向上

していくプロセス」とし、キャパシティを高めるためには「地域が自らの手で開発問題に対処するための能力」と定義し、地域自身の主体的な努力（内発性）の重視が必要と指摘している（JICA 2013）。

　このように考えると、第 6 章の新地町の事例も外部の有識者や適正なコンサルタントによるキャパシティ・ビルディング（CB）の実現と、地域の自発的な街づくりの議論や積み重ねによる外部の有識者と対等に議論・共同できる CD がうまく融合して、緊急時であっても相乗効果を発揮できた事例とみることができる。

　一方で、災害リスク評価に関して、行政が責任を問われないように、必ずしも最も危険な地域でなくても、その地域を危険地帯として過度に指定する傾向があることが指摘されている（中筋 2005）。また、今回の南海トラフ巨大地震による津波浸水範囲の大幅な見直しが行われ、自分の居住地地域の浸水リスクが高いことがわかった場合には、住民はそうした情報を軽視することで心理的な不安を小さくする傾向にあることも指摘されている（片田ほか 2004）。このように災害リスクの発信に焦点を当てるだけでは、CD で重要な、地域自身の主体性を引き出して、自発的に活動し、持続的に取り組んでいくことが難しいように思われる。

　実際に南海トラフの厳しい災害予測が出された高知県でも、この十数年で多くの人が移転したことも踏まえると、防災・減災の予測情報を共有し、直接的な対策を考えるだけでは、人口を維持することが難しいことが伺える。逆に言えば、生態系減災による街づくりが、減災だけでなく、人が住みたくなる街づくりに、どのようにつながるのかを提示する必要があるともいえる。

おわりに

　本章の調査地である土佐清水市の中学校で防災教育の活動を継続する地震学者の大木聖子氏は、2020 年に開催されたニッセイ財団の研究報告会にて、地震予測や津波予測を「試験日がわからない受験勉強に似ている」と表現した。また土佐清水市の泥谷光信市長も同会にて「東日本大震災以降、災害に強い街づくりが住民の高い支持を得たが、防災のみの政策だけでは、人口減少と高齢化が止められない」と発言した。

　このような問題の複合性と長期間化を考えるときに、第 6 章や本章で紹介したような住民の地域環境に対する適切な利用や、失われつつあるに日常的な関わり

のデザインを抜きにして、防災・減災のみを考え、追い求めることは、結果的に地域環境への関心や、希望を萎えさせる負のスパイラルに入る危険性があると考える。

　また第6章と本章における事例紹介から読み取れることは、自然との関わりが魅力的で住みたくなる街を防災・減災と合わせて実現することが、人口減少と予算的制約に直面する地域自治体の都市計画において、代替案のひとつになりえるのではないかということである。

　　謝辞：本稿の執筆に際しては、高知県土佐清水市中浜区長の西川英治氏に全面的なご協力いただいた。ここに御礼申し上げます。

引用文献

Allen, K. M. (2006) Community-based disaster preparedness and climate adaptation：local capacity-building in the Philippines. *Disasters* **30**：81-101.

独立行政法人国際協力機構［JICA］国際協力総合研修所（2006）—途上国の主体性に基づく総合的課題対処能力の向上を目指して—キャパシティ・ディベロップメント（CD）〜CDとは何か、JICAでCDをどう捉え、JICA事業の改善にどう活かすか〜. https://openjicareport.jica.go.jp/pdf/11817178.pdf（2020年4月13日確認）.

独立行政法人国際協力機構［JICA］（2013）JICA国際協力人材・実務ハンドブック　第2版. 独立行政法人国際協力機構［JICA］国際協力人材部.

片田敏孝・児玉真・佐伯博人（2004）洪水ハザードマップの住民認知とその促進策に関する研究. 水工学論文集 **48**：433-438.

ケヴィン・リンチ・丹下健三・富田玲子（1968）都市のイメージ. 岩波書店，東京.

高知新聞（2019）高知県人口70万人割れ. 2019年6月20日. https://www.kochinews.co.jp/sp/article/286610/（2019年11月28日確認）.

国立研究開発法人防災科学研究所（2018）防災意識尺度. https://risk.ecom-plat.jp/fbox.php?eid=20919（2018年4月5日確認）.

内閣府（2019）南海トラフ巨大地震の被害想定（第二次報告）について. http://www.bousai.go.jp/jishin/nankai/nankaitrough_info.html（2019年11月28日確認）.

中筋章人（2005）なぜ「土砂災害ハザードマップ」はできないのか. 応用地質 **46**（5）：250-255.

第8章
防災インフラとしての海岸マツ林の自治管理

朝波史香・鎌田磨人

はじめに

　わが国の海岸マツ林の多くは、飛砂による被害を回避・低減するため、17世紀半ば以降から多くの藩で植林されるようになり、育成されてきたものである（立石 1989；小田 2003；太田 2012；大谷 2020）。クロマツは耐塩性に優れることから（近田 2013）、成林した海岸マツ林は暴風の緩和や、塩害や高潮・津波被害の軽減にも効果を発揮した。同時に、林内の落葉・落枝等は燃料に利用され（梅津 2016）、また、林床に生える松露等のキノコは食材となった（朝波ほか 2020）。地域社会は、非常時には海岸マツ林に守られつつ、日常の中では様々な恵みを受け取りつつ暮らしを営んできたのだ。

　本章では、このような海岸マツ林と地域社会との間にある歴史的・文化的な強いつながりが活動動機となって海岸マツ林が守られてきている地域を取り上げ、国・自治体の施策との連関で構築されている保全管理の仕組みを紹介する。そして、これからの時代、人口減少が進むなかで保全管理を継続していくためのガバナンスについて検討する。

1　海岸マツ林が提供する生態系サービス

　海辺の砂浜の背後にマツ林。「白砂青松」とも言われる美しい景観だ（図8-1）。しかし、大きな台風がやってきたときには、波が堤防を乗り越え流れ込む。その波は大きな流木を運び、岸に打ち上げる。そのような時、常日頃は生活に潤いを与えてくれる海岸マツ林が流木を捕捉し、背後の集落を守る（図8-2）。また、暴

図8-1　白砂青松の風景（徳島県海陽町大里海岸）
（2015年10月17日、鎌田磨人撮影）

図8-2　堤防を越える波と流木（徳島県海陽町大里海岸）
（左：2018年8月23日、斎藤正氏撮影。右：2020年1月6日、鎌田磨人撮影）

風を弱めたり、空中に巻き上げられる海水を捕捉することで塩害や潮風害を防止したり（図8-3）、飛砂を防止したりもする（河合 1993）。海岸林がもつ防災機能は国土保全を行っていくうえでとても重要で、国や都道府県は、そうした機能を高度に発揮する森林を潮害防備保安林、防風保安林、飛砂防備保安林等に指定し、それら機能が保持されるよう努めている。まさに、生態系減災（Eco-DRR; Ecosystem based Disaster Risk Reduction）だ。

　海岸マツ林からは燃料や食料が供給され、また、その優れた景観は観光資源として活用されたり、木陰は海水浴の際の休息の場として活用されたりもしてきた。海岸マツ林での散策で、リラクゼーション効果や癒し効果が得られることも明らかにされてきている（岡田ほか 2010；白井・岩崎 2012）。調整サービスの活用を意

図 8-3　海岸マツ林による潮風の防御（徳島県海陽町大里海岸）
(2016 年 9 月 26 日、朝波史香撮影)

図して育成された海岸マツ林は、供給サービスや文化サービスをも提供してきた
のだ。

　複数の生態系サービスを提供してきた海岸マツ林は、それぞれの地域の風土の
中で創造・維持されてきたグリーンインフラだといえる（グリーンインフラ研究会
2017；朝波ほか 2020）。土木学会によるインフラの定義（土木学会会長提言特別委
員会インフラ国勢調査部会 2008）に即してグリーンインフラを定義すると、「人々
に、便利な暮らし、安全、良い環境、活力を提供する生態系と、その運用・維持
管理システム」、もしくは「生態系が安全・安心に生活してゆく上で必要な公共
財・資本であることを認識し、維持管理のためのコストを支払いながら自然資本
（＝生態系）を運用することで、持続的にサービスを得てゆく仕組み」となる（鎌
田 2019）。生態系減災は、グリーンインフラが提供する様々なサービスの中から、
特に調整サービスを防災・減災に活用することを強調した概念ということができ
る。

　1960 年代以降、高度経済成長を始めた日本では、プロパンガスや灯油、電気等
の化石エネルギーが燃料に使用されるようになった。そして、林内から燃料のた
めに取り出されていた植物由来の資源は利用されなくなり、日常的に行われてき
た松葉掻きも行われなくなった。その結果、林内に広葉樹が侵入・定着してきて
いる。遷移途中の林であるマツ林を維持してくためには、下草刈りや落ち葉掻き
といった常日頃の人の働きかけが必要で、放っておくと別の森林に変化する（鎌

田ほか 2014；森定ほか 2020）。加えて、マツノザイセンチュウとマツノマダラカ
ミキリによって引き起こされるマツ材線虫病の蔓延により、各地のマツ林で枯死
が進行してきてもいる（近田 2001；太田 2015；梅津 2016）。今、多くの海岸マツ
林では維持管理の仕組みの消失やマツ材線虫病によって林の構造が劣化し、機能
低下が生じてきているのだ。

2　生態系サービスを享受し続けるための視点

　東日本大震災での津波災害以降、海岸林がもつ防災・減災機能が再認識され、
その機能を発揮させるのに必要な林分構造について改めて検討されてきている
（例えば、吉崎 2011；林田 2012；東日本大震災に係る海岸防災林の再生に関する検討
会 2012；太田 2015；大谷 2020）。けれども、海岸マツ林からのサービスを持続的
に得ていくための道筋、すなわち、グリーンインフラの持続的管理・活用のあり
方を考えるためには、林分の構造や機能を明らかにするだけでは不十分である。
どのような組織・人が維持管理のためのマネジメント及び活動を展開し、そのコ
ストを誰がどのように支払うのか（鎌田 2018）、そして、それらを支えるために
どのような制度・仕組みが必要なのかを明らかにし、様々な地域での取り組みに
活かしていけるようにする必要があるのだ（朝波ほか 2020）。

　劣化した海岸マツ林からの再生を実現し、継続的な管理作業、イベントの実施
へと展開してきている福岡県福津市での先進的事例調査を行った朝波ほか
（2020）は、福津市が地域自治政策・施策を推進してきたことにより、海岸マツ
林の継続的な維持管理を誰がどのように行うのかという課題に対して、ガバナン
ス型解決（佐和 2000）が導かれていることを明らかにした。ここから浮かび上
がってきたのは、自治管理を推進するための仕組みの重要性であった。

3　徳島県海陽町大里の海岸マツ林

　徳島県南端の海陽町大里では（図8-4）、長年、地域の人たちによって海岸マツ
林が管理されてきている。海陽町の人口は1955年の2万591人をピークに年々減
少し、2000年には1万2,104人、2015年には9,283人となっている。そして、2040
年には5,466人になると見込まれる人口減少地域である（海陽町 2015）。

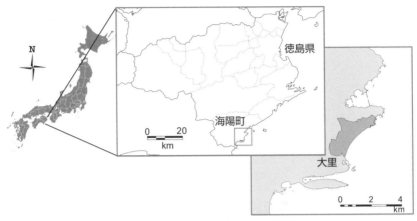

図 8-4　徳島県海陽町大里地域の位置

図 8-5　徳島県海陽町大里の海岸マツ林（口絵 14）
（2017 年 12 月 14 日、一ノ瀬友博撮影）

　海部川河口の海岸部に、沿岸流や波浪によって運ばれた砂によって標高 10 m
ほどの砂浜堤が形成されていて、その上に長さ 2.3 km、幅 200 m ほどのクロマツ
を主体とする海岸林がつくられている（図 8-5・口絵 14）。樹林面積は 26 ha で、そ
のうちクロマツが優占する林分は 20.2 ha、それ以外の 5.8 ha の林分ではクスノキ
が優占する（佐々木ほか 2017）。

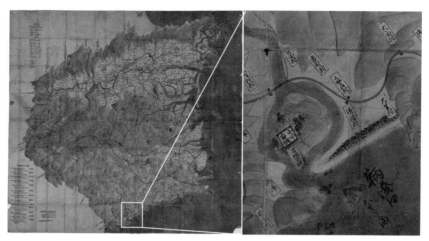

図 8-6　阿波国大絵図［徳島大学附属図書館蔵］（口絵 15）

　この海岸マツ林は、1905（明治 38）年に潮害防備林に指定され、その後、1951（昭和 26）年の現行森林法の制定に伴い潮害防備保安林となった。さらに、1980（昭和 55）年には保健保安林にも指定された。また、1964（昭和 39）年に設けられた室戸阿南海岸国定公園に組み込まれ、「白砂青松 100 選」にも選定されている。

　大里の海岸マツ林の成立年代はわかっていないが、1641 年頃に作製された「阿波国大絵図」にはすでにマツ林が描かれていること（図 8-6・口絵 15）、「享保 15 年大暴風雨、松原御林 3000 本余り根返り中折れ」との記述がある文書が残っていること（海南町史編さん委員会 1995b）から、そのマツ林は少なくとも 1640 年以前から存在し、1730 年頃には徳島藩によって統治されていたことがわかる。マツの落葉は燃料に利用され、また、1800 年頃に作成された「阿波志」では、大里松原の松露が産物として挙げられていた（海南町史編さん委員会 1995a）。

　藩林であった大里海岸のマツ林は、1869（明治 2）年の版籍奉還後、明治政府に編入された。その後、1907（明治 40）年までは官林（国有林）として統治された。そのため、無断で松葉を掻き集めることは許されず、個々の世帯で「落ち葉掻き取り入林証」を取得して集めていた。自由に松葉を集められるようになったのは、1908（明治 41）年にマツ林が大里部落の共有地となってからである（海南町史編さん委員会 1995b）。

4　明治以降の大里マツ林の所有者の変遷

　大里の海岸マツ林の土地所有と利用・管理者との関係は複雑だ。このことは、当地での自治管理を考えるうえでとても重要なので、マツ林が大里部落の共有地となった経緯を整理しておく。

　1899（明治 32）年、「国有林野法」及び「森林資金特別会計法」が成立した。そして、国として管理経営する必要のない林野を民間に払い下げ、これを財源として国有林の森林整備を行おうとした（林野庁 2018）。この制度を利用して、大里の土地を開墾してサトウキビを栽培しようとしていた村外の者が、大里松原のマツを伐採・販売してその資金を得ようと、国有林であった林地の払い下げを願い出た。この動きを知った大里部落の代表 19 名は、部落の一大事であるとして、大里部落への払い下げ運動を展開することとした。結果、1908（明治 41）年、大里部落が属していた川東村（当時）の村会決議を経て、大里部落に払い下げられることとなった。払い下げ代金の 2,860 円は、マツの売却、資産家からの立て替え、徳島銀行からの借り入れ（1,830 円）で賄われた。この時、部落代表者 19 名は「期日までに支払いが出来ぬ際は、私財を以て弁償」することを約束し、そして実際に弁済期限の 1910（明治 43）年 12 月 31 日までに返済した（海南町史編さん委員会 1995a；1995b）。

　小栗（1958）によると、「近世当時のように封建制の強い村落では、村落の財産は他郷の者に一指もふれさせない形で管理されてきた」という。藩や明治政府に所有・統治されてきたマツ林であっても、その資源は大里部落の者によって活用されてきた共有財であり、その財の他所者への払い下げは許容できるものではなかったであろう。この一連の動きは、海岸マツ林を公式に部落有林化（共有林化）することで、その権利を排他的に担保しようとしたものだったといえる。

　一方、明治政府は、1889（明治 22）年に市制・町村制を施行して大規模合併を進めることで、市町村の中央集権機構への組み込みを進めていた（笠原 1998）。林野に関しては、部落による入会的利用を解消させ、市町村の基本財産とすることで、地方自治制の基礎を固めようとした。そのため、合併によって組み込まれた旧村が持つ林野の取り扱いについては、新しい町村長の管理と町村会の議決に服することが必要となった。ただし、この変化は入会権の否定には至らず、旧町

村の権利が温存されるのが一般的であった（笠原 1998）。部落は個々人の集合に解体再編されない伝統的生活単位としての旧村の主張を代表し、新しい町村は個人の集合する地縁団体としての主張を代表するようになったのだ（小栗 1958）。1908（明治41）年、国有林であった大里マツ林の払い下げにあたって、川東村（当時）の村会決議はこうした背景に即して行われたものであった。そして、大里部落に所有と利用の権利を公的に付与することとなった。

　この直後の1910（明治43）年、明治政府の農商務と内務は「部落有林野統一政策」を開始した（笠原 1998）。当初、この政策では部落（旧村）が持っている林野をはじめとするすべての部落有林を対象に、住民の権利や利益を縮小・整理しようとしたため、住民から大きな抵抗を受け、進捗しなかった。そのため、1919（大正8）年に、無条件統一から条件付統一へと譲歩し、地上権を設置して、部落に一定部分の産物採取等を認め、収益の部落への分与を許容することとなった（笠原 1998）。

　このような流れのなかで、1925（大正14）年、大里部落が属する川東村議会で、「川東部落有財産の使用収益に対する旧来の慣行を廃止し、該財産に付随する一切の権利を放棄し、……整理統一を断行する。……但し大里松原……は現状のまま川東村有とし、其の使用収益は永久に部落の占有とする。……」との議決が行われ、協定書が作成された（海南町史編さん委員会 1995a；1995b）。この協定により、大里部落は将来にわたって地上権を占有することが保証された。そして、1959（昭和34）年、2006（平成18）年の町村合併によって土地所有が海南町、海陽町へと変化した後も、地上占有権は大里部落に引き継がれている。

5　管理の担い手としての大里部落

　海南町史編さん委員会（1995b）によると、大里は、1889（明治22）年の市制・町村制の施行による大規模合併までは村として存在していた行政単位であり、同時に、共有の財産管理や資源分配を行う伝統的生活単位として機能していた。大規模合併後は、行政単位としての機能は失われたが、伝統的生活単位としての機能は維持された。国有林払い下げ問題が勃発した際の大里部落の動きは、それを象徴する出来事だったといえる。そして、1908（明治41）年、川東村による「大里松原の使用収益は永久に部落の占有とする」との宣言が、大里部落が松原の利

活用のあり方に関わる意思決定を行う組織であること、また、その組織の存続を公的に認めることになったともいえる。

部落長によると、こうした歴史のもとで大里部落は自治組織として存続してきたが、近年、価値観の多様化にともない、意思決定のあり方の見直しが必要になった。そのため、2009（平成21）年に「大里部落の基本活動趣意書」がつくられ、「地域の生活環境の維持改善、地域のコミュニケーション、用排水路・農道等の維持管管理」を部落の主な目的とすること、これに賛同する世帯で部落を構成すること、そして、運営のための役員、会計、事業等に関する事項が定められたとのことであった。あわせて、「大里松原管理基準」が制定され、松くい虫対策としての薬剤の地上散布時における交通整理、枯れマツの伐倒、植栽、下草刈り、清掃活動を大里部落として行っていくことが明文化された。そして、それら作業に従事する際の日当や、チェーンソー等の必要な機械の借り上げ料についても決められた。

現在、大里部落は浜崎、中小路、飯持、前田、松原の5地区に在住し、活動趣旨に賛同する約550世帯で構成され、その運営は、部落長（1名）、会計（1名）、各地区から選出された総代（5名）と委員（18名）、監事（3名）からなる役員によって担われている。

以下、ヒアリングや、行事・イベントに筆者らが参加して得た情報、及び文献等による補足情報に基づき、大里部落が担っている保全管理活動、及び中学校やNPOによるマツ林の利活用の状況、また、大里部落の役員をはじめとする、マツ林の保全管理、活用に関わる人たちの考えや思いをまとめておく。

なお、ヒアリングにご協力いただいたのは、大里部落の役員の皆さん、海陽町及び徳島県の担当職員の方々、海陽中学校教員の方々である（表8-1）。特に歴代の部落長には様々な機会に話を聞かせていただき、また、植樹活動や祭りへの参加、ワークショップの実施、写真等の貴重な資料の提供等についてお世話いただいた。

表 8-1　ヒアリングのインフォーマント、実施日、実施場所

対象者		所属	実施日	場所
地域住民 A：大里部落	A1	部落長（2015 年〜2017 年）	2015 年 9 月 14 日、10 月 18 日、11月 22 日	大里八幡神社
			2015 年 8 月 29 日、10 月 17 日、12月 1 日 2016 年 2 月 2 日・19 日、3 月 10日、6 月 15 日、10 月 23 日、12月 1 日・27 日 2017 年 1 月 18 日、2 月 24 日	海岸マツ林内
			2017 年 4 月 15 日	海陽町文化村
			2019 年 6 月 16 日	海陽町まぜのおか
	A2	部落長（2018 年〜2020 年）	2015 年 9 月 14 日、2018 年 4 月16 日	大里八幡神社
			2018 年 5 月 5 日、7 月 16 日、8月 28 日、10 月 21 日 2019 年 2 月 11 日、5 月 5 日・10日	海岸マツ林内
			2017 年 4 月 15 日	海陽町文化村
			2018 年 8 月 1 日、 2019 年 3 月 29 日	海陽町役場
			2018 年 12 月 8 日、 2019 年 6 月 16 日	海陽町まぜのおか
	A3	総代（2018 年〜2020 年）	2015 年 10 月 18 日	大里八幡神社
			2019 年 5 月 5 日	海岸マツ林内
			2019 年 3 月 29 日	海陽町役場
			2018 年 12 月 8 日、 2019 年 6 月 16 日	海陽町まぜのおか
	A4	総代（2018 年〜2020 年）	2015 年 9 月 14 日	大里八幡神社
			2019 年 2 月 11 日、5 月 5 日	海岸マツ林内
			2019 年 3 月 29 日	海陽町役場
			2018 年 12 月 8 日、 2019 年 6 月 16 日	海陽町まぜのおか
	A5	大里八幡神社 宮司	2015 年 9 月 14 日	大里八幡神社
	A6	会計（2015 年〜2017 年）	2015 年 9 月 14 日	大里八幡神社
			2017 年 4 月 15 日	海陽町文化村
	A7	役員（2015 年〜2017 年）	2015 年 9 月 14 日	大里八幡神社
	A8	総代（2018 年〜2020 年）	2018 年 12 月 8 日、 2019 年 6 月 16 日	海陽町まぜのおか
	A9	役員（2018 年〜2020 年）	2019 年 6 月 16 日	海陽町まぜのおか
	A10	役員（2018 年〜2020 年）	2019 年 5 月 5 日	海岸マツ林内
			2019 年 6 月 16 日	海陽町まぜのおか
	A11	会計（2018 年〜2020 年）	2019 年 6 月 16 日	海陽町まぜのおか
	A12	総代（2018 年〜2020 年）	2019 年 5 月 5 日	海岸マツ林内
			2019 年 3 月 29 日	海陽町役場
			2019 年 6 月 16 日	海陽町まぜのおか
	A13	地域住民	2019 年 6 月 16 日	海陽町まぜのおか
	A14	地域住民	2019 年 6 月 16 日	海陽町まぜのおか

（右ページへ続く）

対象者		所属	実施日	場所
行政 B：海陽町	B1	農林水産課	2020 年 3 月 23 日	電話
	B2	産業観光課	2016 年 9 月 26 日	海陽町役場
	B3	まち・みらい課	2019 年 5 月 10 日	海陽町役場
			2019 年 6 月 16 日	海陽町まぜのおか
	B4	まち・みらい課	2019 年 5 月 10 日	海陽町役場
			2019 年 6 月 16 日	海陽町まぜのおか
	B5	町長	2018 年 8 月 1 日	海陽町役場
			2018 年 12 月 8 日	海陽町まぜのおか
行政 C：徳島県	C1	南部総合県民局農林水産部	2020 年 3 月 23 日	電話
	C2	南部総合県民局産業交流部	2016 年 12 月 1 日	徳島県南部総合県民局美波庁舎
	C3	県土整備部用地対策課	2015 年 6 月 8 日	徳島県庁
	C4	南部総合県民局産業交流部	2015 年 6 月 8 日	徳島県庁
	C5	農林水産部農林水産業基盤整備局 森林整備課	2015 年 6 月 8 日	徳島県庁
	C6	農林水産部農林水産業基盤整備局 森林整備課	2015 年 6 月 8 日	徳島県庁
	C7	南部総合県民局産業交流部	2015 年 6 月 8 日	徳島県庁
	C8	県民環境部環境首都課	2020 年 3 月 30 日、31 日	電話
D：中学校	D1	海陽町立海陽中学校 教諭	2020 年 3 月 23 日	電話
	D2	海陽町立海陽中学校 教諭	2016 年 9 月 26 日	海陽町立海陽中学校
	D3	海陽町立海陽中学校 校長	2016 年 9 月 26 日	海陽町立海陽中学校

6　大里部落と周辺組織による活動

（1）大里部落による保全管理活動

①　薬剤散布の支援

日本の多くの海岸マツ林と同じく、大里でも、マツ材線虫病によるマツの枯死が進んでいる。この病気は、マツに産卵して材中で成長するマツノマダラカミキリが、同じくマツの材の中で増殖するマツノザイセンチュウを運ぶことで拡大・蔓延する（独立行政法人森林総合研究所 2006）。その対策として、マツノマダラカミキリが成虫となってマツから出てくる 5〜7 月に、徳島県と海陽町が薬剤の地上散布を行っている（B1 氏、C1 氏）。この時、大里部落は、海陽町からの要請に応じて人を出し、薬剤が通行人等にかからないよう交通整理を行っている（A1 氏）。

②　松くい虫被害木の伐倒

マツ材線虫病に感染したマツを放置すると、それが新たな発生源となって全域

図 8-7　大里部落の人たちによる伐倒作業
(2016 年 2 月 2 日、朝波史香撮影)

に蔓延することとなる。そのため、大里部落では、毎年 2 月頃にマツ材線虫病に感染したマツを伐倒し、運び出している（A1 氏）。

　伐倒作業に先立って、マツ枯れの実態調査が大里部落によって実施される（A1 氏、B1 氏）。調査結果に基づいて伐倒作業が計画され、海陽町が窓口となって森林組合に作業委託する（B1 氏）。大里部落は森林組合に協力して作業を行い、毎年、400 本程度を伐倒してきている（A1 氏、A2 氏）。伐倒されて出る材はチップを生産・販売する業者に頒布し、搬出料等を差し引いて得られる収入は部落の基金に組み込まれるとのことであった（A2 氏）。

　2016 年 2 月に実施された伐倒作業の様子を確認したところ、マツ枯れ実態調査（2015 年 12 月 1 日）で印をつけた枯死木の伐倒を、大里部落の役員を中心とする 17 名（1 名は 57 歳、他の 16 名は 60 歳以上）が行っていた（図 8-7）。この時の作業日数は 3 日間、伐倒本数は 385 本であった（A1 氏）。

　③　海岸マツ林の台帳作り

　国からの補助事業を推進していくうえで、海岸マツ林の台帳が必要であるとのことから、徳島県からの要請を受けた大里部落は、毎木調査を行った。作業は 2017 年 1 月 12 日からの 7 日間、1 日 6 時間の作業を 12 人ないしは 13 人で行ったとのことであった（A1 氏）。1 月 18 日の作業に同行したところ、一組 4 人ずつの 3 班編成で、胸高直径 10 cm 以上のクロマツを GPS で測位したうえで、番号タグを付け、胸高直径と樹高を測定し、枯死の有無とともに記録していた。これによ

り、胸高直径 10 cm 以上のマツは約 1 万 5,000 本であることが明らかになり、その台帳が作成された。

この作業を行った A1 氏は、「4 万本あるといわれてきたマツがこんなに少ないとは思ってなかった。なんとかしないと」と、焦りをにじませていた。

④　植樹

大里部落では、伐倒作業等によって生じた林内の空地に、マツ苗を植栽するよう努めてきている。そして、「先代から守り育てられた貴重なマツ林を後世に引き継ぎつつ、海岸防備林としてのマツ林の整備を行う」との思いから、生徒と一緒に植樹活動を行っていけるよう海陽中学校に働きかけてきた。その結果、2014年からは、大里部落主催の「大里松原植樹・保全活動」に、卒業する 3 年生が参加するようになった（A1 氏）。2016 年 2 月に行われた「大里松原植樹・保全活動2016」には、海陽中学校 3 年生 56 人、地元住民 20 人、海陽町役場 1 人、徳島県南部総合県民局 3 人、海部森林組合 10 人が参加していた。活動のはじめに、大里部落長から「大里松原は、大里部落にとって生命線である」とメッセージが伝えられ、そして、南部総合県民局の職員から海岸防災林の役割と機能についての説明があった。そして、大里部落が準備した 100 本のクロマツ苗が植えられた（図8-8）。このイベントでの苗木の購入や植栽作業に必要な経費には、「日亜ふるさと振興財団」からの助成金が用いられている。この助成金は、大里部落が独自に申請して獲得しているのだという（A1 氏）。

また、2019 年には、日本労働組合総連合会徳島県連合会からの依頼に応じて植樹イベントに協力したり（日本労働組合総連合会徳島県連合会 2019）、森林総合研究所四国支所による海岸林の維持管理に係る研究（大谷 2020）と連携したりする

図 8-8　海陽中学校 3 年生との植樹イベント
（2016 年 2 月 19 日、朝波史香撮影）

ことで、外部の資金・資源を得ながら植樹場所や本数を増やしてきた（A2氏）。

　1986年頃、マツ材線虫病による被害が著しく拡大した時には、マツを植えてもまたマツ枯れ病に見舞われるかもしれないこと、また、実のなる木を植えることも楽しいかもしれないとのことで、1986（昭和61）年と1987（昭和62）年には、クスノキやヤマモモ等を植えたという（A1氏）。北半分の内陸部にある広葉樹が優占する林分（口絵14参照）は、このようにしてできたものらしい。

　⑤　下草刈り

　毎年6月と9月の2回、大里部落の役員が中心となってマツ林内の下草刈りを行っていた。以前は町からの補助のみで金額が少なかったこともあり、全域で作業を行えたのは6月だけで、9月は10月の祭りで人々に利用される範囲だけで行っていたとのことであった（A1氏）。また、6月の作業の時には、海陽中学校のあたりから林縁に沿って北側に280m程度、陸側林縁から海側林縁までの幅140m程度の範囲（約4ha）のマツ林内を刈り残しておき、8月に住民ボランティアにより作業を行うようにしてきているのだという。すなわち、刈り残した林分を5分割し、個々の区画を、大里部落内の5つの公民館分館に所属する住民が各々に受け持って下草刈りを行うようになっている。これには、住民間のコミュニケーションを促すことを意図してもいるとのことであった（A1氏）。下草刈りを行う背景には、「祭り」が深く関係している。このことについは、後に改めて詳しく論じることとする。

　近年は、「森林・山村多面的機能発揮対策交付金」による資金を得られるようになったことから、6月、9月とも大里部落の役員を中心とする15名程度に日当や草刈り機の燃料代を支払い、9日ほどの日数をかけてほぼ全域の下草刈りを行っているとのことであった（A1氏；図8-9）。2018年には「大里松原の保全・管理に関する請願書」が海陽町に提出され、交付金の減額で全域を刈り取るだけの資金を賄えなくなった時には、不足額を町が補助することについて議会承認された（海陽町議会広報編集特別委員会 2018）。

　⑥　林内の清掃

　大きな台風がくると海岸マツ林内まで波が打ち込み、流木やゴミが大量に流れ込む（図8-10左）。また、マツやクスノキ等の幹や枝が折れることもある（図8-10右）。大里部落では、海陽町や徳島県の行政とも相談しながら、そうしたゴミの除去作業を行っている。

図8-9　大里部落の人たちによる下草刈り作業
（2015年6月15日、鎌田磨人撮影）

図8-10　台風で林内に流れ込んだ流木と幹折れしたマツ
（左：2018年8月28日、右：2017年11月17日、朝波史香撮影）

（2）海陽中学校による活動

　先にも述べたとおり、近年、植樹には海陽中学校の3年生の生徒が参加するようになっている。これは、学校行事として位置づけられてはいないものの、地区の一員として大里部落からの呼びかけに応えて参加しているとのことであった（D1氏）。現在では、卒業時の植樹を見越して、入学した年の5月の学級活動の時間に中学校の前に生えるマツの実生を採取し、育てるようになっているとのことであった。そして、2018年からは、卒業時の「大里松原植樹・保全活動」で、入学時から育ててきた苗木も植栽されるようになった（一般社団法人日亜ふるさと振興財団 2019；海陽町立海陽中学校 2020）。

　また、松原清掃にも参加している。2019年度には、5月29日と10月10日の2回、清掃活動が行われている。10月の清掃活動は、八幡神社の秋祭りを前に行われたものだという（海陽町立海陽中学校 2019）。

　海陽中学校では、マツノマダラカミキリの発生観察を行ってきてもいる。海陽町役場からの依頼に応じて、関心の強い生徒を募集して実施しているとのことであった。校舎裏のケージの中に枯死木が運び込まれ、5月から7月の夏休み前まで、気温、発生数、雄雌を記録している。ただ、「発生時期を調べることで、どの時期に薬剤散布をするのが適切かというようなことのために調べているんだろうと推測している」、「データを何のために使うか確かめたことはない」とのことで（D2氏）、生徒たちが取得したデータが実際にどのように活用されているのかについてのフィードバックはないようであった。

　その他、総合学習で「海岸植物班」と「マツの木班」に分かれ、海岸の植生調査や松原のマツの密度を調査していたこともあったという。また、「松露を復活させよう」と総合学習で取り組んだこともあったが、腐葉土が堆積しており、松露が好むような土壌ではないということで断念したとのことであった（D1氏）。

（3）特定非営利活動法人あったかいよう による活動

　特定非営利活動法人あったかいようは、「海陽町に住む人たちが、自分たちの未来をよりよいものにするために」2016年に設立された。海陽町への移住サポート、「自然体験インストラクター」の養成、ワークショップや体験型イベントをとおした学びの場の提案と実践、地域の文化と自然の継承に関する事業を展開しようとしている。その一環として、地元ツアーガイドとしての「大里松原ツアー」を提供している。また、海岸マツ林や海岸での観察会も開催された（図8-11）。

7　八幡神社の秋祭りと海岸マツ林

　大里に置かれている八幡神社は、1604（慶長9）年に、海部川を挟んで隣接する鞆浦から移されたとされる神社で、海部川流域の旧海部郷21カ村の氏子たちが社殿の修築費や祭礼費を分担し、祭祀に参加してきた（岡島 1987）。1980（昭和55）年の「徳島県神社誌」によると、氏子は2,100世帯に及ぶという（岡島 1987）。

図8-11　大里海岸マツ林で開催された植物観察会「大里松原ツアー」
(2019 年 9 月 29 日、鎌田磨人撮影)

　秋祭りには、今でも鞆浦、奥浦、大里、四方原といった地区から関船 2 台とダンジリ 5 台が出て、それを曳く法被姿の氏子が参道の最後 100 m ほどを疾走し宮入りする。そしてその後、マツ林内を曳いて、それぞれの地域に戻ってゆく（図8-12）。この祭りは観光資源ともなっていて、地域外からも多くの人がその勇壮な姿を見に集まる。

　祭りの前、大里部落では、年配の者がダンジリを曳く若者を集め、「伊勢節」を教える。「この若い衆がいずれは、部落の役員になっていく」のだという（A1氏）。「祭りの時は、外に出ている人も帰ってくる（A3 氏）」、「岸和田のダンジリよりずっと値打ちがある（A4 氏）」との言葉も聞かれるように、地域の人たちはこの祭りを楽しみにし、また、誇りにしている。マツ林内では、多くの家族連れ、グループ、同窓会メンバー等が遊山を楽しむ（図8-12）。マツ林内で遊山を楽しむ大勢の人たちをみて、「下草刈りも値打ちあるな（A1氏）」と目を細める。このように、「祭り」は、地域の人たちの気持ちをつなぐ装置として機能し、それが下草刈りのインセンティブともなっているのだ。

　2019 年 10 月に発生した台風 19 号は、関東地方や東北地方に甚大な被害をもたらした。その台風によって発生した波の威力もすさまじく、大里の海岸マツ林内にはかつてないほどの海水が流入し、大量の流木やゴミが打ち上げられた。従来であれば、大里部落と行政とで相談しながらこうした流木等が除去されてきたのだが、この時に限っては祭りを 1 週間後に控えていたこともあり、大里部落だけ

図8-12 地域の気持ちをつなぐ秋祭り
（上：2015年10月18日、下：2018年10月21日、鎌田磨人撮影）

では対処できない状況に陥った。そして、祭りまでにマツ林をきれいにしようとの大里部落の呼びかけに応じて、町長をはじめとする町職員、特定非営利活動法人あったかいよう、海陽町社会福祉協議会、海陽町シルバー人材センター等が集まり、祭りに関わる広い範囲の人々での清掃作業が行われた（図8-13）。「祭り」によって人々が結びつけられ、多くのセクターに属する人たちの自主的参加によってマツ林の保全管理活動が創出された、象徴的な出来事であった。

8　海岸マツ林の保全管理に関わる人たちの意識

　大里部落の役員から話を聞くと、「八幡神社ができたのが慶長9年で、その時にはすでにマツは植え付けられていた（A5氏）」、「17世紀初めに四方原で新田開発が始まって、こちらのほうでも田畑がつくられるようになった。そうした時に潮

図 8-13　地域内の多様なセクターの人たちによる清掃活動
（2019 年 10 月 17 日、朝波史香撮影）

害があるからということで、藩がマツ林をつくってきた（A6 氏）」、「マツは大里
村が植えた（A1 氏、A2 氏）」、「大正 14 年に松原が川東村の所有になった時にも、
大里村が活動してきたからということで、そのまま使えるようになった（A1 氏）」、
「だから、所有関係が微妙（A6 氏）」とのことで、マツ林の歴史をそれぞれに口に
する。部落とマツ林と関係や、その歴史について皆が認識していることがうかが
える。

　そして、子ども時代の海岸マツ林の様子を以下のように話す。

　「松葉をかき集めて焚き付けに使っていたので、林の中はきれいな砂地で、草
はまったく生えてなかった（A1 氏）」、「落ち葉は貴重だった（A6 氏）」、「松葉を焚
き付けにした（A7 氏）」、「葦で編んだ炭俵の袋に松葉をつめて鞆浦に持って行っ
て、5 円で買ってもらった（A4 氏）」、「マツの材はトロ箱の材料に使われたり、船
で東北地方に運ばれて家の梁に使われたりしたようだ（A1 氏）」。このように、松
葉や材は部落の収入になっていたので、「親父らの代はいい思いをしていたので
は（A1 氏）」という。そのようなマツ林では「松露がたくさん採れ、味噌汁に入
れると本当においしかった（A4 氏）」らしい。林内は「中に入ったら外が見えな
いほどマツの木が多く、薄暗かった（A4 氏）」、「今は向こうが見えるけど、昔は
密集していた（A1 氏）」とのことで、かつては現在よりも密度が高かったことが
うかがえる。そのマツ林を遊び場とし、「木登りしたり、木の上に小屋をつくっ
たりした（A4 氏）」そうである。

　また、「台風の時に見てみると、マツの上を潮風がピャーっと超えていくのが

図 8-14　大里部落の人たちとのワークショップ
(2019 年 6 月 16 日、鎌田磨人撮影)

わかる（A1 氏、A5 氏）」、「風が強いから学校は休みだと言われたけど、行ってみたら全然風はなかった（A5 氏）」、「集落のほうでは風はない（A2 氏）」、「マツ林がなかったら家も畑ももたない（A2 氏）」、「それは値打ちある（A1 氏、A2 氏）」、「うちの生命線（A1 氏、A6 氏）」、「守っていかなあかん（A5 氏）」、「松くい虫でやられてマツが少なくなった時にはだいぶ風が吹き込んで、図書館の窓に塩の塊が付いた（A2 氏）」とのことで、海岸マツ林によって暮らしが守られてきていることを認識し、それを守っていくことを深く心に刻んでいるようであった。

　2019 年 6 月、大里部落の人たちに集まってもらって、近年のマツ林の状態、これからの維持管理のあり方、管理活動を行っていくうえでの課題等についての意見を出してもらったところ（図 8-14）、現状については「年間、枯れマツが 400 本出る」、「マツが減ってきて、マツ林が荒れている」、「草が多くて、砂地が少ない」、「今が一番悪い状態」とのことで、「昔に戻したい」との意見があった。

　維持管理のあり方については、「枯れたマツの数だけでも植樹したい」と、年間 400 本の枯れマツ伐倒数に対して 100 本程度しか植樹できておらず、300 本程度/年の減少を招いている現況を憂慮する意見や、「マツ林を維持するためには林床は土がないほうが良いが、持っていくところがない」と、腐葉土等が蓄積した林床表層を取り除いて砂地に戻したいが、土の移動先がないために実行できないとの意見があった。また、「内堤防を高くして幅を広げ、その上にも植樹する」とのアイディアも出された。一方で、「海側の、潮がくるところにはマツを植えて、内陸側の奥のほうにはクス等の広葉樹を植える」、「潮が防潮堤を超えなけれ

ばマツでなくてもよい」と、林相転換しても良いと考える者もいた。

　課題としては、「草刈りがたいへん」、「草刈りに人手がいる」、「機械と体力がいる」、「機械を持ってくる人がいない」、「下の世代がいない」と、下草管理に必要な労力が不足していること、また、「マツ林を維持していくうえでの下草刈りの必要性について、大里部落の住民の多くが理解していない」ことや、「下草刈りを行っていることが、地域の中で知られていない」こと等が挙げられた。

　このような課題に対応するため、「まずは部落の人たちに声が届く仕組み、仕掛けをつくりたい」とのことで、その手段として「官報や公民館報に松原の記事を載せて、町の人たちに松原のことをもっと知ってもらえるようにしたい」、「草刈りの2カ月前には、官報や公民館報等で広報してもらいたい」との提案があった。同席していた行政担当者からは、「要望を町に提案してほしい」、「原稿を準備してくれたら、官報等に載せる手配はできる」と、活動を支援しようとする姿勢が示された。

　労力不足の解消に向けて、地域内外のNPO等との連携もあり得るのではないかと筆者らから提案してみたところ、「他との連携は考えられない」、「派手なことはしたくない」、「部落として取り組むべき事業は松原に関わることだけではないので、何もかもはできない」、「いろいろな協力を得る形を作り出したいとも思うが、どのように種をまけばよいのかわからない」とのことで、打開策を見出すことに苦慮している様子が示された。

9　大里部落による自治管理の仕組み

　大里海岸マツ林の管理の仕組みを図8-15にまとめた。大里部落の人たちが自らの力でマツ林を守っていこうとしている原動力のひとつは、部落とマツ林との関わりの歴史認識に基づく責任感だ。これを支えているのが、マツ林の土地所有者を海陽町（当時は川東村）としながらも、大里部落が地上権を永久に占有することを保証した1925（大正14）年の協定である。現在の部落役員は、その協定が結ばれた経緯も含めて認識し、部落を運営している。大里部落の人たちにとって大里のマツ林を守ることは、先人の努力によって獲得した権利を守ることでもあるのだ。さらに、部落を災害から守ってくれているのがマツ林だという経験的実感があり、そのマツ林を将来に引き継ぐのは自分たちの責務だとの思いもある。加

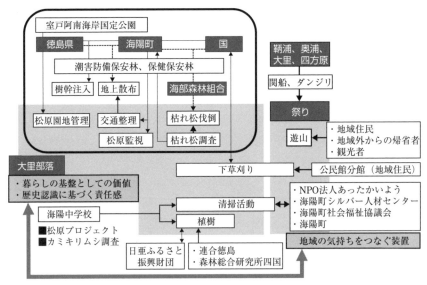

図 8-15　大里海岸マツ林の管理の仕組み図

　えて、地域の中で長い歴史をもち、また、地域の楽しみでもあり誇りでもある八幡神社の秋祭りを行えるようにすることが、マツ林での下草刈りを続けるインセンティブともなっていた。

　大里部落では、海岸マツ林での下草刈りを里山の維持活動に位置づけることで、「森林・山村多面的機能発揮対策交付金」を林野庁から獲得し、作業経費を作り出している。植樹については、日亜ふるさと振興財団の助成金を部落で獲得し、中学校 3 年生の生徒たちと一緒に行っている。これには、巣立ってゆく子どもたちに地域とマツ林のことを知ってもらい、将来の守り手になってほしい、との思いが込められている。中学校は地域の一員として松原清掃活動を行い、これに応えようとしている。

　潮害防備保安林、保健保安林に指定され、また、室戸阿南海岸国定公園の一部ともなっている大里海岸マツ林について、責任者である国や自治体は、その機能を維持するための事業を実施している。大里部落が行っている保全管理活動は、これら施策・事業とも連動している。

　海陽町は、合併前の海南町が 1958（昭和 33）年に制定した「大里松原保安林保護条例」を継承し、海岸マツ林の監視を大里部落に付託している。国、徳島県、

海陽町は、「森林病害虫防除法」、「松くい虫被害対策の実施について」及び「徳島県松くい虫被害対策実施方針」等に基づき、松くい虫対策としての薬剤散布、樹幹注入、伐倒駆除等を事業化している。それら事業の費用負担は、薬剤地上散布については徳島県と海陽町が半分ずつ、樹幹注入については国が半分で徳島県と海陽町が4分の1ずつとのことであった（B1氏）。薬剤散布及び樹幹注入の作業に大里部落が直接的に関与することはないが、薬剤地上散布の際には、海陽町からの依頼により交通整理を行って住民の安全を確保している。伐倒駆除については、まず、大里部落は海陽町が行う枯れマツ調査に協力して調査を行い、海陽町はその結果に基づいて伐倒計画を策定し、徳島県に報告する。そして、承認された計画に基づき交付される国の補助金（1/2）と海陽町の事業費（1/2）を用いて、海陽町が海部森林組合に伐倒作業を委託する（B1氏）。大里部落は森林組合に協力して、現地での作業を担う。国定公園の管理を担う徳島県の自然環境担当部局は、「大里園地、野鳥観察小屋の清掃、草刈り」等を海陽町に委託し、大里部落が実質的な管理者としてこの業務を担っている。

　吉崎（2012）は、海岸マツ林を維持していくためには、マツ林が日常的に利用される方策を取り入れつつ、行政と住民の協働による管理方法を構築する必要があると述べている。海岸マツ林は自然や人為の影響を受け変動する動的システムなので、その多様な機能を将来にわたって活用するためには、日常的にマツ林の状態を確認・点検し、問題が見つかった時には順応的に対処していける仕組みが組み込まれていなければならないからだ（鎌田 2018）。その意味で、保安林となっている海岸マツ林の管理責任者である国や自治体にとって、大里部落が果たしている役割は非常に大きいといえる。国や自治体の施策との連関の中で、マツ林管理が地域への深い愛着と強い責任感をもつ住民によって全うされている「大里モデル」とも呼べる事例だ。

おわりに——ローカルガバナンスの確立に向けて

　「大里モデル」として見られる仕組みを、高齢化と人口減少が進んでいる地域で維持していくことは困難になっていくだろう。部落の人たち自身も述べているように、後継者を継続的に確保していくことが難しくなるからだ。今後、多様な主体による多元性を生かした管理の仕組み、すなわち、ガバナンスの仕組みを構

築していくことが必要になると思われる（中川 2014；丸 2019）。

　ガバナンスは「上（政府）からの統治と下（市民社会）からの自治を統合し、持続可能な社会の構築に向け、関係する主体がその多様性と多元性を生かしながら積極的に関与し、問題解決を図るプロセス」（松下・大野 2007）を意味する。「市民が求める公的サービスの多様化、地域や家族での支え合いの希薄化、社会情勢の激動、厳しい財政状況等が進行するなかで、行政だけでこれらサービスを担うことができない」という事情から、地域自治を押し進めガバナンス型問題解決（佐和 2000）を導いてきているところもある。

　福岡県福津市は、複数の自治会からなる小学校区を「広域地域」と位置づけ、その地域内の住民や事業者からなる「地域づくり推進協議会」に権限と財源を移譲しながら、ボトムアップの街づくりの動きを創出してきた（朝波ほか 2020）。この過程で、「子どもの頃に見ていた白砂青松の景観を取り戻し、再び人々が憩う場にしたい」という地域の人たちの想いがエネルギーとなって、海岸マツ林でのボランティアによる下草刈り活動が創出された。10年の継続活動の結果、今では、毎月50～100人、年間では2,000人のボランティアが作業を行うようになっており、藪となっていたマツ林は白砂青松に戻された。マツの天然更新も始まっている。福津市では「地域づくり推進協議会」が管理の担い手となっているのだ。さらに、課題解決の道筋・手法を地域から示すようにもなっている。そうしたボトムアップフローが政策過程に組み込まれる仕組みも整えられている（朝波ほか 2020）。

　「大里モデル」の仕組みで欠けているもののひとつは、海岸マツ林の日常的な利用者であり管理者である大里部落から、課題解決の道筋・手法を提案していく、ボトムアップのチャンネルが準備されていないことだ。もうひとつは、組織・人の水平的関係が構築されていないことである。これらは、ローカルガバナンスを構築するうえでの鍵概念である（八巻ほか 2011；森 2017）。

　大里ではコアとなる組織はすでに存在し、国や自治体の施策を支援・活用する仕組みは出来上がっている。そして、2019年10月の祭り直前、台風で流入した大量の流木等は、様々なセクターの連携で集まった多くのボランティアによって取り除かれた。海陽中学校の生徒たちも年2回の清掃活動を行い、また苗を育てて植樹に参加している。大里部落の周辺には、保全管理に関わろうとする組織・人が多く存在しているのだ。ガバナンスの仕組みを用いた管理へと移行させるた

めの条件は整っていると思われる。

　海岸マツ林という地域の資産・資本を守っていこうとする人々を結びつけることは、すなわち、新たな社会関係資本を創出することである（鎌田 2018）。基礎自治体のマネジメントによってそれを達成していくことは、海岸マツ林の管理といった目的を超えて、新しい地域づくりにつながってゆく可能性をもつ。

　　謝辞：徳島県海陽町大里部落の役員の皆さん、海陽町および徳島県の担当職員の方々、海陽中学校教員の方々にはヒアリングにご協力いただいた。特に、歴代の部落長には様々な機会に話を聞かせていただき、また、植樹活動や祭りへの参加、ワークショップの実施、写真等の貴重な資料の提供等についてお世話いただいた。ここに御礼申し上げます。

　　本研究は、環境省環境研究総合推進費「グリーンインフラと既存インフラの相補的役割——防災・環境・社会経済面からの評価（JPMEERF20184005）」の一部として実施された。

引用文献

　朝波史香・伊東啓太郎・鎌田磨人（2020）福岡県福津市の地域自治政策と海岸マツ林の自治管理活動の相互補完性．景観生態学 **25**：53-68．

　土木学会会長提言特別委員会インフラ国勢調査部会（2008）わが国におけるインフラの現状と評価——インフラ国勢調査2007 体力測定と健康診断（2007 年度土木学会会長提言特別委員会「インフラ国勢調査部会」報告書）．104pp. http://www.jsce.or.jp/committee/chair2007/files/infra_final.pdf（2020 年 3 月 30 日確認）．

　独立行政法人森林総合研究所（2006）「松くい虫」の防除戦略——マツ材線虫病の機構と防除．14pp. 独立行政法人森林総合研究所．https://www.ffpri.affrc.go.jp/pubs/chuki-seika/documents/1st-chukiseika-11.pdf（2020 年 3 月 22 日確認）

　グリーンインフラ研究会（2017）決定版グリーンインフラ——新ビジネスで市場拡大へ．390pp. 日経 BP 社，東京．

　林田光祐（2012）海岸域の生物多様性を考慮した海岸林の再生．水利科学 **56**（3）：28-38．

　東日本大震災に係る海岸防災林の再生に関する検討会（2012）今後における海岸防災林の再生について．24pp. 林野庁．https://www.rinya.maff.go.jp/j/tisan/tisan/pdf/kaiganbousairinsaisyuuhoukoku.pdf（2020 年 2 月 24 日確認）．

　一般社団法人日亜ふるさと振興財団（2019）活動報告．海陽町大里部落．http://nich-ia-furusato.or.jp/report_2018_02.html（2020 年 3 月 23 日確認）．

　海南町史編さん委員会（1995a）海南町史上巻．1362pp. 徳島県海部郡海南町．

　海南町史編さん委員会（1995b）海南町史下巻．1426pp. 徳島県海部郡海南町．

　海陽町（2015）海陽町まち・ひと・しごと創生人口ビジョン．51pp. 海陽町．https://

www.town.kaiyo.lg.jp/docs/2015102200027/file_contents/jinkoubijyon.pdf（2020 年 3 月 10 日確認）.

海陽町議会広報編集特別委員会（2018）海陽町議会だより. Vol. 47（12 月定例会）. 18pp. 海陽町議会, 海陽町. https://www.town.kaiyo.lg.jp/gikai/docs/2018021400011/file_contents/gikai47.pdf（2020 年 3 月 30 日確認）.

海陽町立海陽中学校（2019）ようこそ！海陽中学校のホームページへ——第 1 回松原清掃（アドプト）5 月 29 日（水）, 第 2 回松原清掃（アドプト）10 月 10 日（木）. https://e-school.e-tokushima.or.jp/kaiyou/jh/kaiyou/html/（2020 年 3 月 23 日確認）.

海陽町立海陽中学校（2020）ようこそ！海陽中学校のホームページへ——松の記念植樹 2 月 21 日（金）. https://e-school.e-tokushima.or.jp/kaiyou/jh/kaiyou/html/（2020 年 3 月 23 日確認）.

鎌田磨人・白川勝信・中越信和（責任編集）・日本生態学会（編）（2014）エコロジー講座 7 里山のこれまでとこれから. 72pp. 日本生態学会, 京都. http://www.esj.ne.jp/esj/book/ecology07.html（2020 年 3 月 27 日確認）.

鎌田磨人（2018）生態系への投資がなぜ必要なのか？. グリーンパワー **470**：26-29. https://www.shinrinbunka.com/wp-content/uploads/2019/03/d0fc7a5722241063b-d8adbec5e8c3069.pdf（2020 年 3 月 27 日確認）

鎌田磨人（2019）グリーンインフラとしての水田と Eco-DRR——生態系サービス間シナジーを活用するための道筋. 農村計画学会誌 **37**：358-361. https://www.shinrin-bunka.com/wp-content/uploads/2019/03/d0fc7a5722241063bd8adbec5e8c3069.pdf（2020 年 3 月 27 日確認）

笠原義人（1998）村落共同体林野の町村有林化過程. 立命経済学 **47**：643-663.

河合英二（1993）海岸林の防災機能と維持管理の問題点. 森林立地 **35**（2）：30-38.

近田文弘（2001）日本の海岸林の現状と機能. 海岸林学会誌 **1**：1-4.

近田文弘（2013）なぜクロマツなのか？——日本の海岸林の防災機能について. 海岸林学会誌 **12**：23-28.

丸祐一（2019）ガバナンスとはなにか. 家中茂・藤井正・小野達也・山下博樹（編著）新版地域政策入門——地域創造の時代に. 84-87pp. ミネルヴァ書房, 京都.

松下和夫・大野智彦（2007）環境ガバナンス論の新展開. 松下和夫（編著）環境ガバナンス論. 3-31. 京都大学学術出版会, 京都.

森裕亮（2017）ローカル・ガバナンス——地域コミュニティと行政. 坂本治也（編）市民社会論——理論と実証の最前線. 226-240 pp. 法律文化社, 東京.

森定伸・野崎達也・小川みどり・鎌田磨人（2020）高知県大岐浜におけるクロマツ林から照葉樹林への遷移過程. 景観生態学 **25**：75-86.

中川宏治（2014）滋賀県高島市朽木のトチノキ群落保全活動におけるガバナンスの展開と変容. 農林業問題研究 **194**：11-22.

日本労働組合総連合会徳島県連合会（2019）連合徳島・3 地協合同防災植樹・研修会を開催しました. http://www.lsc-nanbu.com/rengo/7326/（2020 年 3 月 26 日確認）.

小田隆則（2003）海岸林をつくった人々——白砂青松の誕生. 254pp. 北斗出版, 東京.

岡田譲・浅野ひかる・田中明（2010）佐賀県虹の松原を事例とした海岸林における景観散策の心理的な効果とその要因となる景観構成．海岸林学会誌 **9**：85-90.

小栗宏（1958）入会農用林野の解体といわゆる共同体的所有について．地理学評論 **31**（7）：406-416.

太田猛彦（2012）海岸林形成の歴史．水利科学 **56**（3）：2-13.

太田猛彦（2015）海岸林の現状と将来像．日本緑化工学会誌 **41**：332-333.

岡島隆夫（1987）鞆浦と八幡神社との関係について．郷土研究発表会紀要（総合学術調査報告海部町 **33**：285-298. https://library.tokushima-ec.ed.jp//digital/webkiyou/33/3326.html（2020 年 3 月 30 日最終確認）.

大谷達也（2020）自然林のような海岸林で津波減災と環境保全の両立．一ノ瀬友博（編）生態系減災——自然を活かした防災・減災．印刷中．慶應義塾大学出版会，東京.

林野庁（2018）明治期の国有林野事業について．https://www.rinya.maff.go.jp/j/kouhou/archives/ringyou/kokuyurin.html（2020 年 3 月 17 日確認）.

佐々木剛・丹羽英之・朝波史香・鎌田磨人（2017）小型 UAV を用いた海岸マツ林の林床光環境の推定．日本緑化工学会誌 **43**：51-55.

佐和隆光（編著）（2000）21 世紀の問題群——持続可能な発展への途．311pp．新曜社，東京.

白井珠美・岩崎寛（2012）千葉県の海岸林及び海岸における癒し効果の検証．日本緑化工学会誌 **38**：9-14.

立石友男（1989）海岸砂丘の変貌．214pp．大明堂，東京.

八巻一成・庄子康・林雅秀（2011）自然資源管理のガバナンス——レブンアツモリソウ保全を事例に．林業経済研究 **57**（3）：2-11.

梅津勘一（2016）海岸林講座第 1 回：日本の海岸林の成り立ちと推移——庄内海岸林を中心に．樹木医学研究 **20**：104-111.

吉崎真司（2011）海岸林の機能と津波に対する樹木の応答について．日本緑化工学会誌 **37**：281-285.

吉崎真司（2012）今日の海岸林の課題．水利科学 **326**：14-27.

第9章
自然林のような海岸林で
津波減災と環境保全の両立

大谷達也

はじめに

　2011 年東日本大震災では巨大な津波によって広い範囲の海岸林が破壊されたが、一方で海岸林が津波に対して減災効果を発揮することも確認された。近い将来に発生が予測されている南海・東南海地震への備えとして、既存の海岸林がもつ減災効果を最大限に高めることが望まれる。しかし、かつてクロマツ（*Pinus thunbergii*）を主体として整備されてきた海岸林が、健全な状態で維持できていない場合が各地で散見される。現状では維持に多大な費用と労力がかかるクロマツ林ではなく、最小限の労力で維持できる可能性がある広葉樹を主体とした海岸林を造成することも一案であろう。本章では、人口減少時代を迎えた日本における手間のかからない減災設備としての広葉樹海岸林の意義と可能性について、海岸林の役割や現状、四国南部に成立する広葉樹海岸林の来歴、および四国の海岸林での立木調査を踏まえて検討したい。

1　海岸林の役割

（1）海岸林に関わる歴史的事実

　1962 年に発表された安部公房作『砂の女』では飛砂に埋もれていく集落が描かれたが、その当時、日本海側では砂浜から強風で飛ばされてくる砂の被害に現実の問題として苦しんでいた。安部公房が旅行の際に見聞きした村落の状況に小説の着想を得たとされている。砂浜の近くに居住する人々にとっては、畑も家屋も砂に埋もれていくという恐怖感は大変なものであったようだ。江戸時代から昭

和の中頃までは日本の山林は荒廃しており、山地から流出する土砂が海岸に運ばれて砂浜を形成し大量の飛砂が発生した（太田 2012）。もっと古い8世紀においても、『出雲国風土記』には「飛砂によって桑や麻が埋もれてしまう（秋鹿郡条）、砂丘に生えた松の林が埋もれてしまう（神門郡条）」といった記述がある（荻原 1996）。風土記が編纂された時代にはすでに「たたら製鉄」が行われており、『出雲国風土記』にも鉄についての記述がみられる。この頃にはすでに、砂鉄採取や森林伐採による土砂流出が増えており、飛砂につながったのかもしれない。

　各地の海岸林は様々な来歴をもっていると考えられるが、岩礁や断崖ではなく砂丘に成立している場合、おおむね江戸時代から明治時代に人の手によって植えられたものである。江戸時代には、津軽藩、庄内藩、秋田藩といった北日本の日本海側だけでなく、盛岡藩、仙台藩、土佐藩、唐津藩、鹿児島藩といった太平洋側や西日本でも、藩の事業や地元有力者の資金によって海岸林の植栽がすすめられた（たとえば、伊藤 2006；菊池 2017）。江戸時代の17世紀末に海岸林の造成が盛んに行われた理由として、前述の森林荒廃と飛砂発生を背景として、この頃には内陸で一段落ついた農地開発が砂丘やその後背湿地にまで及んだためと指摘されている（徳川黎明会徳川林政史研究会 2012）。高知を治めた土佐藩ではクロマツの苗木を育成していたことが記録にあり、砂浜にクロマツを植栽することを藩の事業として行っていた（芸西村史編纂委員会 1980）。またいくつかの海岸林を「浜松留林」、「海辺潮霧囲林」に指定して管理の役人をおき、立木の伐採を厳重に禁止した（門田 1935）。江戸時代には飛砂や潮風に備えるための海岸林の重要性が、十分に認識されていたことがわかる。その後、明治初期や第二次世界大戦時の混乱によって荒廃した場合もあるが、たゆまぬ努力によって植栽方法を工夫しながら海岸林の造成・整備が続けられ、最終的には戦後に行われた海岸林造成事業やその後の法整備によって海岸林が整備・拡大され、現在みられるような規模になったといえる。

（2）防風、潮風・飛砂防備の役割

　海岸林は枝葉によって林内を吹き抜ける風の速度を軽減すると同時に、林冠の上側を吹く風にも抵抗となって海岸林内陸側における風速を弱める効果がある。海岸林によって風速が減衰する程度やその効果が及ぶ範囲は、樹種や林齢、林帯幅、立木密度、地形によって変化するものの、健全なクロマツ林の場合にはその

効果が及ぶ範囲は樹高の20倍ほどとされる。庄内海岸での冬期の実測例では、海岸での風速に比べて海岸林のすぐ内陸側では20％以下、さらに内陸へ100 m離れても50％以下の風速まで減衰された（佐藤ほか 2009）。また、海から吹きつける風は海水の飛沫を含んでいるので内陸に塩分を運び、農作物や建築物に塩害をもたらす。海岸林は潮風の速度を減衰させて塩分が内陸に運ばれる距離を減らすとともに、海水の飛沫を枝葉に付着させて内陸に運ばれる塩分の量を少なくする。

　冒頭で述べたように飛砂を抑制する効果は古くから知られていた。地上高1 mでの風速が4～5 m/sを超えると表面の砂が移動（転動）を始める（真木・新野 2011）。コウボウムギ（*Carex kobomugi*）やケカモノハシ（*Ischaemum anthephoroides*）など海岸林の海側前面に砂草帯を形成する草本によっても砂の移動が抑えられるが、さらに強風になると遠くまで砂が運ばれるようになる。農地や道路を埋めたり、路肩に溜まった砂が交通事故の原因になるなど、数十年前と比べると近年では飛砂害が少なくなったとはいえ現在でもやっかいな物である。塩分と同様、風速そのものを軽減すると同時に風に乗って飛んでくる砂を海岸林が捕捉して内陸側へ移動させない効果がある。

　そのほかにも、濃霧が市街地へ流れてくることを防いだり、レクリエーションや地域住民の憩いの場になるなど、海岸林は平常時から様々な機能を発揮している。

（3）津波に対する減災効果

　低頻度で起こる大災害である津波に対しても、海岸林は一定の効果をもつ。2011年東日本大震災の際には、クロマツの海岸林が広い範囲にわたって破壊されたが、内陸側で残存したクロマツ林が船舶などの漂流物を止めている写真は記憶に新しい。漂流物を海岸林の立木が捕捉して内陸への流入を防いだり（坂本ほか 2012；Tanaka *et al.* 2013；星野・坂本 2014）、海岸林が存在した内陸側では存在しない場合に比べて浸水域や家屋被害が軽減された（佐藤ほか 2012；岡田ほか 2012；後藤ほか 2012；田中ほか 2012）。過去の定性的な調査では、1933年昭和三陸地震（青森営林局 1933；農林省山林局 1934）、1946年昭和南海地震（四手井・渡邊 1948）の際の記録があり、いずれも海岸林の存在によって漂流物が捕捉されたり内陸側の家屋被害が軽減されたことを認めている。ただし、四手井・渡邊（1948）では漂流物の捕捉は評価できるが浸水深や津波破壊力の軽減は判然としないとしてい

る。このような海岸林による津波被害の軽減は、1960年チリ地震（中野ほか1962）、1983年日本海中部地震（村井 1983；石川ほか 1983）、2004年スマトラ島沖地震（Danielsen *et al.* 2005）、および2009年サモア沖地震（柳澤ほか 2010）でも確認されている。地形、津波の規模、林帯の構造、防潮堤の有無などの条件によって海岸林が発揮できる減災効果は大きく変わるので、すべての場合において海岸林によって内陸側の被害が軽減されるわけではないが、全般的にいえば海岸林は津波に対して一定の減災効果をもつとしてよいだろう。

模型や水槽を使った水理実験やシミュレーションによる検証では、海岸林の立木が物理的に作用して水流のエネルギーを減衰させることによって、流速の軽減、浸水深の減少、内陸側への津波到達時間の遅延、および浸水域の縮減といった効果が挙げられている。たとえば、海岸林の存在によって津波の流体エネルギーが60％ほど減少する（今井・松冨 2006）、流速の半減や最大水位の発生時間が65秒遅くなる（谷本ほか 2007）、水流の流体力を30％・転倒モーメントを50％減少させる（今井ほか 2009）、津波到達時間を最大15秒遅らせ流量を15％減少させる（野口ほか 2012）といったことが指摘されている。いずれの結果からも、海岸林によって津波のエネルギーが大幅に減少するわけではないものの、ある程度の減衰効果は認められている。

また偶発的に起こることかもしれないが、海岸林の樹木につかまって津波に流されずに助かったという事例も複数認められている。さらに、海岸林は往々にして潮害防備や飛砂防備などの保安林や国立・国定公園に指定されていて、立木の伐採や宅地への転換といった開発行為が制限されている。一方で、なにも制限されていない私有地の海岸林では立木の管理が適切に行われていないばかりか、宅地に転換されていることもある。海岸林が保安林のような保全対象に指定されることによって、津波に暴露される危険な場所に人を居住させないという機能もある（佐々木ほか 2013）。

樹木が耐えられないほどの外力を地上部に受けたときには、根系ごとひっくり返るか（根返り）、根系はそのままで幹が途中で折れるか（幹折れ）によって破壊される。水平方向の外力を幹や樹冠部に受けた際に、幹の折れ（または曲げ）抗力よりも根系の根返り抗力が大きければ幹が折れ、逆ならば根返りすることになる。幹折れ抗力には幹直径や樹種、根返り抗力には幹直径や樹種に加えて根の張り具合が影響する。東日本大震災の津波で幹折れした宮城・福島のクロマツ海岸

林の場合、前堤防がなかった場所では浸水深 3.5 m で直径 20 cm ほど、前堤防があったが流失した場所では浸水深 5 m で直径 30 cm ほどが幹折れするか耐えられるかの境界となったことが示されている（Tanaka *et al.* 2013）。また、地下水位が高く垂直方向の根（垂下根）の発達が不十分な場合には簡単に根返り・流失することが指摘された。立木の幹にワイヤーをくくり付けて行う引き倒し試験では、同じ直径のクロマツの場合、垂下根が発達した個体のほうが、水平方向に浅く根を伸ばした個体に比べて根返り抗力が大きいことが実証された（Todo *et al.* 2019）。東日本大震災後の海岸林再生にあたっては、盛り土によって深さ 2.4 m の土層を確保してからクロマツが植栽されている（村上 2015）。海岸でみられる砂質土壌の場合には、砂に円礫が混じっていることによって根系が引き抜けやすくなることも指摘されており（大谷ほか 2019）、立木の根返りのしやすさには根系の発達具合に加え円礫の存在が影響する可能性がある。

　海岸林は津波に対して一定の減災効果を発揮するものの、海岸林だけで津波被害をなくすことができるわけではなく、ほかの防災設備と組み合わせた多重防御のひとつという考え方が主流である。東日本大震災の際に、津波により破壊され押し流された立木が家屋に衝突して被害を拡大したことがあったため、海岸に樹木を植えることはやめるべきという意見がある（磯田 2014）。しかし、本書で述べられるように、人口が減少していく社会において、防災・減災のすべてを土木工事だけで対処することには無理があると思われる。また、平常時に農地や宅地を潮風や飛砂から守ることも海岸林の重要な機能である。造成にかかる費用が比較的に安く、そのあとの管理にも大きな費用を必要としない海岸林を、ほかの対策や設備とうまく組み合わせて最大の減災効果を発揮できるようにする必要があろう。

2　クロマツ海岸林の現状

（1）生活様式の変容とクロマツ林の遷移

　砂丘の上に成立するクロマツ海岸林は集落の近くにあるため、プロパンガスが普及する 1960 年代以前には落葉や落枝が燃料のために盛んに採取された。また西日本各地ではタバコ栽培の肥料としてマツの落ち葉が利用されたこともあった。クロマツは本来、ほかの樹木があまり生育しない貧栄養で乾燥した場所にいち早

図 9-1 林床に堆積するクロマツの落葉を取り除くために掃き集められた落葉落枝

クロマツ林を健全に保つことを目的として落葉を掃き集めることは、地元自治会や住民団体など様々な主体によって各地で行われている（筆者撮影）。

く定着するパイオニア的な樹種である。そのため、砂丘に造成されたクロマツ林が長く維持されて落葉落枝の採取が行われない場合、クロマツ立木によって林内が穏やかな環境に保たれるとともに土壌の有機物が徐々に増加するため、クロマツ以外の様々な樹種が定着して遷移が進むことになる。かつて行われた落葉落枝の採取は、地表面を攪乱し有機物を取り除くことによって遷移の進行を押しとどめていた

といえる。また、クロマツはショウロ（*Rhizopogon roseolus*）やコツブタケ（*Pisolithus tinctorius*）といった菌根菌と共生しており貧栄養な条件でも旺盛に成長できるが、地表面への有機物の堆積によって菌根菌が衰退しクロマツの樹勢が弱まるとの指摘もある（小川 1992）。クロマツ林を健全に保つため、かつて行われたような落ち葉掃きを地元団体が行っているところやクロマツの落葉を農業資材として再活用することを試みているところがある（図9-1）。一方では、遷移によるクロマツの衰退と相まってマツ材線虫病の蔓延によって、クロマツ林がすっかり消失して現在ではヤブのようになってしまった海岸林や、「松原」とは名ばかりで実際にはほとんど広葉樹林になっている海岸林が各地でみられる。

(2) マツ材線虫病防除のための努力

　マツ材線虫病とはマツノザイセンチュウ（*Bursaphelenchus xylophilus*）が主にマツノマダラカミキリ（*Monochamus alternatus*）によって媒介され、マツ類の樹体内で増殖した線虫によって、さらには仮導管内での気泡の発生によって通水阻害が起こり、やがて樹木が枯死に至るものである。この病害は日本にもともとあったものではなく、国内では 1905 年に長崎周辺で初めて発生が確認され（矢野 1913）、かなり時間が経ってからようやく線虫が原因であることが突きとめられた（清原・徳重 1971）。日本のマツ類、とくにクロマツは感受性が高い、つまりこの病気

で枯れやすい。北米のマツ類はこの病気に対して耐性があるとされる。日本国内では様々な研究成果を受けてマツ材線虫病の防除技術はほぼ確立されているにもかかわらず、いまだこの病害を克服したとはいいがたい状態にある。

　マツ材線虫病の防除のため、クロマツ1本ごとに薬剤を注入する、クロマツ林内で薬剤を散布するといった作業が行われている。かつては航空機による薬剤散布も行われたが、社会的な批判もあり現在はほとんど行われない。林内で薬剤を散布する場合にも、周辺の農地や宅地などへの影響を考慮しながらかなり慎重に実施されている。クロマツが枯死した場合にはさらなる蔓延を防ぐために、枯死木の伐倒、伐倒した幹や枝の薬剤燻蒸、あるいは林外へ運び出しての処理が行われている。クロマツ海岸林をもつ自治体では毎年、多大な費用と労力をかけて材線虫病の防除努力を続けている。例えば、クロマツの幹に薬剤を注入する場合、直径30 cmの個体では1本2,500円ほどの薬剤4〜5本を要する。薬剤の効果は6〜7年続くとされているので、海岸林を6〜7つに区分して、毎年1区画ずつ処理されることがある。1年に処理される本数はもちろん海岸林の規模によるが、毎年100本処理するとして薬剤費や人件費をあわせると100万円以上の経費は簡単にかかってしまう。また繰り返しの薬剤注入、つまり薬剤注入のために何年かおきに幹に小さな穴を繰り返し開けることによって、クロマツ立木が衰弱・枯死するとの指摘がある（黒田 2016）。薬剤注入の継続だけによってクロマツ林を健全に保ち続けることは困難である。

　また、国立・県立機関ではマツ材線虫病に強いクロマツの品種を作り出すため、激害地で生き残った個体から種子を採って育成する「抵抗性マツの育種」が続けられている。ひとつの品種を作り出して普及させるためには、種子の採取、苗木の育成、線虫の接種検定、母樹の育成、種子の配布と、多くの労力と10年以上の時間が必要である。そうして材線虫病に対して抵抗性の高いクロマツ品種を作り出したとしても絶対に枯れないわけではなく、健全なクロマツ林の育成には適切な手入れと防除の努力が必要である。

　クロマツ林をマツ材線虫病から守りながら健全に育成するには、抵抗性クロマツの導入、薬剤の施用、枯死木の処理、周辺クロマツ林も含めた監視といった様々な作業を状況に合わせて関係者と調整しながら毎年、適切に続けていく必要がある。労力や予算が限られるなかでこのような作業を続けて行くには、広大な海岸林のうち優先的に防除する場所を指定して取り組むことも必要になる（中村

2019)。

(3) 外来種の是非

　日本のクロマツが材線虫病に対して感受性が高く、将来的に海岸林としての維持が困難であるならば、材線虫病に対して耐性をもつ北米産のテーダマツ（*Pinus taeda*）やスラッシュマツ（*Pinus elliottii*）を導入すればよいという議論もあるかもしれない。実際に、西日本各地の海沿いには過去に木材生産を目的に植栽されたテーダマツなどが生育していることがある。しかし、かつて公定法によって海岸林や河川敷に導入されたニセアカシア（ハリエンジュ、*Robinia pseudoacacia*、図9-2）は、繁殖力が強く在来種の生育を抑制して繁茂するため、侵略的外来種ワースト100（日本生態学会 2002）や生態系被害防止外来種リスト（環境省2015）に指定されている。各地でニセアカシア立木の伐採、伐根の除去、稚樹の抜き取りといった活動が続けられている。在来種ではない植物を野外に大規模に植栽することには、反対の立場をとる人々が多いだろう。

　ただし外来種の利用については様々な考え方や状況がある。植物検疫や外来種管理に厳しいオーストラリアやニュージーランドでは、外来種であるラジアータパイン（*Pinus radiata*）による産業造林が広く行われている。また、北欧諸国では地球温暖化対策として将来に植林可能な樹種の探索を外国産の樹木も含めて行っている。産業としての林業を考えた場合には、自生の樹種だけでなく外来種を使ったとしても、木材生産という営利目的が優先される。日本の植生を改変するとして排除されているニセアカシアにしても、侵略的外来種として指定することに科学的根拠がないとして批判し、養蜂業にとっては重要な樹種とする主張もある（真坂 2013）。海岸林への外来種の利用についても、海岸林の機能維持という第一義的な目的が達成され侵略的な性質をもたない樹種であるならば容認されるのかもしれない。結局

図9-2　クロマツ海岸林の林床で発生したニセアカシアの若木（筆者撮影）

のところ外来種を導入するかどうかは社会が受入れるかどうかという問題になるが、将来に未知の問題が起こるかもしれない外来種の導入にはやはり慎重であるべきだろう。

3　海岸林の立木を大径木化することの意義

（1）低標高域での自然林再生と減災効果維持の両立

　過去の様々な事例から、日本の海岸林を構成する樹種としてクロマツが最も優れていることはまちがいないだろう。ただ、生活スタイルの変化やマツ材線虫病の蔓延といった原因によって、海岸林を維持するうえでクロマツが現在も最適かどうかは再考する必要があると思われる。とくに西日本の太平洋岸では近い将来に発生が予想されている南海・東南海地震による津波に備え、既存の海岸林の減災機能をできるかぎり高めておく必要がある。しかし海岸林の体をなさないほど傷んでしまった場所も散見され、健全な海岸林を取り戻すことは急務である。現在の情勢にあわせて条件が許す場合には、クロマツだけではなくほかの樹種を利用した海岸林や、低標高域の自然林を復元した海岸林の造成を考えていいのではないだろうか。

　クロマツの代替種を探索することはかなり以前から各地で行われてきた。例えば、高知県ではマツ材線虫病への対策として海岸域植生の生育状況調査やヤマモモ（*Morella rubra*）やタブノキ（*Machilus thunbergii*）の植栽が試みられており（山下 1965；宮田 1984）、秋田県ではマツバノタマバエ（*Thecodiplosis japonensis*）やマツ材線虫の流行を受けてクロマツ一辺倒への危機感からケヤキ（*Zelkova serrata*）やイタヤカエデ（*Acer pictum*）が試験的に導入された（金子・田村 2007）。追跡調査の結果、比較的に導入のしやすい樹種がいくつか検討されているものの、やはり数種類だけで構成される海岸林では将来に発生するかもしれない病害への脆弱性は払拭できない。実際に近年では、サクラ属を加害するクビアカツヤカミキリ（*Aromia bungii*）や、クスノキ（*Cinnamomum camphora*）の葉を吸汁するクスベニヒラタカスミカメ（*Mansoniella cinnamomi*）といった外来の害虫が出現している（加納ほか 2014；岡本 2018）。将来にマツ材線虫病のような強力な病害が発生するとも限らず、未知のリスクに備えるためには多様な自生種からなる広葉樹林を目指すべきであろう。

　2004年スマトラ沖地震以降、本書でも取り上げられているグリーンインフラや生態系減災といった考え方がよく知られるようになった。コンクリートを使ったグレーインフラに対して自然を利用した社会資本としてのグリーンインフラ、また生態系を活用した災害リスクの軽減（Eco-DRR；Ecosystem-based Disaster Risk Reduction）といった考え方はいまさら声高に唱えるまでもなく、これまでに長く行われてきた海岸林の整備そのものといえる。このような考え方に照らし合わせるならば、人手をかけずに自立的に存続できる、自然林に近い樹種構成の海岸林という森林生態系を減災施設として利用することは、生態系減災の発想に合致している。

　山地に原生的な森林が残されていることとは対照的に、海岸付近の低標高域では都市が発達していたり農地として利用されていたりといった理由で良好な自然林が残されていることはほとんどない。断崖のような海岸では原生的な植生が残されていることがあるが、日本の低標高域の平地に原生的な森林が存在していることは皆無といってよい。低標高地での自然保全を進めながら海岸林の減災機能を高めることができるならば、いま西日本で求められている海岸林の姿に一致しているのではないだろうか。クロマツ以外の樹種からなる海岸林が健全な状態で砂丘上に成立していることは西日本ではほとんどないが、高知県西部にはまれな例として2カ所の広葉樹海岸林が存在している。ひとつは高知県土佐清水市の「大岐の浜」（図9-3・口絵16）、もうひとつは高知県幡多郡黒潮町の「入野松原」である。以降はこれら広葉樹を主体とする海岸林とそのほかのクロマツ海岸林での調査をふまえ、クロマツ林を広葉樹林に転換すること、さらに海岸林の立木を大径化することの意義を検討したい。

図9-3　クロマツ海岸林がほぼ完全に広葉樹林化した「大岐の浜」海岸林（口絵16）
（筆者撮影）

(2) 立木の成長率・死亡率の比較

　まず現状の海岸林で、クロマツと広葉樹を比較して長期的な存続が可能かどうか確認しておきたい。上述の「大岐の浜」と「入野松原」に加え、高知県安芸郡芸西村の「琴ヶ浜」、および徳島県海部郡海陽町の「大里松原」の4つの海岸林にそれぞれ調査区を設定し、2015年から2017年の2年間の立木の成長や死亡を記録した（図9-4）。上述のとおり、大岐の浜では全体がほぼ完全な広葉樹林になっている。大岐の浜では林内歩道の整備以外には、基本的には海岸林に対する積極的な施業は行われていない。入野松原では海側に小規模な若齢のクロマツ林があり、ラッキョウ畑などを挟んで内陸側に存在する海岸林はほとんどが広葉樹林化している。入野松原ではクロマツへの薬剤注入や枯死したクロマツの伐倒処理のほか、年に一度、下草の刈り払いが行われている。そのため、刈り払い機で切れるような細い稚樹は萌芽枝を含めてすべて伐られている。琴ヶ浜では内陸側後端にごく少数の広葉樹が大きく成長しているもののほぼ全域がクロマツ林である。大里松原では、3分の1ほどの面積でおよそ30年前に植栽されたクスノキ（一部ヤマモモ）が優占しているものの、残りの部分はクロマツ林である。琴ヶ浜および大里松原では薬剤注入・枯損クロマツ処理とともに下草刈りが行われている。これらの海岸林において、汀線と直交する方向に幅20mの調査区を3カ所ずつ

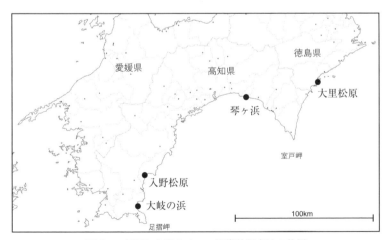

図9-4　四国における4つの海岸林調査地の位置
西から順に、高知県土佐清水市「大岐の浜」、黒潮町「入野松原」、芸西村「琴ヶ浜」、徳島県海陽町「大里松原」の4つの海岸林に、それぞれ3つずつの調査区を設置した。

設置した。海岸林を汀線側から内陸側まで貫くように設置したので、調査区の長さは林帯幅に合わせて90〜320mと様々である。これらの調査区内に出現する胸高直径5cm以上の立木を2015年と2017年の2回にわたって記録した。

　この結果から算出された主要な樹種の幹肥大成長速度を図9-5に示した。クスノキは0.5cm/年とクロマツのおよそ2倍の旺盛な成長を示した一方で、ほかの広葉樹はクロマツの半分以下の遅い成長速度であった。また、2年間の主要な樹種の死亡割合を表9-1に示した。ここでとくに目立つのが、入野松原でのクロマツの死亡率が高いことである。大里松原のクロマツや入野松原でのヤブニッケイ（*Cinnamomum yabunikkei*）についてもやや高い値を示したが、やはり入野松原のクロマツは突出して高い死亡率である。これに対してほかの常緑樹は小さな値を示し、とくにクスノキは1%ほどの低い死亡率である。さらに図9-6にはクロマツとヤブニッケイについて、胸高直径クラスごとの死亡率を示した。ヤブニッケイでは直径5〜10cmの小径木で死亡率が高い一方で、とくに入野のクロマツではいずれのサイズでも高い死亡率を示した。ヤブニッケイの死亡については他個体との競争の結果と解釈できるが、クロマツがいずれのサイズでも高い死亡率を示

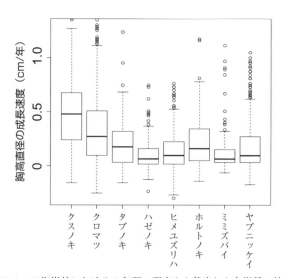

図9-5　四国の4つの海岸林における2年間の調査から算出した各樹種の幹肥大成長速度
主要な樹種ごとに幹の肥大成長速度を示した。それぞれの樹種について横棒は中央値、ボックスは50%のデータ範囲、ヒゲは最小値から最大値、白丸は外れ値を表す。

すのはやはりマツ材線虫病によるものと考えられる。琴ヶ浜と入野松原のクロマツは対照的な死亡率であるが、材線虫病の防除対策がうまくいかない年があるとクロマツ林は激しい枯損にさらされうるといえる。長期的な海岸林の存続を考えた場合、クロマツだけでは状況がよほど変わらない限り安定的な維持は危ういと

表9-1　各海岸林に出現する主要樹種の2年間の死亡本数割合（％）

樹種	大岐の浜	入野松原	琴ヶ浜	大里松原
クロマツ	-	21.2	2.0	7.4
クスノキ	1.7	1.3	-	1.0
タブノキ	6.5	-	-	-
ヤブニッケイ	6.9	7.6	-	-
ヒメユズリハ	4.5	3.8	-	-
ミミズバイ	-	3.4	-	-
ホルトノキ	3.6	-	-	-
ハゼノキ	6.1	5.5	-	-

2015年に記録された各樹種の立木本数に対する、2017年に記録された死亡個体数の割合。

表9-2　各海岸林における主要樹種の2年間の新規加入割合（％）

樹種	大岐の浜	入野松原	琴ヶ浜	大里松原
クロマツ	-	8.9	0.6	1.2
クスノキ	0	0.9	-	0.5
タブノキ	2.8	-	-	-
ヤブニッケイ	1.7	0.7	-	-
ヒメユズリハ	0.3	1.3	-	-
ミミズバイ	-	0	-	-
ホルトノキ	1.8	-	-	-
ハゼノキ	0	1.5	-	-

2015年に記録された各樹種の立木本数に対する、2017年に記録された新規加入個体数の割合。

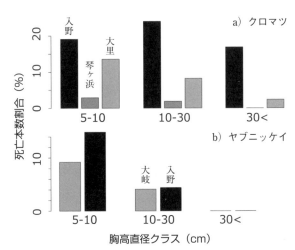

図9-6　四国の各海岸林における立木サイズごとの死亡本数割合
a）クロマツとb）ヤブニッケイについて胸高直径クラスごとに死亡本数割合を示す。

いわざるを得ない。

　表9-2には主要な樹種について、新しく直径が5cmに達した新規加入個体の割合を示した。クロマツの新規個体が記録されるものの、汀線側最前線において局所的に小個体が発生しているためで、クロマツ林全体で世代交代が図られているわけではない。広葉樹のクスノキやハゼノキ（*Toxicodendron succedaneum*）については、大岐の浜では新規個体はなく入野松原で記録されるのはクロマツ林部分においてである。大岐の浜では陽樹的な性格をもつクスノキやハゼノキから、より極相的なタブノキやホルトノキ（*Elaeocarpus sylvestris* var. *ellipticus*）へと遷移しており、広葉樹の海岸林が自立的に維持されているようだ。クロマツが高い死亡率を示す一方で、クロマツ樹冠下ではクスノキやハゼノキの稚樹が発生しており、とくにクスノキ成木の旺盛な成長を期待できることから、西日本の海岸林の内陸側ではクスノキがクロマツの代替として使える可能性がある。

（3）立木による水流減衰のシミュレーション

　立木の成長や死亡の状況からクロマツ林の長期的な維持がやや困難と考えられたが、津波減災の観点から立木を大径化させることの意義を確認しておきたい。海岸林に生育する立木が水流をどれほど減衰させる効果があるか、実測の地形上に様々なサイズの立木を配置してシミュレーションを行った。大岐の浜に設置した調査区について、汀線から海岸林内陸側後端まで地形の高低を測量するとともに、立木の位置と樹高を計測した。ソフトウェア上（ANSYS Fluent）で地表面と立木を再現して3Dモデルを作成した。その際、立木については胸高直径20cm以上の個体だけを対象にして、幹だけを円錐台近似にして配置した。この3Dデルの汀線側から流速8.3m/s、水深8mの水流を流し込み、内陸側後端の水深が平均30cmになるまでの時間、および同位置におけるそのときの平均流速をシミュレーション結果から読み取った（図9-7・口絵17）。実測の地形の上に、無立木、実測の立木サイズおよび配置、同じ配置で直径を20cmずつ単純に増加、直径を20cmずつ単純に減少といった4種類のモデルをつくり比較した。

　その結果を表9-3に示した。この場所では海岸林の中ほどで比高が最も高く林縁後端に向かって2mほど下がるので、いずれの場合も林縁後端で水深30cmになったときの流速は流入時の設定速度より速くなる。実際の立木サイズの場合には無立木の場合に比べ、遅延時間が＋2.8秒、流速が－7.2m/sとなることが示さ

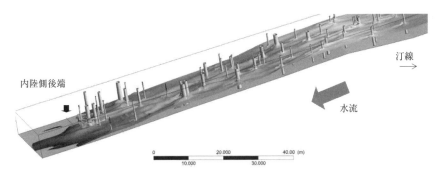

図 9-7　海岸林に流入する津波のシミュレーション例（口絵 17）
円筒形の物体は立木を、波打った不規則な面は水面を、その下の平滑な面は地表面を表す。

れた。これに対して、直径を 20 cm 増大させた場合はそれぞれ +5.0 秒、-9.4 m/s となり、20 cm 減少させた場合には +0.9 秒、-2.5 m/s となった。いずれの場合も立木による水流の減衰効果が認められ、立木が太くなると減衰効果もより大きいといえる。

　ここでは、水深 30 cm になるまでの時間を比較しているが、水深 30 cm の水流とは徒歩での移動が困難となる水深である。数秒の遅延効果は実際の避難活動にとってはあまり大きな差とはいえないかもしれない。しかし、水流が物体を押し流す力である流体力は水深×（流速）^{2} で表されるので、立木の幹直径が 20 cm 増大した場合には無立木に比べて流速がおよそ半減するということは流体力としては 4 分の 1 になるといえる。さらに浅野ほか（2007）によって、林齢が上がり立木の直径が大きくなったほうが水流による立木の倒伏割合が小さくなることが示されている。海岸林がもつ水流減衰機能を高めるために、立木の大径化を図ること

表 9-3　立木による水流減衰効果のシミュレーションによる検討

立木の設定	経過時間（s）	流速（m/s）	遅延（s）	流速減衰（m/s）
無立木	14.1 ± 0.1	18.6 ± 0.1	-	-
実測の立木サイズ	16.9 ± 0.1	11.4 ± 0.2	+ 2.8	- 7.2
直径 20 cm 増大	19.1 ± 0.1	9.2 ± 0.4	+ 5.0	- 9.4
直径 20 cm 減少	15.0 ± 0.2	16.1 ± 0.2	+ 0.9	- 2.5

水流のシミュレーションにより海岸林後端部における水深が 30 cm になるまでの経過時間、およびその時点・場所での流速を示す。また無立木の場合との差を示す。

には意味があるだろう。

　ただし、このシミュレーションでは津波流入のごく初期段階しか再現していないので、地表面が洗掘される、漂流物がぶつかる、立木が破損する、引き波が発生するといった、現実に津波が海岸林を遡上する際に起こる様々な現象は考慮していない。そのため、今後のさらなる検討が必要である。また同一樹種の同齢林を仮定した場合には樹木成長を加味したシミュレーションが実施されており、林齢が上がることによって幹直径は大きくなるが立木の密度が下がることによって、また水流への抵抗が大きい枝部分が上部へ上がってしまうことによって、水流の減衰効果がむしろ下がるという結果が示されている（浅野ほか 2014；面矢ほか 2016）。しかしながら、様々な樹種や直径の樹木で構成され低木が繁茂する広葉樹海岸林では、林齢と水流の減衰効果の関係は単一樹種の場合とは異なると予想される。広葉樹海岸林の成長に伴う立木密度の変化を予測することはいまだ難しいことなので、モニタリングを継続して立木の動態に関する変数を得て、大径木の密度や樹木の直径構成を現実にあわせて調整する必要がある。

4　クロマツ林が広葉樹林化した海岸林の歴史と現状

（1）広葉樹林化の過程

　大岐の浜や入野松原でみられるような広葉樹主体の海岸林をどのように造成すべきか、その方策を探るため森林構造の変遷を様々な記録から復元してみたい。「入野松原」では、松原という名称から、かつてはクロマツ林であったことが容易に想像される。同様に、大岐の浜でも現地に残る説明看板では「大岐松原」と表記されており、こちらもかつては確かにクロマツ林であったことがわかる。1700 年代の初めに編纂された土佐州郡志には「大岐村」「入野村」のそれぞれの項目に、松林あるいは松樹林があって禁伐になっていることが記されている（緒方 1984）。入野松原については口伝として、長宗我部氏の家臣谷忠兵衛（1500 年代）が罪人にマツを植えさせたとされている（門田 1935）。いずれにせよ両海岸林ともに、江戸時代にはクロマツ林が成立していたことはまちがいない。

　入野松原には国有林の部分があるので、大正末期から昭和初期に全国の国有林で一斉に行われた調査の記録が残っている。それによれば、大正期から昭和初期にかけて30年間ほど落ち葉の採取を禁じた時期があり、これによりクロマツ林内

への広葉樹の侵入が始まったとされ、クロマツが上木、広葉樹が下木という二段林の様相を呈している部分があったという（高知営林局 1939）。この時点で記録されているのは、クスノキ、タブノキ、ヤブニッケイといった常緑広葉樹であり、現在も入野松原でみられる樹種と同じである。残念ながら同時期の大岐の浜についての記録は見つけられない。

　戦後になると、大岐の浜・入野松原ともに米軍によって撮影されたモノクロ空中写真が存在する。これらによれば、いずれの海岸林でも内陸側の林縁後端にはすでに広葉樹の樹冠が確認できるとともに、海岸林中央部ではクロマツの林冠に隙間が見える。1940年代の時点で広葉樹が林冠の一部を形成しており、クロマツ林がやや衰退していたといえる。1950年に出版された国立公園設定のための調査報告書では、大岐の浜においては海側ではクロマツ林だが内陸側半分ではタブノキやクスノキなどの広葉樹が混交していること、入野松原においては全般にクロマツの美林であるが内陸側の林縁にはタブノキなどの広葉樹が生育していることが記されている（高知県観光審議会 1950）。同様に1960年出版の報告書では、大岐の浜について「防風林の主体はクロマツで樹高が25から30mであるものの、亜高木層としてスダジイ（*Castanopsis sieboldii*）、クスノキ、ヤブニッケイ、タブノキ、ヤマモモ、ホルトノキ、ヒメユズリハ（*Daphniphyllum teijsmannii*）、イスノキ（*Distylium racemosum*）などが見られ、クロマツの高木層を欠いてスダジイ・クスノキなどが高木層になっているところがある（学名は筆者記入）」と記されている（高知県農林部林産課 1960）。

　大岐の浜海岸林の地元住民による利用については、

　　・生木の伐採は禁じられ下草・枯れ枝・落ち葉の採集も勝手にはできなかった
　　・集落の入会地として共同で管理・監視されていた
　　・1958年にはマツ材線虫病による枯死木の伐採があった
　　・1962年以降はタバコ栽培者にしか落ち葉（肥料として）の採取が認められなかった

といったことが聞き取り調査によって記録されている（矢野 1994）。

　1970年代については国土地理院によって撮影されたカラーの空中写真が利用でき、これによれば大岐の浜・入野松原ともに内陸側の林縁にはやはり広葉樹の樹冠が認められる（図9-8）。1985年には大岐の浜において、土佐清水市の小学生の課外活動として立木の調査が行われている（土佐清水市公民館 1986）。この報

図 9-8　入野松原の 1975 年撮影空中写真
図中右下の汀線から左上の内陸に向かって、砂浜・若齢クロマツ林・畑・クロマツ林・畑と並んでいる。内陸側のクロマツ林は個々の樹冠が大きく大径木が数多くあったことがみてとれるとともに、もっとも内陸の林縁部では広葉樹が林冠を構成していることがわかる。
出典：国土地理院 1975 年撮影 CS1-75-9。

告書によれば、大径木のクロマツが海岸林中央部にまだ生存していると同時に、内陸側ではクスノキやタブノキの大径木が生育していると記録されている。大岐の浜の地元での聞き取りによると、2007 年には海岸林最前部において枯損クロマツの伐倒処理が行われており、15 年ほど前までは汀線側の一部にクロマツが残存していたようだ。

　大岐の浜、入野松原ともに地元住民による落葉の採取を制限した時期があり、100 年ほど前にはすでに常緑広葉樹の侵入が始まっていたと考えられる。また、マツ材線虫病によるクロマツの衰退が続きながらも長期にわたってクロマツと広葉樹の混交状態が続き、内陸から汀線側へゆっくりとクロマツから常緑広葉樹への交代が進んでいったと推察される。クロマツが衰退しつつある海岸林内に常緑広葉樹を植え込んだ試験では、常緑広葉樹苗の成長にはクロマツなど上木による保護効果が有利に作用したとの指摘がある（米山・紙谷 2018）。四国の海岸林で推察されたクロマツから常緑広葉樹へのゆっくりとした交代という現象は、この指摘と矛盾せず、海岸林の継続的な機能維持を考えるうえではクロマツが完全に衰退して無立木になってからではなく、クロマツが残存しているうちに海岸林の管理目標を変更して自然に侵入する広葉樹の利用をすすめたほうがよいといえる。

（2）現在の広葉樹海岸林

　前述した調査区での毎木調査から大岐の浜と入野松原の種構成を比較すると、優占種は同様であるものの両者での出現種が少し異なるとともに、同一海岸林内の調査区ごとにも出現種が少しずつ異なっている。入野松原では頻出するミミズバイ（*Symplocos glauca*）が大岐の浜ではまったくみられず、大岐の浜で大径木になっているホルトノキは入野松原ではみられない。いずれの種も四国南部の低標高帯ではふつうにみられる種である。海岸林に限らず照葉樹林において低頻度で出現するクスドイゲ（*Xylosma japonicum*）は大岐の浜だけで、ヤマモガシ（*Helicia cochinchinensis*）やコバンモチ（*Elaeocarpus japonicus*）は入野松原だけで記録された。また、大岐の浜ではヤブツバキ（*Camellia japonica*）が多く出現する調査区や、入れ替わりにタチバナ（*Citrus tachibana*）が多く出現する調査区があった。入野松原ではアラカシ（*Quercus glauca*）やスダジイが一部の調査区にしか出現しなかった。海岸林内の場所によって出現種が違ったり、互いに23 kmほどしか離れていない海岸林で種構成が異なっていることには、クロマツ林から広葉樹林への遷移から十分な時間が経っておらず、近隣の森林や庭木からどのような種類の種子が運ばれたかということが大きく影響していると推察される。一見したところ成熟した自然林のような大岐の浜であっても、前述した立木の新規加入をあわせて考えれば種構成はいまだ変化の途上といえる。

　日本海側の海岸林においては汀線側の最前線で風衝樹形や低い林冠高が認められるが、大岐の浜でも同じように汀線側から内陸側への樹高の変化が認められる。2018年度の後半に林野庁の事業として取得された航空機LiDARデータから再現された、大岐の浜および入野松原の断面図を図9-9に示す。LiDARデータからは地表面と樹冠の上面をみてとることができるので、汀線側から内陸側へ向かっての樹高の変化がよくわかる。なお、低木層が密生した常緑広葉樹林では、地上調査によって樹高を正確に測定するのはたいへん難しい作業なので、LiDARデータは非常に有用なツールである。大岐の浜では、汀線側の最前線にはトベラ（*Pittosporum tobira*）、マサキ（*Euonymus japonicus*）、シャリンバイ（*Rhaphiolepis indica* var. *umbellata*）といった低木種が2 mほどの樹高で密生しており、内陸へ向かって徐々に樹高が上がっていく（図9-9a）。最前線から内陸へ40 mほどの間は、人が通り抜けるのが困難なほど枝葉が密生している。中間部では、最前線で樹高の低かったシャリンバイなどが5〜10 mほどになるとともに、ヒメユズリハやヤブ

ニッケイなどが樹高15mほどで出現する。さらに内陸部へ進むと、直径80cmを超えるクスノキやタブノキ、直径40cmほどのヤブニッケイやホルトノキがみられる。このあたりでは林冠高は23mほど、樹高は最大で26mに達する。また大岐の浜海岸林の最前線、つまり砂草帯と低木帯との間には1967年に建設された防潮堤の天端が10cmほど砂に埋もれた状態で存在している。砂草帯から低木帯の樹冠へと上面が連続しているので、最前線の低木種には海風による樹高の抑制が強く作用していると考えられる。最前線から内陸側への樹種の変化や樹高の増加をみれば、海風の影響は海岸林中間部にまで及んでいるといえる。

　入野松原では、汀線側には林帯幅50〜60mほどの若いクロマツ林があり、その背後にはラッキョウ畑や舗装道路が存在している（図9-8、図9-9b）。さらに内陸に進むとやや大径のクロマツ林が林帯幅20mほどだけあり、そのあとは内陸側林縁まで広葉樹林となっている。最も内陸側には、大岐の浜と同様に直径80cmを超えるクスノキやタブノキがみられる。入野松原の広葉樹林部分では、大岐の浜でみられたような内陸方向への林冠高の上昇は認められない。林内の地表面で最も高いのは大岐の浜では7〜8m、入野松原では10〜11mである（平均海面に対して）。大岐の浜では汀線から海岸林最前部までは50〜70m、入野松原では同様に120mほど、汀線から内陸側の海岸林最前部までは290mほどの距離がある。そのため、汀線からの距離が200m以上離れており、砂浜との間に若齢クロマツ林がある入野松原の内陸側広葉樹林では、大岐の浜の最前部でみられたような海風による樹高の抑制はもはや起こらないようである。

5　広葉樹海岸林の可能性

（1）広葉樹海岸林に必要な条件

　仮想的な問題として、現在クロマツ林である琴ヶ浜や大里松原を例に、大岐の浜のような広葉樹海岸林へと誘導できるかどうか考えてみたい。琴ヶ浜と大里松原の調査区で自然発生する稚樹をみると、エノキ（*Celtis sinensis*）とハゼノキが最も多く、その他は少数のクスノキ、タブノキ、およびヒメユズリハという結果であった。大岐の浜や入野松原の広葉樹林でみられるヤブニッケイやミミズバイの稚樹はみられず、3種の常緑広葉樹についても記録できた本数はわずかで調査区ごとに数本ずつであった。琴ヶ浜や大里松原では下草の刈り払いが行われている

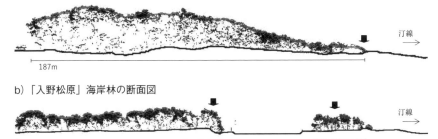

a)「大岐の浜」海岸林の断面図

b)「入野松原」海岸林の断面図

図9-9　「大岐の浜」と「入野松原」海岸林の断面図

それぞれの海岸林において汀線側（図中右側）から内陸側（左側）への断面を示す。地表面にあたる
部分を黒実線で示した。レーザー反射が強い樹冠の上部（葉の多いところ）はやや薄く表示されてい
る。a)「大岐の浜」ではほぼすべて広葉樹で、下向き黒矢印部分に1967年に建設された防潮堤が砂
に埋もれた状態で存在する。b)「入野松原」では大部分が広葉樹であるが、下向き黒矢印部分には
クロマツ林が成立している。a) とb) ではスケールが異なることに注意。

出典：航空機 LiDAR は林野庁事業として実施。朝日航洋株式会社・世古口竜一氏作成の原図を一部改変。

ので広葉樹稚樹の侵入が阻害されているかもしれないが、同じく刈り払いの行わ
れている入野松原では上木の構成種であるヤブニッケイ、ヒメユズリハ、ミミズ
バイといった常緑広葉樹の稚樹が高密度で発生している。琴ヶ浜や大里松原の常
緑広葉樹稚樹が少ないことについては、刈り払いの影響よりも稚樹の発生そのも
のが少ないと考えたほうがよいだろう。昭和初期に出された入野松原での調査結
果によればクロマツ林内での落葉採取を禁じてからクロマツと広葉樹林との二段
林のようになるまで30年ほどかかっている（高知営林局 1939）。より短期間にク
ロマツ林を広葉樹林へ誘導するには、琴ヶ浜や大里松原では自然発生する稚樹が
あまりに少ないので人工的な稚樹の植栽も必要になると考えられる。

　大岐の浜では林帯幅が200 m弱、林帯最前部から汀線まで60 mほどあり、最
前部から内陸側後端まで林冠高の傾斜が形成されて内陸側で20 mを超える樹高
が確保された（図9-9）。平常時に海岸林としての機能を維持するためには20 mほ
どの最大樹高は必要になる。一方で、琴ヶ浜では林帯幅90〜100 m、最前部から
汀線まで160 m、大里松原では林帯幅110〜130 m、最前部から汀線まで150 mと
なっている。100 m前後の林帯幅で広葉樹だけの海岸林にしたとき、内陸へ向
かって徐々に増加していく樹高が内陸側後端で20 mを超えることができない可
能性がある。そのような場合には最前部に健全なクロマツを維持して樹高を稼ぎ、

その内陸側の広葉樹が大きく成長できるようにする必要がある。実際に現在の大里松原において内陸側にクスノキが植栽されている場所はこのような状態になっており、十分な林帯幅がない場合には汀線側のクロマツを健全にして樹高を保つことが海岸林全体の機能維持にとって重要と思われる。汀線側に人工構造物による保護が必要な場合もありうる。海岸林最前部だけのクロマツを重点的に管理し内陸側は広葉樹林とすることは、材線虫病の防除対象を限定するという意味でも有利である（中村 2019）。樹高20 mを確保するために必要になる林帯幅は環境条件や構造物の有無によって大きく異なることが予想される。島田ほか（2010）は、現存するクロマツの樹高を基準にして樹種転換に利用できる広葉樹の種類を判定する方法を提案している。クロマツの樹高から海風が樹木の成長へどれほど強く影響しているかを判断して、その環境に適応できる広葉樹種を判断しようというものである。広葉樹だけの海岸林としたときにどの程度の林帯幅が必要となり、どのような環境条件で樹高20 mを確保できるのかは今後の研究課題になろう。

（2）広葉樹海岸林の問題点

クロマツ林から広葉樹林へ転換するために自然発生する広葉樹稚樹を育てる、あるいは人工的に広葉樹苗を植えた際には、その後の成長段階においては低木や中径木が茂ることになるので見通しが悪くなることは避けられない。クロマツ林の向こう側に砂浜や海が見えるような白砂青松の風景は望めなくなる。地域住民が海岸林に望む姿として、白砂青松の風景はいまも上位にあげられる（遠藤ほか2016）。広葉樹林化がすすんで大径・高木の広葉樹が点在するような海岸林を育成できたとしても、西日本では常緑樹が主体となるので、クロマツ林の場合と比較すると林内は圧倒的に暗くなる。このような見通しがきかない、あるいは薄暗いという状態が周辺の住民にとって物騒と感じられるのはまちがいないだろう。人目に付きにくくなることによって、林内に不法投棄が増えるといったことも心配される。このような場合には遊歩道・管理道の計画的な配置や案内看板の整備によって人の入り込みを誘導したり、公園のように管理する方法を検討する必要がある。入野松原や大岐の浜では広葉樹林化した林分においても地域住民の散歩やジョギング、サーファーによる利用が日常的になされている。また入野松原では林内は薄暗いものの、下草刈りを定期的に行うことによって見通しを確保している（図9-10）。どのような状態の海岸林を目指すか、海岸林をどのように管理

図9-10　入野松原でのクロマツ林（左）と広葉樹林（右）の林内
ともに林内を通過する舗装道上で晴天時に筆者撮影。

していくかという目標林型の設定にあたって、地域住民の関与は不可欠である。ただし、入野松原で行われている下草刈りは海岸林の更新や持続性を考慮に入れたものではないので、広葉樹海岸林において公園のような管理・利用をしながら森林として持続的に維持する技術は今後確立する必要がある。

　高潮や津波によって海岸林に海水が侵入した場合には、根系が海水に浸かることによって樹木は何らかのダメージを受ける。マングローブを構成する樹種を除き、陸上に生育する樹木では根が塩分にさらされると生理的な障害を起こして深刻な被害となり往々にして枯死する。クロマツに比べると広葉樹は全般に塩水に弱く、同等の耐塩性を示すのはトベラやマサキといった海岸林最前線に出現する低木種に限られる。東日本大震災で浸水した場所に残った樹木を調べた例では、高木性の樹種に限れば、耐塩性の強さはクロマツ、ケヤキ、エノキ、ウワミズザクラ（*Padus grayana*）の順になった（岡田ほか 2014）。明治期の事例も含め海水による樹木の枯死を概観した例では、全般にクスノキ科は弱いとの指摘もある（吉崎 2011）。数種の広葉樹に比べてクロマツが海水に最も強いという結果は、栽培した苗の海水への浸漬（立石ほか 2014）や葉への海水の噴霧実験（中島・吉崎 2010）によっても確かめられている。低頻度で起こる津波だけではなく、近年の大型化・頻発化する台風や高潮によっても海岸林内に海水が浸入することがあり、その際に広葉樹を主体とする海岸林では立木の枯死が起こる可能性が十分にある。

おわりに

　以下の点は広葉樹海岸林に限ったことではないが、本章の最後に砂浜浸食の問題に触れておきたい。

　冒頭ではかつての飛砂害を取り上げたが、過去には山地からの流出土砂量が多く砂浜が発達したことと対照的に、現在では流出土砂量が減少し砂浜が浸食されている事例が多い。山地での森林の充実によって、飛砂害が深刻だった時代に比べて現在の日本の国土は斜面崩壊や土石流が発生しにくくなっており、沿岸への土砂供給量は減少している（太田 2016；多田 2018）。その結果として、打ち寄せる砂よりも流れ去る砂が多くなって砂浜が小さくなり、砂浜はおろか前砂丘や砂草帯まで浸食され、高さ数メートル以上の浜崖が形成される深刻な事態も起こっている。

　このような深刻な海岸浸食に至った背景として、人間社会の要因、すなわち社会的な制約により最善の対策ではなく応急的な処置に終始したことも指摘されている（清野ほか 2015）。大岐の浜や入野松原では現在は広い砂浜が存在しているものの、入野松原では高さ 1.5 m ほどの小規模な浜崖が砂草帯の前部に形成されており、一部では海岸林最前部のクロマツにまで達している（図9-11）。この程度の規模の浜崖は数年ほどの期間で起こる砂浜の変化の範囲内かもしれないが、一方で台風襲来時に海岸林内に海水が浸入することが起こっており、津波発生の前に台風や高潮のたびに海岸林が傷んでいくことが懸念される。

　海岸林の健全な育成を図るためには、その前提として砂浜環境の保全が必要である。平常時に絶え間なく打ち寄せる波に対して、砂浜は消波機能をもっている（福濱 2007）。津波発生時には、前砂丘によ

図9-11　入野松原での砂浜・砂草帯の侵食
砂草帯の前部に高さ 1.5 m ほどの浜崖ができ、砂草の根系がむき出しになっている。（筆者撮影）

る減災効果が東日本大震災においても認められており（前川ほか 2013）、海岸林の前面に前砂丘、低い防潮堤、あるいは盛り土を配置することが海岸林だけの場合よりも津波減災施設としてより有効ということも示されている（原田・河田 2005；寺本ほか 2012）。砂浜から前砂丘や砂草帯、そして海岸林への連続性は自然環境の保全にとっても重要である。平常時の諸機能を維持して従来と同じような人の利用を促しながら、海岸林の津波減災機能を高めていくため、砂浜と海岸林の管理部門、つまり土木と林務部門が緊密に連携することはもちろん、地域社会も一体となって将来的に持続可能な海岸域の管理目標および海岸林の目標林型を策定することが必要であろう。

引用文献

青森営林局（編）（1933）青森林友. 第二百十七號（三陸地方津浪特輯號）. 青森営林局, 青森市.

浅野敏之・三谷敏博・三嶋俊樹（2007）海岸林の幹直径の分布特性と津波による樹木倒伏率. 海岸工学論文集 **54**：1376-1380.

浅野敏之・永山裕也・松尾俊平（2014）海岸林の時間的生長を考慮した津波減衰効果に関する数値解析. 土木学会論文集 B2（海岸工学）**70**（2）：I_1206-I_1210.

Danielsen, F., Sørensen, M.K., Olwig, M.F., Selvam, V., Parish, F., Burgess, N.D., Hiraishi, T., Karunagaran, V.M., Rasmussen, M.S., Hansen, L.B., Quarto, A. and Suryadiputra, N.(2005) The asian tsunami: a protective role for coastal vegetation. *Science* **310**（5748）：643.

遠藤健彦・藤原道郎・大薮崇司・澤田佳宏・山本聡（2016）淡路島の海岸クロマツ林における地域住民の実感としての生態系サービス. 海岸林学会誌 **15**（1）：7-13.

福濱方哉（2007）砂浜の消波機能と波浪環境による形状変化. RIVER FRONT **58**：18-21.

芸西村史編纂委員会（編）（1980）芸西村史. 芸西村.

後藤浩・有馬勇人・石野和男・竹澤三雄・玉井信行（2012）東北地方太平洋沖地震津波における海岸保安林の効果および被災に関する現地調査. 土木学会論文集 B2（海岸工学）**68**（2）：I_1366-I_1370.

原田賢治・河田惠昭（2005）津波減衰効果を目的とした海岸林活用条件の検討. 海岸工学論文集 **52**：276-280.

星野大介・坂本知己（2014）東北地方太平洋沖地震津波における海岸林の破壊状況と防潮機能の実証――三陸北部沿岸地域. 森林立地 **56**（1）：7-19.

今井健太郎・原田賢治・渡辺修・江刺拓司・島貫直樹・八木智義・今村文彦（2009）実地形における海岸林を利用した津波減勢策. 土木学会論文集 B2（海岸工学）**65**（1）：326-330.

今井健太郎・松冨英夫（2006）沿岸植生域を氾濫する津波の水理. 土木学会論文集 B **62**

（3）：258-269.

伊藤弘（2006）秋田県能代と山形県庄内における海岸林に対する評価の差異の形成．ランドスケープ研究 **69**（5）：365-368.

石川政幸・工藤哲也・松岡広雄（1983）日本海中部地震津波時の海岸防災林の効果と被害．治山 **28**（4）：4-10.

磯田道史（2014）天災から日本史を読みなおす――先人に学ぶ防災．中央公論新社，東京．

門田斎（1935）土佐藩林制史．高知営林局，高知市．

金子智紀・田村浩喜（2007）広葉樹を活用した海岸防災林造成技術の開発．秋田県森林技術センター研究報告 **17**：37-60.

環境省（2015）生態系被害防止外来種リスト．https://www.env.go.jp/nature/intro/2out line/iaslist.html（2020 年 2 月 10 日確認）．

加納正行・野中俊文・桐山哲・岩田隆太郎（2014）埼玉県草加市の‘染井吉野’におけるカミキリムシ外来種クビアカツヤカミキリ *Aromia bungii* の発生と被害．森林防疫 **63**（3）：3-7.

菊池慶子（2017）仙台湾岸における防災林の植林史――宮城県名取市海岸部を中心に．東北学院大学論集 歴史と文化 **55**：9-41.

清原友也・徳重陽山（1971）マツ生立木に対する線虫 *Bursaphelenchus* sp.の接種試験．日本林学会誌 **53**（7）：210-218.

清野聡子・宇多高明・大谷靖郎・大木康弘（2015）海岸浸食問題の縮図――一宮海岸の例．土木学会論文集 B3（海洋開発）**71**（2）：I_437-I_442.

黒田慶子（2016）最近のマツ枯れの傾向と対策を考える．グリーンエージ **510**：2-3.

高知営林局（編）（1939）高知営林局管内国有林植生調査報告 高知営林局叢書 8．高知市．

高知県観光審議会（編）（1950）渭南国立公園候補地学術調査報告書．高知県，高知市．

高知県農林部林産課（編）（1960）足摺国立公園候補地基本調査．高知県，高知市．

前川俊明・二瓶泰雄・中田遙香（2013）海岸砂丘・盛土による津波減災効果の検討．土木学会論文集 B1（水工学）**69**（4）：I_1453-I_1458.

真木太一・新野宏（編）（2011）風の事典．丸善出版，東京．

真坂一彦（2013）外来種ニセアカシアを取りまく言説とその科学的根拠．日本森林学会誌 **95**：332-341.

宮田弘明（1984）新しい海岸防災林の樹種選定に関する研究．高知県林業試験場研究報告 **12**：65-87.

村井宏（1983）地震・津波と海岸防災林――日本海中部地震津波の被災事例．林業技術 **501**：15-18.

村上卓也（2015）盛土を伴う海岸防災林復旧工事と植栽までの手順．日本緑化工学会誌 **41**（2）：341-343.

中島有美子・吉崎真司（2010）沿岸域に生育する常緑広葉樹 5 種の塩分付着による耐潮性比較．日本緑化工学会誌 **36**（1）：219-222.

中村克典（2019）マツ枯れ防除技術の現状と展望．中村克典・大塚生美（編著）森林保

護と林業のビジネス化——マツ枯れが地域をつなぐ. pp.97-107. 日本林業調査会，東京.

中野秀章・高橋啓二・高橋敏男・森沢萬佐男（1962）岩手・宮城両県下防潮林のチリ地震津波時における実態・効果と今後のあり方. 林業試験場研究報告 **140**：1-88.

日本生態学会（編）（2002）外来種ハンドブック. 地人書館，東京.

野口宏典・佐藤創・島田宏行・真坂一彦・阿部友幸・木村公樹・坂本知己（2012）2011 年東北地方太平洋沖地震津波によるクロマツ海岸林被害の数値シミュレーションを用いた検討——青森県三沢市の事例. 海岸林学会誌 **11**（2）：47-51.

農林省山林局（編）（1934）三陸地方防潮林造成調査報告書. 農林省.

緒方綜哲（編）（1984）土佐州郡志 下. 土佐史談会，高知市.

小川真（1992）生態的活性化法. 村井宏・石川政幸・遠藤治郎・只木良也（編著）日本の海岸林——多面的な環境機能とその活用. pp.409-427. ソフトサイエンス社，東京.

荻原千鶴（1996）出雲国風土記. 講談社，東京.

岡田穣・野口宏典・岡野通明・坂本知己（2012）平成 23 年東北地方太平洋沖地震津波における家屋破損程度からみた海岸林の評価——宮城県石巻市長浜の事例. 海岸林学会誌 **11**（2）：59-64.

岡田穣・坂本知己・後藤義明・林田光祐（2014）東日本大震災津波による屋敷林および社寺林の被害からみた広葉樹の耐塩水性の評価. 海岸林学会誌 **13**（1）：15-24.

岡本素治（2018）近畿地方におけるクスベニヒラタカスミカメの季節消長. きしわだ自然資料館研究報告 **5**：27-35.

面矢晴紀・末満駿一・浅野敏之（2016）地形条件と樹木の成長特性を考慮した海岸林の津波減衰効果に関する数値解析. 土木学会論文集 B2（海岸工学）**72**（2）：I_931-I_936.

太田猛彦（2012）海岸林形成の歴史. 水利科学 **326**：2-13.

太田猛彦（2016）「森林飽和」と土砂流出の現状. 海岸 **53**：16-20.

大谷達也・米田令仁・野口宏典（2019）礫浜に成立する海岸林における常緑広葉樹の根系引き抜き試験. 日本森林学会誌 **101**：168-172.

坂本知己・新山馨・中村克典・小谷英司・平井敬三・齋藤武史・木村公樹・今純一（2012）東北地方太平洋沖地震津波における海岸林の漂流物捕捉効果. 海岸林学会誌 **11**（2）：65-70.

佐々木寧・田中規夫・坂本知己（2013）津波と海岸林——バイオシールドの減災効果. 共立出版，東京.

佐藤亜貴夫・中島勇喜・六本木貞男・柳原敦（2009）庄内海岸砂丘地における防風効果からみた樹林帯配置. 海岸林学会誌 **8**（2）：74-79.

佐藤創・岡田穣・野口宏典（2012）海岸林が津波に耐え津波の勢いを弱めた事例——海岸林の波力減殺機能. 森林科学 **66**：17-20.

四手井綱英・渡邊隆司（1948）昭和 21 年南海地震に於ける和歌山縣防潮林効果調査. 林業試験集報 **57**：95-133.

島田和則・後藤義明・萩野裕章・鈴木覚・野口宏典・坂本知己（2010）松枯れ発生地域に

おけるクロマツ海岸林の樹種転換のためのゾーニング試案——クロマツ樹高を指標にした侵入樹種の適切な選択．海岸林学会誌 **9**（1）：25-30.

多田泰之（2018）国土の変遷と災害．水利科学 **363**：121-137.

Tanaka, N., Yagisawa, J. and Yasuda S.(2013) Breaking pattern and critical breaking condition of Japanese pine trees on coastal sand dunes in huge tsunami caused by Great East Japan Earthquake. *Natural Hazards* **65**（1）：423-442.

田中規夫・八木澤順治・飯村耕介・近藤康太（2012）津波による海岸林および流失家屋が家屋被害に与える影響．土木学会論文集 B2（海岸工学）**68**（2）：I_301-I_305.

谷本勝利・田中規夫・Nandasena, N.A.K.・飯村耕介・清水隆（2007）種々の熱帯性海岸樹の組合せによる津波防御効果に関する数値計算．海岸工学論文集 **54**：1381-1385.

立石麻紀子・Maimaiti, A.・辻将大・井上美那・谷口武士・山本福壽・山中典和（2014）海水浸漬がタブノキ，アカマツ，クロマツの生理に与える影響の経時変化．日本緑化工学会誌 **40**（1）：54-59.

寺本行芳・浅野敏之・林建二郎・多田毅・今井健太郎・坂本知己（2012）2011 年東北地方太平洋沖地震津波発生後の宮城県名取市閖上浜における海岸林被害と残土盛土による海岸林の被害軽減効果．海岸林学会誌 **11**（1）：11-18.

Todo, C., Tokoro, C., Yamase, K., Tanikawa, T., Ohashi, M., Ikeno, H., Dannoura, M., Miyatani, K., Doi, R. and Hirano, Y.(2019) Stability of *Pinus thunbergii* between two contrasting stands at differing distances from the coastline. *Forest Ecology and Management* **431**：44-53.

徳川黎明会徳川林政史研究会（編）（2012）森林の江戸学 徳川の歴史再発見．東京堂出版，東京.

土佐清水市公民館（編）（1986）ふるさとづくり子供活動（大岐浜防風林植生調査）報告書．土佐清水市.

山下恒盛（1965）防風林，防潮林用樹種の選抜，育苗と造成に関する研究．高知県林業試験場業務報告 156-158.

柳澤英明・宮城豊彦・馬場繁幸（2010）2009 年サモア地震津波におけるマングローブ林の津波減災効果．土木学会論文集 B2（海岸工学）**66**（1）：251-255.

矢野宗幹（1913）長崎県下松樹枯死原因調査．山林公報 **4**：4-13.

矢野達雄（1994）リゾート開発と慣習的権利——高知県大岐浜林訴訟を中心に．愛媛法学会誌 **20**：85-109.

米山隼佑・紙谷智彦（2018）マツ枯れ林内に植栽された常緑広葉樹の活着に及ぼす残存林冠の保護効果．日本森林学会誌 **100**（5）：186-190.

吉崎真司（2011）海岸林の機能と津波に対する樹木の応答について．日本緑化工学会誌 **37**（2）：281-285.

おわりに

　生態系減災は、日本のみならず世界的に新しいアプローチであるが、その基本的な考え方は古くから各地に存在していた。急激な気候変動による自然災害の多発・激甚化が予測されている私たちの未来にとって、生態系減災は必要不可欠である。減災機能の評価や具体的な社会実装の方法については、今後の研究課題が存在するが、急速な人口減少・超高齢化に直面している日本にとっては、持続可能な社会の実現のために全力を挙げて取り組むべきである。東アジアの国々も近い将来日本と同じような人口減少・超高齢化を迎える。日本において蓄積される知見は、同様な自然・社会環境におかれた国々の防災・減災に大きく貢献できるだろう。

　「はじめに」で述べたように、本書は公益財団法人日本生命財団環境問題研究助成学際的総合研究助成（2017年10月〜2019年9月）「南海トラフ巨大地震による津波を想定した生態系減災（Eco-DRR）手法の開発」（研究代表者：一ノ瀬友博）をきっかけに、同財団2020年度環境問題研究成果発表助成を受けて刊行した。

　加えて本書に掲載された研究成果は、同財団環境問題研究助成若手研究・奨励研究助成（2015年度）「四国の海岸林における広葉樹育成による自然再生と津波防災の両立」（研究代表者：大谷達也）、JSPS科研費（JP15K21039）（2015年度〜2018年度）「ランドスケーププランニングによる災害軽減効果と地域計画ライフサイクルアセスメント」（研究代表者：上原三知）、（独）環境再生保全機構の環境研究総合推進費（JPMEERF20154005）（2015年度〜2017年度）「ハビタットロスの過程に着目した生態系減災機能評価と包括的便益評価手法の開発」（研究代表者：一ノ瀬友博）、（独）環境再生保全機構の環境研究総合推進費（JPMEERF20154004）（2015年度〜2017年度）「人口減少、気候変動下におけるグリーンインフラ−生物多様性・防災・社会的価値評価」（研究代表者：中村太士）、総合地球環境学研究所研究プロジェクト（2016年度〜2022年度）「人口減少時代における気候変動適応としての生態系を活用した防災減災（Eco-DRR）の評価と社会実装」（研究代表者：

吉田丈人）、JSPS 科研費（JP17K01045）（2017 年度〜 2019 年度）「地震科学の不確実性のコミュニケーション：多様なステークホルダーによる対話と協働」（研究代表者：大木聖子）、（独）環境再生保全機構の環境研究総合推進費（JPMEERF20184005）（2018 年度〜2020 年度）「グリーンインフラと既存インフラの相補的役割－防災・環境・社会経済面からの評価」（研究代表者：中村太士）、（独）環境再生保全機構の環境研究総合推進費（JPMEERF19S20530）（2019 年度〜 2021 年度）「自然資本と社会関係資本に着目した地域循環共生圏の重層性構築に関する研究」（研究代表者：一ノ瀬友博）の研究成果の一部である。近年の生態系減災、グリーンインフラに関わる主要な研究の多くが、本書の筆者らにより推進されている。

　なお、これらの研究は、筆者以外の数多くの共同研究者とともに進められてきた。ここですべての共同研究者の氏名を挙げる余裕はないが、御礼申し上げたい。また、「南海トラフ巨大地震による津波を想定した生態系減災（Eco-DRR）手法の開発」の主たる研究対象地である高知県高知市および土佐清水市、徳島県海陽町をはじめ、様々な研究対象地域の関係者に多大な支援を賜った。ここに厚く御礼申し上げる次第である。本書の出版にあたっては、慶應義塾大学出版会の西岡利延子さんに企画段階から伴走していただいた。これまでの様々な助言と励ましに、この場をお借りして感謝したい。

　最後に私の個人的なことであるが、日本生命財団による研究助成の成果発表会を翌日にひかえた 2020 年 1 月 24 日に父一ノ瀬幸彦が旅行先のポルトガルで急逝した。父は私が進める生態系減災研究に興味をもち、本書が出版されるのを楽しみにしていた。子どもの頃から自然に親しみ、その後研究対象とするようになったのは、父の強い影響によるものであった。残念ながら生前には間に合わなかったが、本書を持って一周忌を迎え、墓前で出版を報告したいと思っている。

2020 年 12 月

一ノ瀬友博

索　引

212

執筆者紹介 （執筆順）

一ノ瀬友博 （いちのせ　ともひろ）　　　　　　　　　　　　　1章、3章
慶應義塾大学環境情報学部教授。農村計画学会長。博士 （農学）。
詳細は奥付を参照。

大木聖子 （おおき　さとこ）　　　　　　　　　　　　　　　　　2章
慶應義塾大学環境情報学部准教授。博士 （理学）。
専門：地震学、災害情報、防災教育。
東京大学大学院理学系研究科博士課程修了。
主要著作：『地球の声に耳をすませて』（くもん出版、2011年）、『超巨大地震に迫る』（共
著、NHK出版新書、2011年）、『地球・惑星・生命』（共著、東京大学出版会、2020年）など。

井本郁子 （いもと　いくこ）　　　　　　　　　　　　　　　　　3章
慶應義塾大学SFC研究所上席所員。（特非）地域自然情報ネットワーク副理事長。
（株）緑生研究所取締役。技術士 （総合技術管理・建設部門・環境部門）。
専門：緑地計画、景観生態学、応用生態学。東京大学大学院農学系研究科修士課程修了。
主要著作：『絶滅危惧種の生態工学』（共著、地人書館、2019年）、『自然再生』（共著、ソ
フトサイエンス社、2005年）、「ランドスケープと地理情報；記録し、思考し、共有するこ
と」（『ランドスケープ研究』Vol. 76. No. 1、2012年）など。

中村太士 （なかむら　ふとし）　　　　　　　　　　　　　　　　4章
北海道大学大学院農学研究院教授。農学博士。
専門：生態系管理学、河川生態学、流域保全学。北海道大学大学院農学研究科修士課程修了。
主要著作：『実践版！　グリーンインフラ』（共編著、日経BP社、2020年）、『森林と災害
（森林科学シリーズ第3巻）』（編著、共立出版、2018年）、『河川生態学』（編著、講談社、
2013年）など。

村上暁信 （むらかみ　あきのぶ）　　　　　　　　　　　　　　　5章
筑波大学システム情報系教授。博士 （農学）。
専門：都市農村計画学、ランドスケープ計画学。東京大学大学院農学生命科学研究科博士
課程修了。
主要著作：『メガシティ＝Megacities』（共著、東京大学出版会、2017年）、*Sustainable
Landscape Planning in Selected Urban Regions*（共著、Springer、2017年）、『白熱講義　こ
れからの日本に都市計画は必要ですか』（共著、学芸出版社、2014年）など。

上原三知（うえはら　みさと）　　　　　　　　　　　　　6章、7章、コラム2

信州大学先鋭領域融合研究群社会基盤研究所（農学部併任）准教授。博士（芸術工学）。

専門：環境デザイン、都市・地域計画、ランドスケープ・プランニング。九州大学大学院
芸術工学研究院博士後期課程修了。

主要著作：*In Tsunami and Fukushima Disaster: Design for Reconstruction*（共著、Springer、
2017年）、The favorable settlement relocation process after the 2011 earthquake and tsunami
disaster in Japan by evaluating site environments and accessibility（共著、*IRSPSD*, 3（1）、
2015年）、「1980年における地域計画のビッグデータ（エコロジカル・プランニング）の
現代的な意義、（『都市計画』62（6）、2013年）など。

朝波史香（あさなみ　ふみか）　　　　　　　　　　　　　　　　8章

徳島大学大学院先端技術科学教育部博士後期課程。修士（工学）。

専門：生態系管理論、景観生態学。徳島大学大学院先端技術科学教育部博士前期課程修了。

主要著作：「福岡県福津市の地域自治政策と海岸マツ林の自治管理活動の相互補完性」
（『景観生態学』25（1）、2020年）など。

鎌田磨人（かまだ　まひと）　　　　　　　　　　　　　　　　　8章

徳島大学大学院社会産業理工学研究部教授。学術博士。

専門：景観生態学、植生生態学、保全生態学。広島大学大学院生物圏科学研究科博士課程
修了。

主要著作：『里山のこれまでとこれから』（共著、日本生態学会、2014年）、「Eco-DRRによ
る洪水のリスク低減と地域環境の向上」（『グリーン・エージ』No. 549、2019年）、「風土を
読み解くツールとしての景観生態学」（『景観生態学』21（1）、2016年）など。

大谷達也（おおたに　たつや）　　　　　　　　　　　　　　　　9章

（国研）森林総合研究所四国支所 森林保育管理チーム長。博士（農学）。

専門：森林生態学、森林保護学、造林学。名古屋大学大学院農学研究科博士課程（前期課
程）修了。

主要著作：*The Japanese Macaques*（共著、Springer、2010年）「木質バイオマス発電所燃焼
灰の若齢ヒノキ林への施用試験」（『森林総合研究所研究報告』17（4）、2018年）、Recovery
of above-ground tree biomass after moderate selective logging in a central Amazonian forest
（*i Forest*, 11（3）、2018年）、「礫浜に成立する海岸林における常緑広葉樹の根系引き抜き試
験」（『日本森林学会誌』101（4）、2019年）など。

吉田丈人（よしだ　たけひと）　　　　　　　　　　　　　　　　コラム1
総合地球環境学研究所・東京大学大学院総合文化研究科准教授。博士（理学）。
専門：生態学、陸水学。京都大学大学院理学研究科博士後期課程修了。
主要著作：『実践版！グリーンインフラ』（共編著、日経BP社、2020年）、『地域の歴史か
ら学ぶ災害対応：比良山麓の伝統知・地域知』（共著、総合地球環境学研究所 Eco-DRR プ
ロジェクト、2019年）、『シリーズ現代の生態学6：感染症の生態学』（共編著、共立出版、
2016年）など。

新井雄喜（あらい　ゆうき）　　　　　　　　　　　　　　　　　コラム2
信州大学先鋭領域融合研究群社会基盤研究所助教。博士（農学）。
専門：環境社会学、環境ガバナンス論、国際環境協力論。東京大学大学院農学生命科学研
究科博士課程修了。2007～19年に（独）国際協力機構（JICA）にてアジア・アフリカ・中
南米諸国の自然環境保全事業、インフラ開発事業の環境社会配慮業務等に従事。
主要著作：「国際協力事業における『誘導型ファシリテーション』の役割：インドネシア
泥炭火災予防プロジェクトの事例から」（東京大学学位論文、2019年）など。

＊所属・肩書は執筆時点。

編著者
一ノ瀬友博（いちのせ　ともひろ）
慶應義塾大学環境情報学部教授。農村計画学会長。博士（農学）。
専門は、景観生態学、緑地計画学、農村計画学。
1968 年千葉県生まれ。東京大学大学院農学生命科学研究科博士課程修了。
ミュンヘン工科大学留学。兵庫県立大学准教授、マンチェスター大学客員研究員、ウィーン工科大学客員研究員、ヴェネツィア大学客員教授などを経て現職。主著に『農村イノベーション』（イマジン出版、2010 年）、『実践版！　グリーンインフラ』（共著、日経 BP 社、2020 年）、『震災復興から俯瞰する農村計画学の未来』（共著、農林統計出版、2019 年）、『生態学：基礎から保全へ』（共著、培風館、2016 年）など。

生態系減災 Eco-DRR
——自然を賢く活かした防災・減災

2021 年 1 月 30 日　初版第 1 刷発行
2022 年 7 月 28 日　初版第 2 刷発行

編著者―――――一ノ瀬友博
発行者―――――依田俊之
発行所―――――慶應義塾大学出版会株式会社
　　　　　　　　〒 108-8346　東京都港区三田 2-19-30
　　　　　　　　TEL〔編集部〕03-3451-0931
　　　　　　　　　〔営業部〕03-3451-3584＜ご注文＞
　　　　　　　　　〔 〃 〕03-3451-6926
　　　　　　　　FAX〔営業部〕03-3451-3122
　　　　　　　　振替 00190-8-155497
　　　　　　　　https://www.keio-up.co.jp/
装　　丁―――――Boogie Design
印刷・製本――三協美術印刷株式会社
カバー印刷――株式会社太平印刷社

©2021 Tomohiro Ichinose, Satoko Oki, Ikuko Imoto, Futoshi Nakamura, Akinobu Murakami, Misato Uehara, Fumika Asanami, Mahito Kamada, Tatsuya Otani, Takehito Yoshida, Yuki Arai
Printed in Japan　ISBN 978-4-7664-2717-2

慶應義塾大学出版会

環境経済学の政策デザイン
資源循環・低炭素・自然共生

細田衛士・大沼あゆみ 編著

環境問題を解決するための最新かつ精緻な議論。廃棄物・地球温暖化・生物多様性の問題に関わる政策目標を理論・実証面から徹底的に分析する。

A5判／上製／272頁
ISBN 978-4-7664-2600-7
◎3,600円　2019年5月刊行

表示価格は刊行時の本体価格（税別）です。